Roland Berger-Reihe:
Strategisches Management für Konsumgüterindustrie und -handel
Reihen-Herausgeber: *H. Gottschlich · J. Maximow · R. Schütte*

Roland Berger & Partner
International Management Consultants
www.rolandberger.com

Springer

*Berlin
Heidelberg
New York
Barcelona
Hongkong
London
Mailand
Paris
Singapur
Tokio*

D. Ahlert · J. Becker · P. Kenning · R. Schütte

Internet & Co. im Handel

Strategien, Geschäftsmodelle, Erfahrungen

Mit 99 Abbildungen

Springer

Herausgeber:

Dr. Hendrik Gottschlich
Jürgen Maximow
Roland Berger & Partner GmbH
International Management Consultants
Arabellastraße 33
D-81925 München

Dr. Reinhard Schütte
Universität Essen
Institut für Produktion und Industrielles
Informationsmanagement
Fachbereich 5 Wirtschaftswissenschaften
Universitätsstraße 9
D-45141 Essen

Autoren:

Prof. Dr. Dieter Ahlert
Universität Münster
Lehrstuhl für Betriebswirtschaftslehre, insbes.
Distribution und Handel
Am Stadtgraben 13-15
D-48143 Münster

Prof. Dr. Jörg Becker
Universität Münster
Institut für Wirtschaftsinformatik
Steinfurter Straße 109
D-48149 Münster

Dipl.-Kfm. Peter Kenning
Universität Münster
Lehrstuhl für Betriebswirtschaftslehre, insbes.
Distribution und Handel
Am Stadtgraben 13-15
D-48143 Münster

Dr. Reinhard Schütte
Universität Essen
Institut für Produktion und Industrielles
Informationsmanagement
Fachbereich 5 Wirtschaftswissenschaften
Universitätsstraße 9
D-45141 Essen

Die Informationen in diesem Buch werden ohne Rücksicht auf einen eventuellen Patentschutz veröffentlicht. Warennamen werden ohne Gewährleistung der freien Verwendbarkeit benutzt. Fast alle Hard- und Softwarebezeichnungen, die in diesem Buch verwendet werden, sind gleichzeitig eingetragene Warenzeichen oder solten als solche betrachtet werden. Bei der Zusammenstellunbg von Texten und Abbildungen wurde mit größter Sorgfalt vorgegangen. Trotzdem können Fehler nicht ausgeschlossen werden. Verlag, Herausgeber und Autoren können für fehlerhafte Angaben und deren Folgen weder eine juristische Verantwortung noch irgendeine Haftung übernehmen. Für Verbesserungsvorschläge und Hinweise auf Fehler sind Verlag, Herausgeber und Autoren dankbar.

ISBN-13: 978-3-642-98087-9

Die Deutsche Bibliothek - CIP-Einheitsaufnahme
Internet & Co. im Handel: Strategien, Geschäftsmodelle, Erfahrungen / Dieter Ahlert ... - Berlin : Springer, 2000
  (Roland Berger-Reihe: Strategisches Management für Konsumgüterindustrie und -handel)
  ISBN-13: 978-3-642-98087-9   e-ISBN-13: 978-3-642-98086-2
  DOI: 10.1007/978-3-642-98086-2

Dieses Werk ist urheberrechtlich geschützt. Die dadurch begründeten Rechte, insbesondere die der Übersetzung, des Nachdrucks, des Vortrags, der Entnahme von Abbildungen und Tabellen, der Funksendung, der Mikroverfilmung oder der Vervielfältigung auf anderen Wegen und der Speicherung in Datenverarbeitungsanlagen, bleiben, auch bei nur auszugsweiser Verwertung, vorbehalten. Eine Vervielfältigung dieses Werkes oder von Teilen dieses Werkes ist auch im Einzelfall nur in den Grenzen der gesetzlichen Bestimmungen des Urheberrechtsgesetzes der Bundesrepublik Deutschland vom 9. September 1965 in der jeweils geltenden Fassung zulässig. Sie ist grundsätzlich vergütungspflichtig. Zuwiderhandlungen unterliegen den Strafbestimmungen des Urheberrechtsgesetzes.

Springer-Verlag ist ein Unternehmen der Fachverlagsgruppe BertelsmannSpringer
© Springer-Verlag Berlin Heidelberg 2000
Softcover reprint of the hardcover 1st edition 2000

Die Wiedergabe von Gebrauchsnamen, Handelsnamen, Warenbezeichnungen usw. in diesem Werk berechtigt auch ohne besondere Kennzeichnung nicht zu der Annahme, daß solche Namen im Sinne der Warenzeichen- und Markenschutz-Gesetzgebung als frei zu betrachten wären und daher von jedermann benutzt werden dürften.
Sollte in diesem Werk direkt oder indirekt auf Gesetze, Vorschriften oder Richtlinien (z.B. DIN, VDI, VDE) Bezug genommen oder aus ihnen zitiert worden sein, so kann der Verlag keine Gewähr für die Richtigkeit, Vollständigkeit oder Aktualität übernehmen. Es empfiehlt sich, gegebenenfalls für die eigenen Arbeiten die vollständigen Vorschriften oder Richtlinien in der jeweils gültigen Fassung hinzuzuziehen.

Satz: Satzerstellung durch Autoren
Einbandgestaltung: de'blik, Berlin
Gedruckt auf säurefreiem Papier   SPIN: 10754075   07/3020 - 5 4 3 2 1 0

Das Internet: New Economy und Netzwerkeffekte

Das Internet und die multimedialen Möglichkeiten des World Wide Web haben dazu geführt, dass eine neue Industrie um die innovativen Technologien und Geschäftsmodelle entstanden ist. Mittlerweile wird – in Abgrenzung zu den Geschäftsmodellen der „Old Economy" – von der „New Economy" gesprochen.

So wie früher schon Netzwerke (z. B. das Stromnetz) die Wirtschaft revolutioniert haben, so kann die neue Ökonomie Multiplikatoreffekte realisieren, die die bisher da gewesenen Dimensionen sprengen. Damit sind erhebliche Kosten- und Nutzeffekte möglich geworden. Die Anzahl der Lieferanten, von denen Artikel beschafft werden können, die Anzahl an Kunden, an die verkauft werden kann, die Anzahl an Wettbewerbern, mit denen eine weltweite Konkurrenz besteht, ist mit den traditionellen Geschäftsmodellen nicht mehr vergleichbar. Besonders evident sind diese Phänomene bei digitalen Produkten, da dort sämtliche Transaktionsphasen durch das Netz unterstützt werden können. Die Geschwindigkeit, mit der Unternehmen heute auf Veränderungen reagieren müssen, ist dabei eine latente Bedrohung für jedes Unternehmen, da insbesondere Konkurrenten schneller als erwartet entstehen können. Das Beispiel des Betriebssystems Linux verdeutlicht dies: Die Gefahren, die Microsoft übersehen hatte, sollten von anderen Unternehmen ernst genommen werden, zumal in Konsumgüterindustrie und -handel kaum Markteintrittsbarrieren existieren.

Trotz der bestehenden Gefahren, die für Konsumgüterindustrie und -handel existieren, sollten vor allem die Chancen erkannt werden. Bei aller Euphorie für Internet Start-ups ist zu beachten, dass die Markenkenntnis, die Nähe zu den Kunden und das Prozess-Know-how einen wichtigen Wissensfundus bilden, der auch in der Internet-Ära genutzt werden kann. Damit können tradierte Unternehmen Konkurrenzvorteile gegenüber jungen, zumeist kapitalschwachen Unternehmen besitzen. Allerdings sind Nachteile bei der Flexibilität des Humankapitals zu beachten. Die Unternehmen dürfen nicht bei den alten Geschäftsmodellen verharren, sondern müssen die neuen Entwicklungen mitgestalten. Auch wenn die prognostizierten Marktpotentiale unsicher sind, kann ein Fernbleiben von den neuen Geschäftsmodellen zu nicht kalkulierbaren Risiken für das Unternehmen führen. Dieses Drohpotential hat seinen Ursprung nicht in der zugrundeliegenden Technik, sondern in der Veränderbarkeit der Geschäftsmodelle.

Die wirtschaftlichen Erfolgsgeschichten von Unternehmen, die sich in der Welt der „New Economy" bewegen, stammen vorwiegend von technologischen Anbietern oder Unternehmen, die im Business-to-Business-Bereich tätig sind. Es wird sich in der Zukunft zeigen, welche wirtschaftlichen Potentiale im globalen Netz realisierbar sind.

Die Herausgeber freuen sich, dass mit „Internet & Co im Handel" ein Buch in der Reihe „Strategisches Management für Konsumgüterindustrie und -handel" erscheint, bei dem eine konsequente Ausrichtung auf den institutionellen Handel vorliegt. Damit wird ein Buch vorgestellt, welches den Electronic Commerce einmal aus einer anderen Perspektive betrachtet. Insbesondere der deutsche Handel steht im Bereich der Nutzung von Internettechnologien noch am Anfang.

Essen, München, im Frühjahr 2000   Hendrik Gottschlich
                                                    Jürgen Maximow
                                                    Reinhard Schütte

Vorwort

Internet & Co. im Handel – ein plakativer Titel, der die Praxisnähe des vorliegenden Buches dokumentiert. Angesichts der mittlerweile verfügbaren Anzahl an Buchtiteln zu Themen wie Internet oder Electronic Commerce stellt sich die Frage, ob ein weiteres Buch zum Themenkomplex erforderlich ist. Die Herausgeber haben eine konsequente Ausrichtung des Themas Electronic Commerce an den Bedürfnissen von Handelsunternehmen vorgenommen. Das Buch will damit keinen Überblick über sämtliche Problemkomplexe vornehmen, vielmehr wird auf die wichtigsten Fragen von Handelsunternehmen fokussiert: welche strategischen Herausforderungen bestehen für Handelsunternehmen, welche Geschäftsmodelle können von Handelsunternehmen genutzt werden, und welche Erfahrungen wurden mit dem Internet in Handelsunternehmen gemacht? Durch diese Spezialisierung auf handelsspezifische Electronic-Commerce-Probleme wird die Differenzierung von anderen Büchern zum Thema erreicht.

Im *ersten Teil* des Buches werden strategische Implikationen des Electronic Commerce betrachtet. Es werden zunächst die Grundlagen und Implikationen des Electronic Commerce für Handelsunternehmen von *Dieter Ahlert* skizziert. Er fokussiert vor allem auf die Veränderungen interorganisatorischer Systeme durch die Nutzung des Electronic Commerce. *Gert Schnetkamp* setzt sich mit der Frage auseinander, welche Faktoren bei der Gestaltung des Electronic Commerce von besonders hoher Bedeutung sind. Die von Schnetkamp identifizierten Erfolgsfaktoren betreffen die Schaffung von Internet-Marken, das Design von Internet-Shops, den Aufbau individueller Kundenbeziehungen sowie die kundenorientierte Geschäftsprozessgestaltung. *Jan-Christoph Maiwaldt* analysiert für die Unternehmen der Douglas AG, welche Anforderungen sich an dezentrale Handelsorganisationen stellen, um den Herausforderungen des Internet-Zeitalters gerecht zu werden.

Im *zweiten Teil* werden Geschäftsmodelle im Electronic Commerce beschrieben. In einem einleitenden Beitrag zeichnet *Jörg Becker* die Entwicklungsgeschichte des Internets nach und untersucht neue Geschäftsmodelle, indem er ausgehend von der Architektur für Handelsinformationssysteme die Veränderungen in ausgewählten Funktionsbereichen erklärt. Einen breiten Fokus nimmt auch der Beitrag von *Karsten Schneider* ein, der – aufbauend auf wichtigen internetgetriebenen Änderungen des ökonomischen Umfelds – einige neue Geschäftsmodelle aufzeigt, die erst durch das Internet populär geworden sind. Anhand konkreter Geschäftsmodelle für den Vertrieb von Flugscheinen analysiert *Stefan Klein* die Frage, in welchen Situationen sich eine Intermediation oder Disintermediation anbietet. Handelsunternehmen sollten insbesondere die von Klein diskutierten Möglichkeiten für Cybermediaries beachten, da diese eine elektronische Entsprechung der Aufgaben traditioneller Handelsunternehmen darstellen. Die durch das Internet induzierten Veränderungen für das Marketing werden von *Heribert Meffert* analysiert, der aufzeigt, welchen Herausforderungen sich das strategische Marketing gegenübersieht und welche Implikation für den Einsatz von Marketinginstrumenten bereits heute erkennbar sind.

Im *dritten Teil* werden Erfahrungen beim Aufbau und bei der Nutzung von Electronic-Commerce-Lösungen aus ökonomischer Perspektive, aus Kundenperspektive, aus technischer und aus juristischer Perspektive beschrieben. *Lovro Mandac* schildert, welche ökonomischen Chancen und Risiken Electronic-Commerce-Lösungen für einen Warenhauskonzern haben können. Mandac vertritt die These, dass das Verdrängungspotenzial des Internets für den stationären Handel begrenzt ist und die Chancen vor allem in der Realisierung von Hybridstrategien liegen. Eine besondere Beachtung der Kundenperspektive ist dem Beitrag von *Ragnar Nilsson* zu eigen, der die Erfahrungen des Karstadt-Konzerns beim Aufbau eines virtuellen Kaufhauses beschreibt. *Lars Ehlers* skizziert, wie die Erstellung und Realisierung einer Internetkonzeption durch ein Vorgehensmodell fundiert werden können. Der Beitrag von *Thomas Hoeren* setzt sich mit wichtigen juristischen Problemen bei der Abwicklung elektronischer Geschäfte auseinander, die in der betrieblichen Praxis mitunter zu wenig beachtet werden.

Das Buch wird durch ein Glossar komplettiert, in dem die wichtigsten Begriffe im Electronic-Commerce-Umfeld beschrieben werden. Auf diese Weise soll dem interessierten Praktiker der Zugang zur Electronic-Commerce-Thematik erleichtert werden.

Die Idee zu dem vorliegenden Buch ist im Rahmen der dritten Tagung Handelsinformationssysteme in Münster entstanden. Die breite Akzeptanz der dort vorgestellten Beiträge hat die Herausgeber dazu veranlasst, ein aktuelles Werk zu dem Thema unter Einbeziehung von hochrangigen Experten aus Theorie und Praxis herauszugeben.

Abschließend möchten sich die Herausgeber bei allen bedanken, die zum Gelingen des Buches beigetragen haben. Hervorzuheben sind Frau Annekathrin Cramer, Frau Silke Schürmann, Frau Carolin Becker und Herr Patrick Otto, die sich durch ihre engagierte Mitarbeit bei der technischen Erstellung des Buches ausgezeichnet haben.

Münster, Essen im Frühjahr 2000

Dieter Ahlert
Jörg Becker
Peter Kenning
Reinhard Schütte

Inhaltsverzeichnis

Teil 1: Strategische Implikationen des Electronic Commerce 1

1 **Implikationen des Electronic Commerce für die Akteure in der Wertschöpfungskette (Dieter Ahlert)** 3

    1.1 Problemstellung und Überblick 3
    1.2 Das Internet als Überlebenschance schwacher Hersteller? 3
    1.3 Ansatzpunkte der betriebswirtschaftlich sinnvollen Integration der Internettechnologie in etablierte Handelsunternehmungen und Wertschöpfungsnetze 6
        1.3.1 Das Warenwirtschaftssystem als Ansatzpunkt der technologischen Integration 6
        1.3.2 ECR als betriebswirtschaftlicher Rahmen des Electronic Commerce 8
        1.3.3 Alternative Ausprägungen der elektronischen Strömung des Wertschöpfungsprozesses 10
    1.4 Alternative und additive Technologien des elektronischen Dialogs im Absatzkanal 12
        1.4.1 Die Geschäftsmodelle des Electronic Commerce 12
        1.4.2 Zur Bedeutung der verschiedenen Anwendungsbereiche des Electronic Commerce 13
        1.4.3 Die industrielle Maßkonfektion als Anwendungsbeispiel für kombinierte Geschäftsmodelle im Electronic Commerce 15
    1.5 Wird das Extranet in naher Zukunft den Eletronic Data Interchange (EDI) ersetzen? 20
    1.6 Internet & Co. als Bedrohung für den stationären Handel? 21
    1.7 Fazit 25
    Literaturverzeichnis 26

2 Aktuelle und zukünftige Erfolgsfaktoren des Electronic Shopping (Gert Schnetkamp) 29

2.1 Erfolgsfaktor Electronic Shopping 29

2.2 Der Markt geht „online" 29
    2.2.1 Die aktuelle Situation des Einzelhandels 29
    2.2.2 Die Entwicklung der Medien 30

2.3 Der Händler als Tor zum Kunden 34
    2.3.1 Neue Herausforderungen durch das Electronic Shopping 34
    2.3.2 Die neue Wettbewerbslandschaft im Electronic-Shopping 36
    2.3.3 Alte Sorgen auf neuem Höchstniveau 39

2.4 Die vier Schritte zum Erfolg im Electronic-Shopping 39
    2.4.1 Erfolgsfaktor 1: Überlegene Internet-Marken schaffen 40
    2.4.2 Erfolgsfaktor 2: Die richtige Gestaltung des Internet-Shops 42
    2.4.3 Erfolgsfaktor 3: Individuelle Kundenbeziehungen aufbauen 43
    2.4.4 Erfolgsfaktor 4: Geschäftsprozess aus Kundensicht gestalten ... 48

2.5 Zusammenfassung und Ausblick 49
    2.5.1 Der Wert des Kunden 49
    2.5.2 Die Bedeutung des Electronic Shopping für das Marketing 50
    2.5.3 Plädoyer für eine mutige Unternehmenspolitik 50

3 Strategische Herausforderung des Electronic Commerce für dezentrale Handelsunternehmungen (Jan-Christoph Maiwaldt) 51

3.1 Kann der stationäre Einzelhandel weiter und schnell genug wachsen? 51

3.2 Die Entwicklungschancen durch das Internet – Produktivitätssteigerungen durch den effektiveren Informationseinsatz als Ressource 52
    3.2.1 Die Erschließung der internen Produktivitätspotenziale 52
    3.2.2 Die Erschließung der externen Potenziale des Internets mit Electronic Commerce 56

3.3 Ausblick und offene Fragen 60

Inhaltsverzeichnis XI

Teil 2: Geschäftsmodelle des Electronic Commerce 63

**4 Internet & Co: Historie, Technik und Geschäftsmodelle
für den Handel (Jörg Becker) 65**

4.1 Ursprünge des Internets 65
4.2 State-of-the-Art und technische Grundlagen des Internets 66
4.3 Internet-Dienste 68
    4.3.1 Telnet 68
    4.3.2 FTP 69
    4.3.3 NetNews 70
    4.3.4 Internet Relay Chat (IRC)/ICQ 71
    4.3.5 IP Telephony 72
    4.3.6 IPv6 / IPnG 72
4.4 Technische Anbindung ans Internet 73
    4.4.1 Zugang zum Internet aus Nutzersicht 73
    4.4.2 Zugang zum Internet aus Sicht von Informationsanbietern ... 75
4.5 Aufbau der Internet-Präsenz 77
    4.5.1 Datenbankbasierte Inhalte 77
    4.5.2 Von HTML zu XML 80
4.6 Ausprägungen des Internet Commerce 80
4.7 Electronic Commerce mit oder ohne Intermediation? 85
4.8 Internet-Geschäftsvorgänge des Handels 91
4.9 Fazit 92
Literaturverzeichnis 94

**5 Elektronischer Handel ohne Intermediäre? – Ein Vergleich von
Geschäftsmodellen für den elektronischen Vertrieb von Flugscheinen
(Stefan Klein) 95**

5.1 Einleitung 95
5.2 Online-Vertriebsmodelle für Flugscheine 96
    5.2.1 Direktvertrieb: Lufthansa InfoFlyaway und Ticket Auktion ... 96
    5.2.2 Traditionelle Intermediäre: Rosenbluth 97
    5.2.3 Etablierte Spieler in neuer Mittlerrolle: Travelocity 99
    5.2.4 Neue kundennahe Mittler in unterschiedlicher Position 100
5.3 Zusammenfassende Beurteilung der Modelle 103
5.4 Ausblick 105
Literaturverzeichnis 107

6 Geschäftsmodelle in der Internet-Ökonomie (Karsten Schneider) 109

6.1 Das Geschäftsmodell als Erfolgsfaktor im Electronic Commerce 109
6.2 Das Internet und seine ökonomische Relevanz 109
    6.2.1 Das Internet als Change Technology 109
    6.2.2 Ökonomische Konsequenzen des Internets 111
6.3 Die verschiedenen Marktphasen des Internets 112
    6.3.1 Die erste Phase: Erfahrung vor Gewinn 112
    6.3.2 Die zweite Phase: Die frühe Minderheit 113
    6.3.3 Die dritte Phase: Die Phase der Mehrheit 113
    6.3.4 Die vierte und fünfte Phase: Die erzwungene Mehrheit und die Nachzügler 113
6.4 USA – Vorreiter im Electronic Commerce 114
6.5 Die Online-Produkte 116
6.6 Klassifikation von Geschäftsmodellen 117
    6.6.1 Business-to-Consumer (B2C) 117
    6.6.2 Business-to-Business-Bereich (B2B) 118
    6.6.3 Consumer-to-Consumer (C2C) 118
    6.6.4 Business-to-Business-to-Consumer (B2B2C) 119
    6.6.5 Neue Geschäftsmodelle 119
    6.6.6 Die Machtverlagerung durch neue Geschäftsmodelle 121
    6.6.7 Die erfolgreichsten Anbieter 121
6.7 Umgehung der Absatzmittler durch Electronic Commerce? 122
6.8 Zusammenfassung: Die wesentlichen Prinzipien der Digital Economy 123

7 Neue Herausforderungen für das Marketing durch interaktive elektronische Medien – auf dem Weg zur Internet-Ökonomie (Heribert Meffert) 125

7.1 Zur Ausgangssituation 125
7.2 Neue Marktgesetze in der Internet-Ökonomie 126
7.3 Herausforderungen an das strategische Marketing 130
7.4 Implikationen für den Einsatz der Marketinginstrumente 134
7.5 Herausforderungen an Marketingforschung und Informationsmanagement 138
7.6 Ausblick 140

Literaturverzeichnis 142

Teil 3: Erfahrungen mit Electronic-Commerce-Lösungen 143

8 Das Internet – Eine Bedrohung für den stationären Einzelhandel?
(Lovro Mandac) 145

    8.1   Einleitung 145

    8.2   Der doppelte Kaufkraftverlust als Kernproblem des stationären
Einzelhandels in Deutschland..145

    8.3   Handel in Bewegung 147

    8.4   Struktur der Internetnutzung und Integration der neuen Medien
in die Vertriebskonzepte der Kaufhof Warenhaus AG 150
          8.4.1 Gründe für das Online-Shopping................................151
          8.4.2 Wachstumsbarrieren des Electronic Commerce 153
          8.4.3 Multimedia beim Kaufhof 154

    8.5   Ausblick...157

9 my-world – Erfahrungen eines Online-Shopping-Anbieters
(Ragnar Nilsson)...159

    9.1   Multimedia bei Karstadt 159

    9.2   Voraussetzungen für die Umsetzung von my-world................160

    9.3   my-world gestern und heute – Erfahrungen und Entwicklungen
des Online-Shopping-Services...161
          9.3.1 Einführungsphase – die ersten Besucher im virtuellen
Warenhaus..162
          9.3.2 Ausbauphase – der Relaunch zum 1. Geburtstag von
my-world 164
          9.3.3 Konsolidierungsphase – Online Shopping kommt ins
Rollen 165
          9.3.4 Statusphase – die 3. Generation von my-world 167

    9.4   Online Shopping – eine Umsatzbetrachtung............................169

    9.5   Ausblick...171

10 Ein Vorgehensmodell für Konzeption, Implementierung und Einsatz
einer Internet-Präsenz – Erfahrungen aus einem Intranet-Projekt
(Lars Ehlers)...173

    10.1   Motivation 173

    10.2   Ein Vorgehensmodell für die strukturierte Erstellung einer
Internet-Präsenz 175
           10.2.1 Probleme von statischen Internet-Programmen......175

		10.2.2 Entwicklung eines Vorgehensmodells	181
	10.3	Konzeption einer Internet-Präsenz für ein Handelsunternehmen	182
		10.3.1 Definition der Zielgruppe	183
		10.3.2 Festlegung des Umfangs einer Internet-Präsenz	185
		10.3.3. Die Zielgruppen-Umfang-Matrix	190
		10.3.4 Auswahl und Modellierung der zu unterstützenden Geschäftsprozesse	191
	10.4	Realisierungsoptionen für die Implementierung	193
	10.5	Einsatz einer Internet-Präsenz	196
		10.5.1 Betrieb einer Internet-Präsenz	196
		10.5.2 Wartung einer Internet-Präsenz	197
	10.6	Ausblick	198
	Literaturverzeichnis		200

11 E-Commerce – Eine Einführung in juristische Grundprobleme der Informationswirtschaft (Thomas Hoeren) 203

	11.1	Vertrags- und verbraucherschutzrechtliche Probleme	203
		11.1.1 Kollisionsrechtliche Vorfragen	203
		11.1.2 Vertragsschluss im Internet	205
		11.1.3 Anfechtung, Vollmacht und Zugang elektronischer Willenserklärungen	206
		11.1.4 Schriftform und digitale Signatur	208
		11.1.5 Beweiswert digitaler Dokumente	210
		11.1.6 Das Recht der Allgemeinen Geschäftsbedingungen	212
		11.1.7 Zahlungsmittel	213
		11.1.8 Verbraucherschutz im Internet	215
	11.2	Resumee	221

Glossar 223

Autorenverzeichnis 231

Abbildungs- und Tabellenverzeichnis

Abb. 1-1:	Originäre Handelsmacht	4
Abb. 1-2:	Online-Markt-Konzentration in den USA	6
Abb. 1-3:	Warenwirtschaft in der Konsumgüterdistribution	7
Abb. 1-4:	Das Warenwirtschaftssystem als Ansatzpunkt für das Internet	7
Abb. 1-5:	Überblick über die ECR-Basisstrategien	8
Abb. 1-6:	Pull- versus Push-Prinzip	9
Abb. 1-7:	Push-Konzept für modische Ware	10
Abb. 1-8:	Pull-Konzept für Basics (Vendor Managed Inventory)	11
Abb. 1-9:	Anwendungsmöglichkeiten des Electronic Commerce	12
Abb. 1-10:	Einfache versus komplexe Konsumprobleme	15
Abb. 1-11:	Integration des elektronischen Dialogs in den Prozess der industriellen Maßkonfektion	17
Abb. 1-12:	Informationsverhalten der Konsumenten im Bekleidungshandel	18
Abb. 1-13:	Beispiel einer übersichtlichen WebSite im Rahmen der industriellen Maßkonfektion	19
Abb. 1-14:	Bereiche der industriellen Maßkonfektion	20
Abb. 1-15:	Electronic Commerce – ein neuer Vertriebsweg?	22
Abb. 1-16:	Produkteignung im Electronic Commerce	24
Abb. 1-17:	Handlungsbedarf für eine Geschäftsentwicklung des Großhandels via Internet	25
Abb. 2-1:	Electronic-Shopping-Profil USA-Deutschland	30
Abb. 2-2:	Nutzen des Mediums Internet	31
Abb. 2-3:	Internationaler Vergleich der Internetzugänge	32
Abb. 2-4:	Demographie der Online-Shopper	33
Abb. 2-5:	Rollenverteilung und Besetzung auf den Online-Märkten	34
Abb. 2-6:	Entwicklung von Fähigkeitsanforderungen	35
Abb. 2-7:	Wettbewerbslandschaft des Electronic-Shopping	37
Abb. 2-8:	Portale der virtuellen Welten	38
Abb. 2-9:	Erfolgsfaktoren des Electronic-Shopping	40
Abb. 2-10:	Die vier Ebenen der Internet-Promotion	42
Abb. 2-11:	Fünf WebSite-Generationen	43
Abb. 2-12:	Die fünf Stufen beim Aufbau individueller Kundenbeziehungen	47
Abb. 2-13:	Struktur eines Internet-Geschäftsprozesses	48
Abb. 3-1:	Digitale Produkte der Douglas AG	55
Abb. 3-2:	Erfolgsfaktoren des Intranets	56
Abb. 3-3:	Ansatzpunkte des E-Marketing	59
Abb. 3-4:	Erfolgsfaktoren des E-Shopping	60

Abb. 3-5:	Ansatzpunkte der Nutzenstiftung	61
Abb. 4-1:	Entwicklung der Rechnerzahlen im Internet 1993-2000	67
Abb. 4-2:	Telnet-Session mit einem entfernten System	69
Abb. 4-3:	FTP-Dateitransfer	70
Abb. 4-4:	ICQ-Client	71
Abb: 4-5:	Schema einer Einwählverbindung ins Internet	74
Abb. 4-6:	Schematischer Aufbau einer datenbankbasierten WWW-Lösung	78
Abb. 4-7:	Schematischer Ablauf des Aufrufs einer Active Server Page	79
Abb. 4-8:	Abfrage des Kundenstatus über ein WWW-Interface	79
Abb. 4-9:	Ausprägungen des Internet Commerce	81
Abb. 4-10:	GE Trading Process Network	82
Abb. 4-11:	Elektronische Steuererklärung	83
Abb. 4-12:	Amazon.com	84
Abb. 4-13:	Intermediation im Vor-Internet und Internet-Zeitalter	86
Abb. 4-14:	Direktverkauf: Dell.de	88
Abb. 4-15:	Händler im Web: vobis.de	88
Abb. 4-16:	Electronic Malls	89
Abb. 4-17:	Das Handels-H-Modell	91
Abb. 4-18:	Exemplarische Veränderungen im Handel durch Internet	92
Abb. 5-1:	Lufthansa InfoFlyaway (Februar 2000)	96
Abb. 5-2:	Einstiegsseite von Rosenbluth (März 2000)	99
Abb. 5-3:	Einstiegsseite von Travelocity (Februar 2000)	100
Abb. 5-4:	Einstiegsseite von TravelBids (Februar 2000)	101
Abb. 5-5:	Einstiegsseite von Priceline.com (Februar 2000)	102
Abb. 5-6:	Vertriebswege für Flugscheine	103
Abb. 6-1:	Überblick über Change Technologies	110
Abb. 6-2:	Mit „Multimedia" und „Internet" verbundene Veränderungen	112
Abb. 6-3:	Marktphasen der Change Technology „Internet"	113
Abb. 6-4:	Entwicklung der Internet-Umsätze	114
Abb. 6-5:	Eignung bestimmter Waren und Dienstleistungen für den Online-Vertrieb	117
Abb. 6-6:	Traditionelle Wertschöpfungskette beim zweistufigen, indirekten Vertrieb	122
Abb. 6-7:	Grafische Darstellung der Umgehungsthese	122
Abb. 7-1:	Entwicklungsstufen des Internets in der Unternehmenspraxis	125
Abb. 7-2:	Verändertes Kostenmanagement in der Internet-Ökonomie	128
Abb. 7-3:	Skalenerträge in der Internet-Ökonomie	129
Abb. 7-4:	Zusammenfassende Betrachtung der Marktgesetze in der Internet-Ökonomie	130
Abb. 7-5:	Branchenspezifische Bedeutung des Internets	131
Abb. 7-6:	Wirkungen des One-to-one-Marketing	133
Abb. 7-7:	Illustration von Preisstrategien im Zeitablauf	137
Abb. 7-8:	Ausbau der Internet Marketing Intelligence	139
Abb. 8-1:	Wachstumsträger des Privaten Verbrauchs im Zeitraum 1994-1997	146
Abb. 8-2:	Deutschlands Weg zur Freizeitgesellschaft geht über Urlaub und Auto	147

Abb. 8-3:	Das Internet als ein Teil der Handelslandschaft	149
Abb. 8-4:	17% der Internet-Nutzer kaufen über das Internet ein	150
Abb. 8-5:	Electronic-Commerce-Verlockungen	151
Abb. 8-6:	Gründe für das Online Shopping	152
Abb. 8-7:	Wachstumsbarrieren des Electronic Commerce	153
Abb. 8-8:	Besucher der Internetseiten des Kaufhofs	154
Abb. 8-9:	Multimedia-Installationen beim Kaufhof	156
Abb. 9-1:	Die Tore von my-world öffneten sich am 28. Oktober 1996	162
Abb. 9-2:	Die my-world-Homepage zum 1. Geburtstag.	164
Abb. 9-3:	In 1998 geht my-world auf Tour.	165
Abb. 9-4:	my-world in der 3. Generation.	167
Abb. 10-1:	Exemplarische Probleme von statischen Internet-Seiten	176
Abb. 10-2:	Übliche Bandbreiten im LAN, WAN und Internet	178
Abb. 10-3:	Phasen im Prototypen-Zyklus	180
Abb. 10-4:	Phasen im Web-Zyklus	181
Abb. 10-5:	Grobentwurf einer Matrix aus Umfang und Zielgruppe	182
Abb. 10-6:	Verbindungen zwischen den Zielgruppen	183
Abb. 10-7:	Internet-Programm mit Intranet-Pflegemaske	187
Abb. 10-8:	Festlegung der Dimensionen „Umfang" und „Zielgruppe" mit Beispieldaten	190
Abb. 10-9:	Funktionsdekompositionsdiagramm Softwareaktualisierung für Kunden	192
Abb. 10-10:	Ergänzung der Umfang-Zielgruppe-Matrix um Technik zum Web-Würfel	195
Abb. 10-11:	Mögliche Kombinationen von eingesetzter ERP-Software und zur Verfügung stehender Technik	196
Abb. 10-12:	Beispiel zum Übergang von einem Alt-System zu einer Neuentwicklung	199
Tabelle 4-1:	Exemplarische Preisliste für die Bereitstellung einer Einwählverbindung ins Internet	75
Tabelle 4-2:	Exemplarische Preisliste für die Bereitstellung einer WWW-Präsenz	77
Tabelle 5-1:	Vergleich der Geschäftsmodelle im Flugschein-Vertrieb	104

Abkürzungsverzeichnis

ALDI		Albrechts Discount
ARIS		Architektur integrierter Informationssysteme
ASP		Active Server Pages
CFM		Cold Fusion Markup (Language)
CGI		Common Gateway Interface
CICD		Corporate Identity, Corporate Design
CISG		Übereinkommen der UN über Verträge bezüglich des nationalen Warenverkaufs
CRM		Customer Relationship Management
DAG		Deutsche Arbeitnehmer Gewerkschaft
DOB		Damenoberbekleidung
EAN		Europäische Artikelnummer
ECR		Efficient Consumer Response
EDI		Electronic Data Interchange
EGBGB		EG Bürgerliches Gesetzbuch
EGGVG		Einführungsgesetz zum Gerichtsverfassungsgesetz
EH		Einzelhandel
EPK		Ereignisgesteuerte Prozesskette
ER		Efficient Replenishment
ERP		Enterprise Ressource Planning
EWR		Europäischer Wirtschaftsraum
FDD		Funktionsdekompositionsdiagramm
FOC		Factory Outlet Center
GBG		Geschlossene Benutzergruppe
HBCI		Home Banking Computer Interface
HIS		Handelsinformationssysteme
HTML		Hypertext Markup Language
ICSE		International Conference on Software Engineering
IFA		Internationale Funkausstellung Berlin

IP	Internet Protocol
IPR	Datenbankrichtlinie 96/9 EG
MADAKOM	Marktdaten-Kommunikation
MS	Microsoft
PDF	Portable Document Format
POS	Point of Sale
RAD	Rapid Application Development
SET	Secure Electronic Transfer
TCP	Transmission Control Protocol
URL	Uniform Resource Locator
WAP	Wireless Application Protocol
WYSIWYG	What you see is what you get

Teil 1: Strategische Implikationen des Electronic Commerce

1 Implikationen des Electronic Commerce für die Akteure in der Wertschöpfungskette

Dieter Ahlert, Münster

1.1 Problemstellung und Überblick

Auf nahezu jeder Internet-Seite findet man eine Rubrik „Frequently Asked Questions". Dahinter verbergen sich meist ein bis zwei Sites, die einen Antwortkatalog auf diejenigen Fragen beinhalten, die auf dieser Webpage am häufigsten gestellt werden.

Bezogen auf das Thema „Implikationen des Electronic Commerce für die Akteure in der Wertschöpfungskette" sind es regelmäßig die folgenden fünf Fragen, die diskutiert werden:

1. Welche Konsequenzen hat der Electronic Commerce für die derzeitigen Machtverhältnisse im Absatzkanal?
2. Wie kann in etablierten Handelsunternehmungen und Wertschöpfungsnetzen die Internettechnologie sinnvoll in die betriebswirtschaftlichen Systeme integriert werden?
3. Welches sind die erfolgreichsten Geschäftsmodelle?
4. Werden bestehende Technologien durch das Extranet substituiert?
5. Wird der stationäre Einzelhandel durch Electronic Commerce ausgeschaltet?

Im Folgenden bilden diese FAQ`s den Aufhänger für eine kritische Analyse der Auswirkungen, welche die neuen Möglichkeiten zum elektronischen Dialog mit dem Kunden auf die Absatzkanäle der Konsumgüterindustrie entfalten. Zur Veranschaulichung wird exemplarisch die Textil- und Bekleidungsbranche näher betrachtet. Diese eignet sich besonders gut zur Verdeutlichung der Problematik der neuen Technologien. Alle denkbaren Probleme des Handels und des Wertschöpfungs-Prozess-Managements sind hier unter einem Dach anzutreffen.

1.2 Das Internet als Überlebenschance schwacher Hersteller?

In den letzten Jahren und Jahrzehnten ist das Machtpotenzial der großen filialisierten Handelssysteme stetig gestiegen. Dieser Anstieg ist auf drei Ursachen zurückzuführen. Die *zunehmende Unternehmenskonzentration*, insbesondere im Lebensmitteleinzelhandel, ist das Ergebnis des enormen Wachstums der großen Handelssysteme.[1] Hierbei lassen sich zwei Wachstumsformen unterscheiden: Zum einen das interne Wachstum, bei dem es der Unternehmung gelingt, aus eigener Kraft heraus zu wachsen, d.h. höhere Umsätze zu erzielen. Zum anderen das ex-

---

[1] Vgl. M+M Eurodata, 1998, S. III.4

terne Wachstum, bei dem ein Handelskonzern wie die Metro AG durch gezielte Zukäufe von Unternehmungen den Gesamtumsatz erhöht. Daneben hat die *Zentralisation der Entscheidungen*, insbesondere bezüglich Listung und Auslistung, auch die kooperierenden Handelsgruppen und die zu diesem Zweck etablierten Einkaufskartelle zu mächtigen Verhandlungspartnern (bzw. -gegnern) der Industrie erstarken lassen.[2] Zusätzlich ist auf die *zunehmende Vertikalisierung der Konsumgüterdistribution* hinzuweisen, sowie auf ein *steigendes Maß an Verhaltensabstimmung* in vertraglichen Vertriebssystemen zwischen Handel und Industrie.[3] Die gewachsene Machtkonzentration im Konsumgüterhandel geht einher mit einer steigenden Abhängigkeit der Lieferanten und kann im Extremfall zu dem führen, wofür wir den Begriff *originäre Nachfragemacht* geprägt haben.[4]

Originäre Nachfragemacht besitzt der Handel immer dann, wenn er durch das Vorliegen von Regalplatzknappheit eine Monopolstellung erreichen kann (vgl. Abb. 1-1). In diesem Falle bestünde für die Industrie keine Möglichkeit, den Handel zu umgehen; er wäre damit unverzichtbarer Bestandteil des Absatzkanals. Auf der anderen Marktseite hätten die Verbraucher ebenfalls keine Möglichkeiten, den Handel zu meiden. Erst dann, wenn es dem Handel gelungen ist, eine Monopolstellung zu erreichen, kann im Ergebnis von einer originären Handelsmacht gesprochen werden.

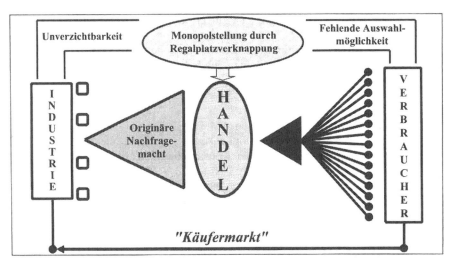

Abb. 1-1: Originäre Handelsmacht

In der deutschen Handelspraxis erscheint es fraglich, ob Regalplatz – verstanden als Gesamtheit aller Möglichkeiten der physischen und psychischen Konfrontation des Produkts oder Absatzprogramms eines Herstellers mit dem potenziellen Kunden – knapp ist. Das Gegenteil ist der Fall. Tatsache ist, dass die hohen Überkapa-

---

[2] Vgl. Ahlert, 1998b, S. 247 ff.
[3] Vgl. Ahlert, 1999, S. 333 ff.
[4] Vgl. Ahlert, 1996b, S. 113 ff.

zitäten jährlich viele, zumeist kleinere Händler zur Geschäftsaufgabe zwingen. Die Größeren widmen sich ebenfalls der Reduzierung von Verkaufsflächen.[5]

Regalplatz im Sinne von Verkaufsfläche ist also offensichtlich nicht knapp. Der den qualitativen Ansprüchen der Markenartikelhersteller entsprechende Regalplatz mag hingegen in einigen Fällen ein Engpass sein. Von ausschlaggebender Bedeutung für die Machtkonstellation in Absatzkanälen ist allerdings ein anderer Engpass: die kaufkräftige Nachfrage der Endverbraucher nach den Erzeugnissen dieser Branche.

Die oftmals von Herstellern beklagte Nachfragemacht des Handels hat in aller Regel *derivativen Charakter*. Letztlich kann es sich der Handel nur dann erlauben, auf einen Markenartikel zu verzichten, wenn die Auslistung vom Konsumenten nicht bestraft wird. Der Handel fungiert als verlängerter Arm des Konsumenten. In dem Maße jedoch, indem neue Marken auf den Markt drängen – im Jahre 1997 konnte der Konsument zwischen 55.000 neuen Marken wählen – nimmt die Positionierungsenge auf den Konsumgütermärkten zu.[6] Die Folge ist, dass zahlreiche Marken nicht mehr in der Psyche des Konsumenten verankert werden können und dadurch für den Handel ersetzbar werden.

Durch Electronic Commerce wird das Angebot an Regalplatz quantitativ deutlich erhöht. Den Akteuren obliegt es, den elektronischen Marktplatz auch an die qualitativen Ansprüche, die aus den Besonderheiten der Produkte resultieren, anzupassen. Kleinere, relativ „schwache" Hersteller, also jene Lieferanten, die zunehmend von der Auslistungsgefahr bedroht sind und in den Jahresgesprächen einem als unerträglich empfundenen Konditionendruck ausgesetzt sind, können von diesem neuen Regalplatzangebot profitieren. Es kann ihnen möglicherweise nur noch auf diesem Weg gelingen, neue Produkte „in die Psyche des Konsumenten" zu transportieren. Sie können ergänzend oder alternativ einen neuen Vertriebsweg aufbauen und sich so vom Handel emanzipieren.

Mit Blick auf den US-amerikanischen Online-Markt muss man diese Aussage jedoch insofern relativieren, als dass auch im Online-Retailing erste Konzentrationstendenzen identifiziert werden können. So erreichen die Top-10-Retailer bereits einen Marktanteil von 43% (vgl. Abb. 1-2). Die Chance zur Emanzipation besteht daher nur für den Moment.

---

[5] Vgl. o.V., 1999b, S. 74.
[6] Vgl. Meffert/Burmann, 1998, S. 34.

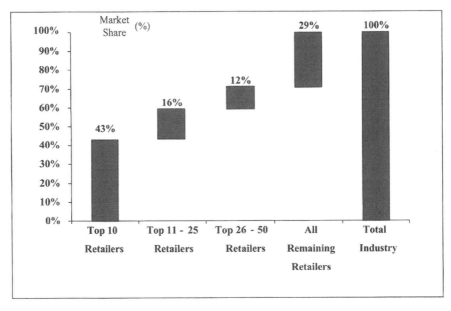

Abb. 1-2: Online-Markt-Konzentration in den USA (Quelle: The Boston Consulting Group, 1999, S.10)

1.3 Ansatzpunkte der betriebswirtschaftlich sinnvollen Integration der Internettechnologie in etablierte Handelsunternehmungen und Wertschöpfungsnetze

1.3.1 Das Warenwirtschaftssystem als Ansatzpunkt der technologischen Integration

Die oben skizzierte Entwicklung stellt nur einen Teilbereich der Konsumgüterdistribution – den Warenstrom – dar. Neben Waren werden in Distributionssystemen aber auch regelmäßig Dienstleistungen, Geld und Informationen ausgetauscht (vgl. Abb. 1-3). Gerade der Austausch von Informationen ist Gegenstand neuerer Kooperationsprojekte. Ziel dieser Projekte ist es, die hohe Komplexität in der Warenwirtschaft zu reduzieren und so die jeweiligen Güter- und Informationsströme besser zu beherrschen.

Zur Speicherung und Verarbeitung von Informationen greift man in Handelsunternehmungen regelmäßig auf Warenwirtschaftssysteme zurück. Die Warenwirtschaftssysteme der neueren Generation erlauben zumeist eine elektronische Vernetzung mit den wichtigsten Transaktionspartnern wie beispielsweise den Lieferanten, den Banken und den Logistikdienstleistern (vgl. Abb. 1-4). Es verwundert deshalb nicht, dass gerade die Warenwirtschaftssysteme im Rahmen des Electronic Commerce den Ansatzpunkt für einen Einstieg ins Internet darstellen.

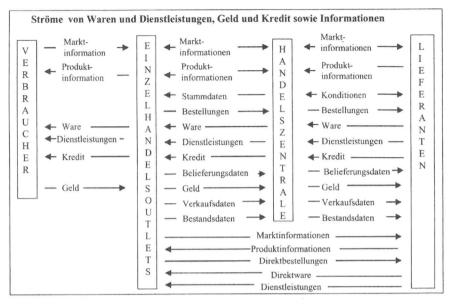

Abb. 1-3: Warenwirtschaft in der Konsumgüterdistribution (Quelle: Ahlert, 1998, S. 34)

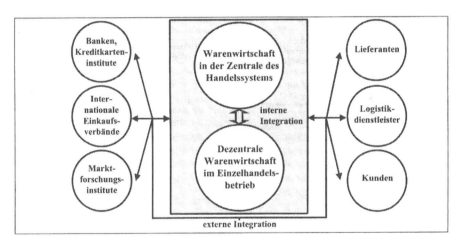

Abb. 1-4: Das Warenwirtschaftssystem als Ansatzpunkt für das Internet

Neben der Lösung des Technologieproblems[7] gilt es aber auch, dem Electronic Commerce ein geeignetes betriebswirtschaftliches Konzept zu hinterlegen. Vor diesem Hintergrund hat in den vergangenen Jahren das Konzept des Efficient Consumer Response (ECR) an Bedeutung gewonnen.[8]

---

[7] Vgl. weiterführend Ahlert/Olbrich, 1999, S. 44 sowie Ahlert, 1997, S. 6 ff.
[8] Vgl. Ahlert/Borchert, 2000, S. 10 ff.; Eierhoff, 1998, S. 367 und Delfmann, 1999, S. 565.

1.3.2 ECR als betriebswirtschaftlicher Rahmen des Electronic Commerce

ECR ist ein Konzept, das aus vier Basisstrategien besteht (vgl. Abb. 1-5). Im Rahmen des *Efficient Replenishment* geht es in erster Linie darum, einen nachfragegesteuerten Warenschub zu realisieren. Hierzu stehen den ECR-Partnern verschiedene Instrumente und Konzepte zur Verfügung, wie z.B. das Cross-Docking oder der Einsatz von Roll-Containern. Erste Erfahrungen im Rahmen von Efficient-Replenishment-Projekten zeigen, dass die Bestellvorlaufzeiten um bis zu 80% verringert werden konnten.[9]

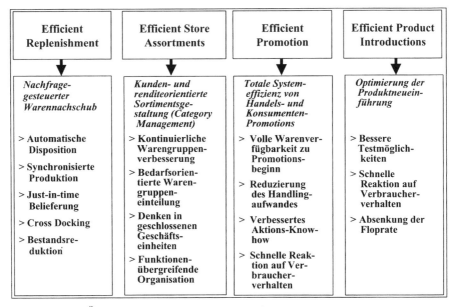

Abb. 1-5: Überblick über die ECR-Basisstrategien

Efficient Store Assortments zielen auf die kunden- und renditeorientierte Sortimentsgestaltung ab. Insofern greift man im Rahmen dieser ECR-Basisstrategie auf das Gedankengut des Category-Managements zurück.[10] Eine Erhöhung der Kundenorientierung im Sortiment versucht man beispielsweise durch eine kontinuierliche Verbesserung der Warengruppen zu erreichen. Dies ist im Kern zwar keine neue Aufgabe für das Handelsmanagement, innovativ ist jedoch, dass die Optimierung in Kooperation mit dem Hersteller erfolgt.

Im Mittelpunkt der ECR-Basisstrategie *Efficient Promotion* steht die Systemeffizienz von Handels- und Konsumentenpromotions. Zentrale Ansatzpunkte dieses Konzeptes sind die Warenverfügbarkeit zu Promotionsbeginn und die Redu-

---

[9] Vgl. Wiezorek, 1998, S. 393.
[10] Vgl. Ahlert, 1996a, S. 37 ff.

zierung des Handlingaufwands. Dadurch soll eine schnellere Reaktion auf das Verbraucherverhalten erreicht werden.

Die vierte und letzte ECR-Basisstrategie stellt die *Efficient Product Introduction* dar. Hier ist die optimierte Produkteinführung von zentralem Interesse. Ziel ist eine deutliche Senkung der hohen Flopraten bei der Neuprodukteinführung im Konsumgüterbereich, die teilweise bei über 60% liegt.[11] Dies soll über Maßnahmen sowohl auf der Handels- als auch auf der Herstellerseite erreicht werden: Zum einen wird der Handel angehalten, dem Hersteller bessere Testmöglichkeiten, z.B. in der Form von Testmärkten, zu bieten. Dadurch sollen genauere Testergebnisse gewonnen werden. Zum anderen versucht der Hersteller grundsätzlich, durch eine intensive Marktbeobachtung rechtzeitig tragfähige Trends zu erkennen und die damit verbundenen neuen Kundenbedürfnisse frühzeitig im Absatzprogramm zu berücksichtigen.

Die oben skizzierten ECR-Basisstrategien implizieren eine neue Steuerung der Warendistribution. In der Vergangenheit wurden die Aktivitäten innerhalb der Distributionssysteme oftmals durch kurzfristige Umsatz-, Konditionen- und Ertragsziele dominiert. Dies führte dazu, dass immer nur Teilbereiche der Wertschöpfungskette optimiert werden konnten. Übergreifende, ganzheitliche Verbesserungsmaßnahmen scheiterten oft am Misstrauen zwischen den Kooperationspartnern. Die Folge war, dass die gesamte Versorgungskette nach dem Prinzip *„Sell what you buy"* funktionierte. In Handelsunternehmungen liess sich dies regelmäßig daran erkennen, dass die Waren vom relativ marktferneren Einkauf in den Markt gedrückt wurden (vgl. Abb. 1-6).

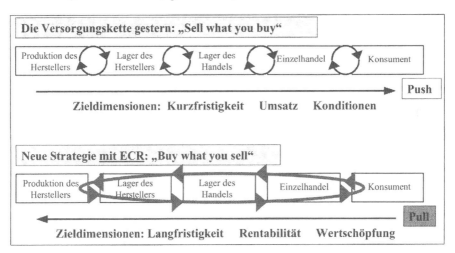

Abb. 1-6: Pull- versus Push-Prinzip (Quelle: Wagener, 2000, S. 210)

Das Innovative am ECR-Konzept ist die Umkehrung dieses Prinzips. Durch die intensive Kooperation zwischen Hersteller- und Handelsunternehmung in den vier genannten Bereichen wird nunmehr eine Warensteuerung nach dem Grundsatz

---

[11] Vgl. Zellekens/Horbert, 1998, S. 19.

„*Buy what you sell*" angestrebt. Im Kern ist dieser Ansatz dem Kanban-Prinzip in Industrieunternehmungen ähnlich. Letztlich bestimmt die nachfragende, nachgelagerte Marktstufe darüber, was wann in welcher Menge eingekauft bzw. produziert wird. Die positiven ökonomischen Konsequenzen sind u.a. geringere Lagerbestände und, damit verbunden, eine höhere Rentabilität. Daneben wird aber auch die Reaktionszeit des Distributionssystems erheblich verkürzt.

1.3.3 Alternative Ausprägungen der elektronischen Strömung des Wertschöpfungsprozesses

Voraussetzung dieser kundengetriebenen Koordination des kompletten Wertschöpfungsnetzes ist der elektronische Dialog im Absatzkanal. In dem Maße, indem dieser einfacher, robuster und preiswerter wird – etwa im Falle einer Substitution des EDI durch das Extranet (vgl. Kap. 1.5) –, können auch kleinere Unternehmungen auf Hersteller- und Handelsseite ECR-Wertschöpfungspartnerschaften realisieren – also nicht nur die Wal-Mart's dieser Welt. Dabei darf allerdings nicht übersehen werden, dass die „Buy what you sell"-Strategie nicht in jedem Fall die überlegene Form der Koordination distributiver Netzwerke darstellt. Dies beweisen in der Textilbranche die überdurchschnittlich erfolgreichen, vertikal integrierten Bekleidungsfilialisten wie Hennes & Mauritz oder GAP, die in die Produktionsstufe hinein dirigieren und auf Zwischendistribution verzichten.

Das besondere Problem der Bekleidungsbranche, hochmodische Ware, die sich als trendgerecht erweist, noch in der laufenden Saison nachzuliefern, lösen diese Filialisten durch das Angebot erneuerter, exklusiver Eigenprogramme, bis zu zwölf Kollektionen pro Jahr. Die Trendgerechtigkeit der ständig aktualisierten Ware wird vor allem durch eine weitgehend von Schnittstellen befreite Gestaltung der Kommunikationsprozesse zwischen Point-of-Sale und den Kollektionsentwicklern erreicht. Das Warenwirtschaftsmanagement ist hier also nicht kundengetrieben (Pull-Prinzip), sondern funktioniert nach dem Push-Prinzip einer kontinuierlichen Versorgung der Filialen mit ständig neuer modischer Ware: vgl. das Konzept des Continuous Merchandising in Abb. 1-7.

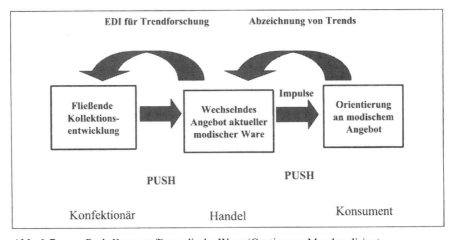

Abb. 1-7: Push-Konzept für modische Ware (Continuous Merchandising)

Auch hier bildet der elektronische Dialog mit dem Kunden (Handel *und* Konsumenten) eine Voraussetzung für die notwendige Schnelligkeit dieses Versorgungssystems. Für textile Anbieter, die hochmodische Ware und zugleich Basics führen, dürfte eine Kombination beider Steuerungsprinzipien für die Wertschöpfungskette sinnvoll sein, also Push für modische Ware und ECR-Pull (vgl. Abb. 1-8) für Basics.

Da die Umsetzung dieser beiden Grundprinzipien der Steuerung in unverbindlichen Kooperationsformen mit schwachem Verbindlichkeitsgrad allerdings nur begrenzt erfolgreich waren, sind zahlreiche Konfektionäre in jüngster Zeit zur *Vorwärtsintegration in die Handelsstufe* in der Form von *Shop-Systemen* übergegangen. Dabei handelt es sich einerseits um Shop-in-Shop- oder auch Stand-alone-Läden, die vom Hersteller konzipiert, aber selbstständig vom Händler betrieben werden. Andererseits sind Systeme herstellereigener oder im Franchising geführter Läden sowie schließlich Hersteller-Shops (Concessions), bei denen der Hersteller das Absatzrisiko trägt und sich der Handel mit einer sicheren Mieteinnahme begnügt, zu beobachten.

Die Reaktion der *vertikal nicht integrierten Bekleidungshersteller* auf die Rückwärtsintegration des filialisierten Handels besteht also neben *Direktverkäufen* (Factory Outlets, Direct Mail Electronic Selling) in *herstellerinitiierten Konzeptionen der vertikalen Kooperation,* die ebenfalls eine elektronische Steuerung der textilen Pipeline zwingend voraussetzen (vgl. exemplarisch die industrielle Maßkonfektion in Kap. 4).

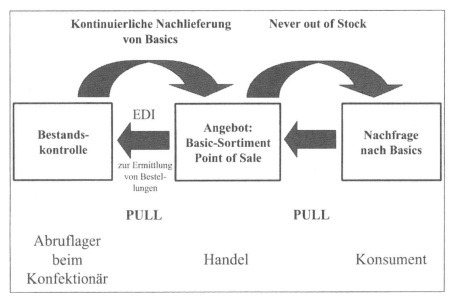

Abb. 1-8: Pull-Konzept für Basics (Vendor Managed Inventory)

1.4 Alternative und additive Technologien des elektronischen Dialogs im Absatzkanal

1.4.1 Die Geschäftsmodelle des Electronic Commerce

Im Electronic Commerce werden differente Geschäftsmodelle entwickelt. Letztlich stellen diese Geschäftsmodelle nur verschiedene Ausprägungen und Kombinationen der drei grundsätzlich unterschiedlichen Anwendungsmöglichkeiten der neuen Technologie, nämlich des *Inter-, Intra- und Extranets* dar (vgl. Abb. 1-9 sowie den Beitrag von Becker).

Das *Internet* ist eine weltweite Verbindung von Computernetzen. Es existiert keine zentrale, koordinierende Organisation. Nach der Art der Interaktionspartner können zwei Teilbereiche unterschieden werden: Business-to-Consumer und Consumer-to-Consumer.

Ein typisches Beispiel für den Teilbereich *Consumer-to-Consumer* sind Auktionen und Chatrooms, die den Verkauf von Produkten oder auch nur die Kommunikation zwischen den Verbrauchern ermöglichen. Während es in den USA bereits seit 1995 Unternehmen gibt, die ihre Produkte mit Hilfe von Auktionen veräussern, ist dieser Trend in Deutschland noch neu. Erst 1998 eröffnete das erste deutsche Internetauktionshaus. Seither drängen jedoch immer mehr Anbieter auf den Markt. Die erfolgreichsten deutschen Auktionshäuser haben mittlerweile zwischen zehn- und fünfzehntausend registrierte Teilnehmer.[12] Hinsichtlich der Angebotsform der Auktionshäuser lassen sich verschiedene Formen unterscheiden:

Eine erste Form stellen diejenigen Unternehmen dar, die Privatpersonen eine Plattform zur Verfügung stellen, um gebrauchte oder ungebrauchte Gegenstände weltweit zum Verkauf anzubieten. Der ökonomische Vorteil dieser Anbieter liegt darin, dass die hohe Frequenz dieser Seiten die relativ leichte Vermietung von Bannern und Links ermöglicht.

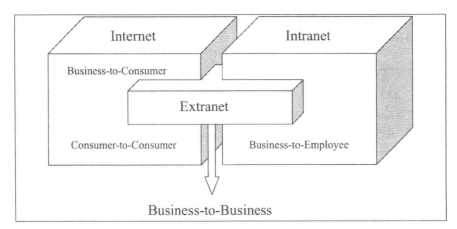

Abb. 1-9: Anwendungsmöglichkeiten des Electronic Commerce

---

[12] Vgl. Graefe, 1999, S. 120.

Daneben gibt es aber auch unternehmenseigene Auktionshäuser. Unter www.sixt.de werden beispielsweise einmal wöchentlich gebrauchte Fahrzeuge an den Meistbietenden veräussert. Dieses Modell, bei dem einer der beiden Marktpartner ein gewerbliches Interesse verfolgt, wird dem Teilbereich des *Business-to-Consumer* zugerechnet. Business-to-Consumer ist die bekannteste Form des Electronic Commerce, welche durch eine extrem hohe Dynamik gekennzeichnet ist. Die Beiträge von Schnetkamp und Nilsson im vorliegenden Buch werden zeigen, dass der konsumentengerichtete Internet-Auftritt eine permanente Baustelle innerhalb der Handelsunternehmungen darstellt und laufend überarbeitet werden muss. Ein Beispiel hierfür ist my world: In den drei Jahren seiner Existenz ist es bereits dreimal grundlegend überarbeitet worden.

Das *Intranet* ist ein unternehmensinterner Netzdienst, der auf Internettechnologie basiert. Hier steht die intraorganisationale Kommunikation im Mittelpunkt. Mit der zunehmenden Dezentralisation vieler Handelsunternehmungen hat die Problematik der dezentralen Kommunikation und Steuerung erheblich an Bedeutung gewonnen. Der Beitrag von Maiwaldt wird darlegen, welche Chancen und Risiken das Web für eine dezentrale Handelsunternehmung beinhalten kann.

Im *Business-to-Business*-Bereich treten Unternehmen miteinander in Kontakt. Die technologische Grundlage hierfür bietet das *Extranet*. Hierbei handelt es sich um einen unternehmensübergreifenden Netzdienst, der Computer kooperierender Unternehmungen miteinander verbindet und auf der Internettechnologie aufbaut. Die Aktivitäten von Handelsunternehmungen im Bereich Business-to-Business sind regelmäßig auf den Beschaffungsmarkt gerichtet. Das Extranet ermöglicht die schnelle und effektive Kommunikation zwischen den Entscheidern unterschiedlicher Organisationen. Insgesamt erwartet man in einigen Branchen durch den Einsatz von Extranets Umsatzsteigerungen von acht bis zehn Prozent beim Handel und eine deutliche Erhöhung der Kundenbindung für den jeweiligen Hersteller.[13]

1.4.2 Zur Bedeutung der verschiedenen Anwendungsbereiche des Electronic Commerce

Um die Frage zu beantworten, welcher der diskutierten Anwendungsbereiche die größte Bedeutung haben wird, ist ein Maßstab notwendig, der das Potenzial der einzelnen Bereiche anzeigt. Einigt man sich hierbei auf den *aktuellen Umsatz*, ist das Internet derzeit der wichtigste Bereich. Insgesamt wurden 1998 über 40 Milliarden US-Dollar mit Internet-Technologie umgesetzt[14], davon alleine über 4 Milliarden in der Warengruppe „Computer Hard- und Software".[15] Das Intranet hätte bei Verwendung dieses Kriteriums kaum eine Bedeutung, da hier nahezu ausschließlich Informationen innerhalb einer Unternehmung ausgetauscht werden. Umsätze werden hier regelmäßig nicht getätigt. Gerade bei dezentralen Unternehmungen und im Rahmen des Netzwerkmanagements spielt das Intranet heute aber oftmals eine erfolgsentscheidende Rolle. Daran wird deutlich, dass der aktuelle Umsatz kein brauchbarer Maßstab zur Beurteilung des Erfolgs der genannten Bereiche darstellen kann.

---

[13] Vgl. Hanser, 1999, S. 56.
[14] Vgl. Barrett, 1999, S. 9.
[15] Vgl. Boston Consulting Group, 1999, S. 7.

Ein anderes Kriterium stellt die *"Anzahl der Nutzer und Verbindungen"* dar. Der Beitrag von Meffert zeigt, dass der Nutzen eines Mediums exponentiell mit der Anzahl der Nutzer zunimmt. Insofern kommt diesem Kriterium bei der Beurteilung der Internet-Technologie eine hohe Bedeutsamkeit zu.

Beurteilt man die verschiedenen Bereiche mit diesem Maßstab, ist der Business-to-Business-Bereich von höchster Bedeutung. Eine Studie des GfK-Online-Monitors vom Februar 1999 zeigt, dass sich das Publikum der Online-Medien innerhalb von nur etwa sechs Monaten um ca. 40% vergrößert hat. 8,4 Millionen Menschen zwischen 14 und 59 Jahren – dies sind ca. 19% der Gesamtbevölkerung in dieser Altersgruppe – nutzen zumindest gelegentlich das Internet und/oder einen Online-Dienst. Die Reichweite der Online-Nutzung hat bei derselben Altersgruppe überproportional zugenommen. Bei den über 50-jährigen entwickelt sich die Online-Nutzung jedoch eher zögerlich. Absolut stellen die 20-49-jährigen die größte Gruppe des Online-Publikums dar. Nach wie vor überwiegt die Ausser-Haus-Nutzung, z.B. in Büros: 5,4 Millionen Menschen nutzen die Online-Medien ausser Haus. Dem stehen 4,9 Millionen Personen gegenüber, die im eigenen Heim die Online-Dienste nutzen.

Trotz dieser beeindruckenden Nutzer-Zahlen sind die absoluten ökonomischen Größen, die sich dahinter verbergen, eher unbedeutend.[16] Viele Nutzer verweilen nur kurz auf den Seiten und kaufen dementsprechend wenig. Diejenigen, die kaufen, haben oftmals bereits vor dem Gang ins Netz eine ganz konkrete Kaufabsicht. Spontane Zusatzkäufe sind eher selten, da der Aufbau der Seiten häufig noch zeit- und damit kostenintensiv ist. Das Kriterium „Nutzeranzahl" scheint daher allenfalls bedingt tauglich zu sein, Aussagen über die Bedeutsamkeit einzelner Anwendungsbereiche zu treffen.

Ein drittes Merkmal zur Messung der Bedeutung der drei Anwendungsbereiche stellt das *„Umsatzpotenzial"* dar. Sieht man von der jeder Prognose anhaftenden Unsicherheit ab, wird rasch die hohe Bedeutsamkeit des *Extranets* deutlich. 1998 wurden 13 Milliarden Dollar im Business-to-Business-Bereich erwirtschaftet. 1999 wird der Umsatz 20 Milliarden US-Dollar betragen.[17] Da hier Unternehmungen miteinander in Kontakt treten, die regelmäßig größere Summen transferieren, sind die Umsätze in diesem Bereich hoch. Dementsprechend sind die Umsatzpotenziale, die sich daraus ergeben, dass viele Großunternehmen in der Beschaffung noch auf herkömmliche Technologien wie das EDI zurückgreifen, entsprechend hoch.

Als *Zwischenfazit* kann an dieser Stelle festgehalten werden, dass die Bedeutsamkeit der genannten Anwendungsbereiche davon abhängt, welches Beurteilungskriterium und welche Perspektive zugrunde gelegt wird. Eine abschließende Reihenfolge der Bedeutsamkeit, die dem Händler zeigen würde, welchem Bereich er sich überwiegend widmen sollte, kann daher nicht erarbeitet werden.

Um diesen unbefriedigenden Zustand aber dennoch aufzulösen, soll im Folgenden am Beispiel der industriellen Maßkonfektion gezeigt werden, dass auch integrierte Ansätze erfolgreich sein könnten, bei der erst durch die Kombination von Intra-, Extra- und Internet enorme Wachstumspotenziale erschlossen werden.

---

[16] Vgl. Sümmerer/Maderner, 1998, S. 88 f.
[17] Vgl. Barrett, 1999, S. 9 f.

1.4.3 Die industrielle Maßkonfektion als Anwendungsbeispiel für kombinierte Geschäftsmodelle im Electronic Commerce

1.4.3.1 Merkmale des Konzepts der industriellen Maßkonfektion

Das Konzept der industriellen Maßkonfektion ist durch drei Merkmale gekennzeichnet: Das erste Merkmal ist, dass die Grundlage aller Aktivitäten die *Nutzung innovativer Vermessungs- und Informationstechnologien darstellt*. Daneben erfordert die industrielle Maßkonfektion *eine umfassende Reorganisation der Prozesse in der Bekleidungsindustrie*. Schließlich wird, drittens, durch die industrielle Maßkonfektion die Wunschvorstellung der *individualisierten Konfektion im industriellen Maßstab* möglich. Durch ein hohes Maß an Individualität, verbunden mit einer großen Variantenvielfalt und einer gesteigerten Reaktionsgeschwindigkeit, wird letztlich eine höhere Kundenorientierung angestrebt.

Ausgangspunkt des Konzeptes ist die Überlegung, dass der Konsument vom Handel letztlich nicht nur die Befriedigung einfacher Grundbedürfnisse erwartet, sondern die Lösung komplexer Konsumprobleme wünscht. *Komplexe Konsumprobleme* sind regelmäßig nur durch den kombinierten Einsatz von Waren- und Dienstleistungsangeboten zu befriedigen (vgl. Abb. 1-10).

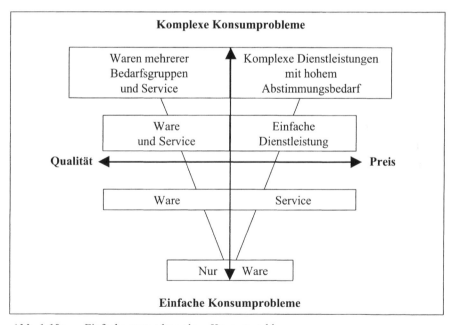

Abb. 1-10: Einfache versus komplexe Konsumprobleme

So ist beispielsweise zur Befriedigung des Bedürfnisses „Kauf eines Hochzeitsanzugs" nicht nur eine umfangreiche Auswahl an Anzügen, Hemden und Krawatten seitens des Handels erforderlich, sondern auch eine umfassende und einfühlsame Beratung für den nervösen Bräutigam, verbunden mit einem Änderungs- und Lieferservice.

Um komplexe Konsumprobleme lösen zu können, sind oftmals stufenübergreifende Kooperationen vorteilhaft. Dazu muss aber auf jeder Wirtschaftsstufe ein Kooperationsanreiz bestehen. Bei der industriellen Maßkonfektion liegen diese Anreize in der Lösung der folgenden drei Probleme:

1. Der Konsument ist derzeit aufgrund von Passformproblemen und schlecht sortierten Angeboten häufig unzufrieden mit der Händlerleistung. Für ihn hätte die industrielle Maßkonfektion den Vorteil, dass die Passformprobleme zu einem bezahlbaren Preis gelöst werden könnten. Dabei würde en passant auch das Problem der mangelnden Auswahl gelöst.
2. Die Handelsstufe ist aufgrund der Unzufriedenheit des Kunden durch hohe Abschriften und Leerverkäufe gekennzeichnet. Dies führt zum Entgang von Deckungsbeiträgen und zu einer erhöhten Kapitalbindung. Die industrielle Maßkonfektion ließe eine Reduzierung der Kapitalbindung und der Abschriften zu, da die Ware vorverkauft ist.
3. Die Situation auf der Handelsstufe beinhaltet für die Bekleidungsindustrie hohe Risikodispositionen, da Händler regelmäßig bemüht sind, zunächst vorsichtig einzukaufen und das Risiko auf die Industrie abzuwälzen. Durch die Kooperation mit dem Handel im Rahmen der industriellen Maßkonfektion könnte das Beschaffungsrisiko gelöst werden. Daneben könnten aber auch die Fertigungsprozesse besser geplant werden, da zu Beginn der Planungsperiode (z.B. eine Woche) der Auftragsbestand bekannt ist.

Insgesamt haben damit alle drei an der industriellen Maßkonfektion beteiligten Wirtschaftssubjekte einen Anreiz zu kooperieren.

1.4.3.2 Der Prozess der industriellen Maßkonfektion

Prozesse beginnen mit einem auslösenden Ereignis.[18] Das auslösende Ereignis im Rahmen der industriellen Maßkonfektion ist die Nachfrage eines konkreten Konsumenten, also z.B. der bereits erwähnte Kauf eines Hochzeitsanzugs. Zunächst wählt der Kunde einen ihm entsprechenden Schnitt und entscheidet über das Design und die Ausstattungsmerkmale des Anzugs. Danach wird er in der Einkaufsstätte vom Händler mit Hilfe neuer Technologien vermessen. Die so gewonnenen Daten werden per Daten-Fern-Übertragung (DFÜ) an die Bekleidungsindustrie weitergeleitet. Dort stoßen die Daten einen automatisierten Produktionsprozess an, der die Teilbereiche Konstruktion, Schnittbild und Einbahnenzuschnitt umfasst. Ist der Produktionsprozess abgeschlossen, kann der Anzug entweder als Streckengeschäft von der Industrieunternehmung direkt an den Kunden geliefert werden, oder der Kunde besucht ein zweites Mal die Einkaufsstätte, um das bestellte Produkt abzuholen.

---

[18] Vgl. Becker, 1998, S. 87.

1.4.3.3 Integration des elektronischen Dialogs in den Prozess der industriellen Maßkonfektion

Für eine effiziente Organisation und Abwicklung des Prozesses der industriellen Maßkonfektion ist die Integration neuer Technologien unabdingbar. Technologisch besonders aufwendig ist der *Erstkauf*, da hier sämtliche Daten neu zu erfassen sind.

Beim Wiederholungskauf sinkt dieser Aufwand, da die Kundendaten bereits verfügbar sind. Hat beispielsweise der Kunde beim Erstkauf eine Diskette mit seinen Vermessungsdaten erhalten, kann er beim Wiederholungskauf diese Daten wieder in den Prozess einbringen. Diese Vorgehensweise ermöglicht dann die Wahl zwischen zwei Wegen der Bedürfnisbefriedigung (vgl. Abb. 1-11). Entweder der Konsument leitet beim Wiederholungskauf die Daten per Internet an den Bekleidungshandel weiter, der diese dann wiederum an die Industrie weitergibt. Oder aber der Konsument wendet sich direkt an die Bekleidungsindustrie. Im zweiten Fall würde der Handel vollständig umgangen werden.

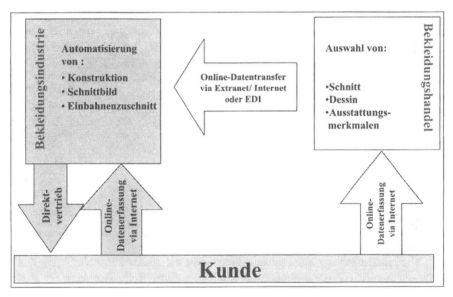

Abb. 1-11: Integration des elektronischen Dialogs in den Prozess der industriellen Maßkonfektion

Im Hinblick auf die im letzten Kapitel gestellte Frage, welcher Bereich des Electronic Commerce die höchste Bedeutung hat, lässt sich nun am Beispiel des Wiederholungskaufes im Rahmen der industriellen Maßkonfektion zeigen, dass die Verknüpfung aller drei genannten Anwendungsbereiche (Extra-, Intra- und Internet) für den Erfolg dieses Prozesses bedeutsam ist.

Das Internet wird vom Kunden zunehmend als Informationsquelle benutzt und spielt damit eine bedeutsame Rolle im Kaufentscheidungsprozess. Konkret für den Einkauf von Textilien ergab eine Untersuchung der FATM (Forschungsstelle für

Textilwirtschaft der Universität Münster), dass die bedeutsamste Informationsquelle für den Konsumenten zwar nach wie vor noch der Einkaufsbummel ist; drei von vier Konsumenten (74,3%) nutzen diese Quelle, um Informationen über den Bekleidungshandel zu gewinnen. Dem folgt als nächstes die Information über Freunde und Bekannte (29,2%), dann die Lokalpresse (25,2%). 4,4% der Befragten nutzen aber bereits heute die Neuen Medien und das Internet als Informationsquelle. In absoluten Zahlen sind dies also 1,95 Millionen Personen, die sich via Internet oder mit Hilfe neuer Medien über die Angebote des Bekleidungshandels informieren. Die nachfolgende Abbildung gibt einen Überblick über die Befragungsergebnisse.

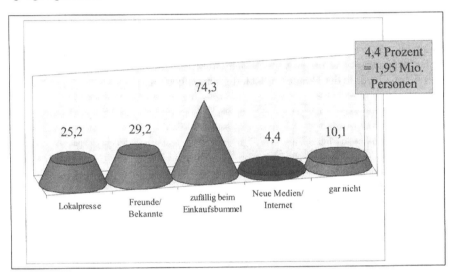

Abb. 1-12: Informationsverhalten der Konsumenten im Bekleidungshandel

In Zukunft wird das Internet eine zunehmende Bedeutung im Rahmen des Kaufentscheidungsprozesses erlangen.

Aber auch nach der Kaufentscheidung spielt die Internettechnologie im Rahmen der industriellen Maßkonfektion eine bedeutsame Rolle. So muss der Konsument möglichst zur Dateneingabe via Internet bewegt werden. Hierzu müssen entsprechende Voraussetzungen im Business-to-Consumer-Bereich getroffen werden. Zum einen sollte gewährleistet sein, dass der Kunde die Daten fehlerlos und vollständig eingeben kann. Dazu ist es ggf. erforderlich, die Dateneingabemasken übersichtlich und leicht verständlich zu gestalten. Ein Beispiel für eine solche übersichtliche Site zeigt die Abb. 1-13.

Zum anderen sollte der Kunde durch Incentives dazu angehalten werden, die Homepage des Händlers oder des Herstellers regelmäßig zu besuchen, da Informationen über Trends, wie die Studie zeigte, eher beiläufig erhoben werden. Daneben kann die allgemeine Akzeptanz des Internets als Informationsmedium erhöht werden. Ein weiterer wichtiger Punkt ist die Gewährleistung eines sicheren Zahlungsverkehrs. Daneben sollte die Datensicherheit durch Prüfziffern und/oder

Verschlüsselungstechnologien, wie sie beispielsweise Intel verwendet, gewährleistet werden.

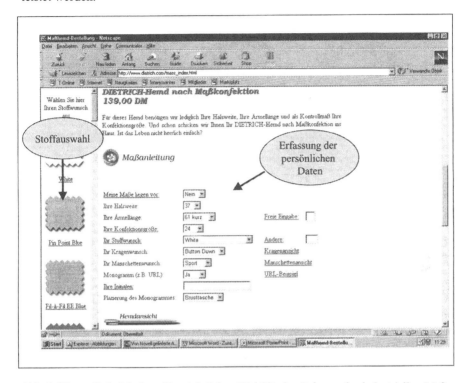

Abb. 1-13: Beispiel einer übersichtlichen WebSite im Rahmen der industriellen Maßkonfektion

Nachdem der Konsument seine Daten online weitergegeben hat, verlagert sich der Prozess in den Anwendungsbereich des *Extranets*. Da das organisationale Beschaffungsverhalten grundsätzlich durch einen formalisierten Kaufentscheidungsprozess gekennzeichnet ist [19], sollte in diesem Bereich die effiziente und schnelle Auftragsabwicklung im Vordergrund stehen. Wichtig sind in diesem Zusammenhang Daten-Standards, die etwaige Medienbrüche oder eine Nachbearbeitung der Daten verhindern. Darüber hinaus müssen die jeweiligen EDV-Systeme in Bezug auf die Speicherkapazitäten und Verarbeitungsgeschwindigkeiten weitgehend adäquat sein. Langsamere Systeme können schnell zum Engpass werden, der dann die Reaktionsgeschwindigkeit der gesamten Prozesskette verringert. Um die genannten Voraussetzungen erfüllen zu können, ist ein hohes Maß an Kooperationsbereitschaft zwischen den Unternehmungen, die am Prozess der industriellen Maßkonfektion beteiligt sind, notwendig. Die nachfolgende Abb. 1-14 gibt noch einmal einen Überblick über die dargelegten Zusammenhänge.

---

[19] Vgl. Backhaus, 1995. S. 3 ff. sowie Meffert, 1998, S. 1115.

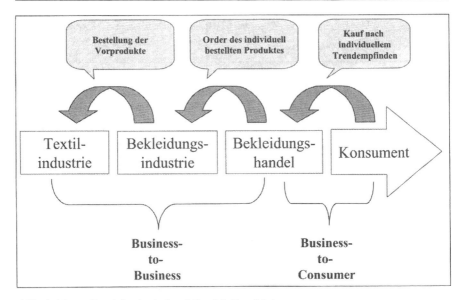

Abb. 1-14: Bereiche der industriellen Maßkonfektion

Um die Daten und Informationen innerhalb der jeweiligen Wirtschaftsstufen schnell und effizient weiterverarbeiten zu können, ist wiederum die Ausgestaltung des *Intranets* bedeutsam. So sollten beispielsweise innerhalb der Handelsstufe einheitliche Mailing-Systeme und Dateiformate vorherrschen. Vorteilhaft kann hier die Verwendung von Standardformaten sein.[20]

1.5 Wird das Extranet in naher Zukunft den Eletronic Data Interchange (EDI) ersetzen?

Bereits bei der Diskussion der industriellen Maßkonfektion wurde deutlich, wie wichtig der Daten- und Informationsaustausch für den Erfolg im Extranet ist. Die Frage ist daher, ob die Internettechnologie nicht eine Möglichkeit bieten kann, etablierte Datenstandards wie das EDI zu ersetzen. Um diese Frage zu beantworten, ist zunächst ein Überblick über die Anforderungen des Business-to-Business-Bereichs notwendig.

Eine erste wichtige Voraussetzung, die die schnittstellenübergreifende Technologie erfüllen sollte, ist die Definition des *optimalen Standardisierungsgrades*. Bei der Festlegung des Standardisierungsgrades liegt ein Optimierungsproblem zugrunde, weil ein hoher Standardisierungsgrad zu Lasten der Systemflexibilität geht. Im Internet hat man sich hierzu auf ein Protokoll geeinigt, wie die Rechner miteinander kommunizieren.

Die zweite wichtige Voraussetzung ist *die Lösung des Schnittstellenproblems*. Dadurch sollen Medienbrüche sowie zeit- und kostenintensive Nachbearbeitungen

---

[20] Vgl. Kagl, 1998, S. 317 ff.

vermieden werden. Diese Voraussetzung erfüllt das Internet ebenfalls, da Daten in den ursprünglichen Formaten über Internet versendet werden können.

Schließlich spielt die Lösung des *Sicherheitsproblems* eine große Rolle, da oftmals sensible Daten weitergegeben werden, welche vor einer mutwilligen Verfälschung durch Dritte geschützt werden müssen. Zur Lösung dieses Problems ist die Internet-Technologie in der Vergangenheit erheblich weiterentwickelt worden. Beispiele dieser Weiterentwicklung sind Firewallserver, Berechtigungsserver sowie Rechnungsstellungs- und Proxy-Server zur Erkennung und Bestätigung von Vollmachten.[21]

Das Extranet hat damit grundsätzlich das Potenzial, die bestehenden Lösungen teilweise zu substituieren. Aufgrund seiner Globalität und Flexibilität wird es vermutlich zukünftig immer dann Verwendung finden, wenn

1. globale Kommunikationsbeziehungen bestehen,
2. die Art und Anzahl der Kommunikationspartner noch nicht feststeht,
3. zur Kommunikation lediglich ein Browser, sonst aber keine spezifische Software benötigt wird und
4. die auszutauschenden Daten multimedial aufbereitet werden können.

Ein ungelöstes Problem der Internet-Technologie ist die begrenzte Verarbeitungsfähigkeit großer Datenmengen. EDI wird daher weiterhin dann Verwendung finden, wenn

1. regelmäßige Geschäftsbeziehungen bestehen, die
2. einen häufigen Austausch von großen Daten- und Informationsmengen erforderlich machen, und
3. die Daten direkt in die internen Systeme einfließen müssen.

Eine Untersuchung der „Absatzwirtschaft", nach der das Thema EDI bei 64% der befragten Vertriebsführungskräfte in der Industrie derzeit höchste Priorität hat, stützt diese Vermutung.[22]

Als *Fazit* kann daher festgehalten werden, dass die Internet-Technologie EDI nicht vollständig ersetzen kann. Gleichwohl erweitert diese neue Technologie das Aktionsfeld des elektronischen Geschäftsverkehrs. Internet und EDI können in Zukunft ergänzend im Rahmen des Electronic Commerce eingesetzt werden.

1.6 Internet & Co. als Bedrohung für den stationären Handel?

Eine weitere wichtige Frage, die von Handelsmanagern im Zusammenhang mit dem Electronic Commerce diskutiert wird, ist die nach dem Bedrohungspotenzial der neuen Technologie. An dieser Stelle sollen erste Aspekte dieser Diskussion genannt werden, vertiefend ist bezüglich dieses Themas der Beitrag von Klein zu betrachten.

---

[21] Vgl. Barrett, 1999, S. 11.
[22] Vgl. Stippel, 1999, S. 44.

Um das Bedrohungspotenzial erfassen zu können, ist es zweckmäßig, zu verdeutlichen, dass das Internet ein Medium darstellt, welches sowohl vom Handel als auch von der Industrie genutzt werden kann. Für die Industrie kann das Internet prinzipiell einen neuen Vertriebsweg bedeuten (vgl. Abb. 1-15). Das Potenzial des Electronic Commerce im Hinblick auf die Konsequenzen für die Distribution schildert Thomé mit den folgenden Worten:

„E-Commerce ermöglicht die umfassende, digitale Abwicklung der Geschäftsprozesse zwischen Unternehmen und deren Kunden über öffentliche und private Netze".

Zudem sind die Eintrittsbarrieren relativ niedrig: Für den Aufbau einer E-Commerce WebSite entstehen derzeit durchschnittliche Kosten in Höhe von einer Millionen US-Dollar.[23] Obwohl diese Kosten innerhalb der nächsten zwei Jahre nochmals um jährlich 25 Prozent zunehmen werden, ist dieser Betrag relativ gering. Daneben besteht die Möglichkeit, sich eine Site zu mieten. Electronic Commerce bietet den Herstellern damit *grundsätzlich die Möglichkeit zur Umgehung* der Handelsstufe, um den direkten Kundenkontakt zu suchen. Der Regalplatz der Konsumgüterhersteller befindet sich demnach nicht mehr nur in der Einkaufsstätte des Handels, sondern im Büro oder Wohnzimmer des jeweiligen Konsumenten.

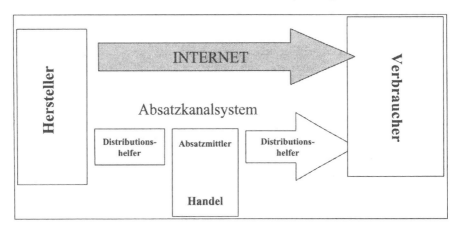

Abb. 1-15: Electronic Commerce – ein neuer Vertriebsweg?

Im Folgenden sollen im Zusammenhang mit der Umgehungsthese einige Aspekte diskutiert werden, die diese Existenzbedrohung relativieren.

1. Zum einen befinden sich zahlreiche Industrieunternehmungen derzeit in einer *Lock-In-Situation*: Es besteht die Notwendigkeit, große Absatzmengen zu erreichen, da die Produktionsanlagen auf hohe Mengen ausgelegt wurden. Faktisch sind sie dadurch gezwungen, hohe Auslastungsgrade anzustreben. Eine Umstellung der Vertriebswegestrategie würde höchstwahr-

---

[23] Vgl. o.V., 1999a, S. 50.

scheinlich für einen bestimmten Zeitraum geringere Absatzmengen bedingen. Dadurch würden zumindest kurzfristig hohe Leerkosten entstehen.
2. Daneben ist aber auch durch die zahlreichen, durch den § 15 GWB erst ermöglichten, Preisaktionen der Händler der preispolitische Spielraum pro Stück begrenzt. Der Preisvorteil, der dem Kunden im Internet geboten werden muss, um überhaupt einen ersten Anreiz für den Internet-Kauf zu bieten, ist daher gering.
3. Bei der Diskussion der Umgehungsthese wird zudem implizit davon ausgegangen, dass sich die stationären Händler weitgehend passiv verhalten. Diese Annahme ist jedoch unrealistisch. Beispiele wie my-world und Kaufhof (vgl. hierzu die Beiträge von Nilsson und Mandac) zeigen, dass die Händler durchaus eine aktive Rolle im Internet einnehmen können. Voraussetzung hierfür ist jedoch, wie der Beitrag von Maiwaldt zeigen wird, dass die Händler auch den Mut haben, sich zum Teil selbst zu kannibalisieren und zudem die Führungsqualitäten aufweisen, diese Kannibalisierung auch intern verständlich zu machen.
4. Darüber hinaus unterstellt die Umgehungsthese grundsätzlich, dass der Hersteller den Händler umgehen will. Zwar liessen sich auf dem US-amerikanischen Markt erste Signale eines bevorstehenden Konfliktes erkennen, wie beispielsweise die Firma Levi's, die US-amerikanischen Händlern den Verkauf von Levi's-Jeans im Internet untersagt hat. Jedoch haben sich die Sorgen der Händler diesbezüglich als unbegründet herausgestellt.[24]
5. Die deutschen Hersteller setzen oftmals auf Kooperationsmodelle. Ein Beispiel hierfür ist die Firma Bosch, für die „der Handel grundsätzlich zwischen Bosch und den Endverbrauchern steht"[25]
6. Dieser Aspekt gibt einen Hinweis auf ein anderes Argument, das es bei der Diskussion der Umgehungsthese zu beachten gilt. Nicht alle Produkte sind geeignet, im Internet verkauft zu werden. Die Internettauglichkeit eines Produktes hängt grundsätzlich von zwei Determinanten ab: Erstens von bestimmten Produktmerkmalen und zweitens von der Art und Intensität der Kaufentscheidung (vgl. Abb. 1-16). Gerade die Hersteller, die einen hohen Anteil beratungsintensiver Produkte aufweisen, wie z.B. die Firma Bosch, werden auch zukünftig auf die Beratungsleistung des Handels angewiesen sein.

In diesem Zusammenhang wird der Handel aber wohl mittel- bis langfristig auch vor das Problem gestellt werden, wie er sich vor *free-ridern* schützen kann, die zwar die Beratungsleistung in Anspruch nehmen, den Kauf dann aber im preisgünstigeren Internet tätigen. Ein erster Ansatzpunkt wäre es, diese „Gemeinleistungen", die im Handel dem einzelnen Artikel nicht zugerechnet werden können, dem jeweiligen Kunden in Rechnung zu stellen. Dass eine gesonderte Vergütung der Beratungsleistung grundsätzlich möglich ist, zeigen die Erfahrungen von Reisebüros, die für bestimmte Beratungen eine feste Vergütung verlangen, die aber beim Abschluss eines Kaufvertrages erstattet wird.

---

[24] Vgl. Boston Consulting Group, 1999, S. 27.
[25] Hanser, 1999, S. 56.

24 Dieter Ahlert

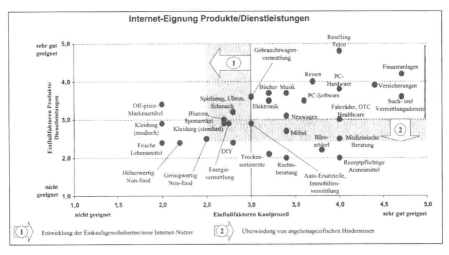

Abb. 1-16: Produkteignung im Electronic Commerce (Quelle: Roland Berger & Partner, 1999, S. 2)

Als Ergebnis dieser Diskussion kann festgehalten werden, dass der Electronic Commerce für die etablierten Händler grundsätzlich eine Bedrohung darstellt. Ob diese Bedrohung jedoch negative Konsequenzen für den Handel hat, wird der Wettbewerb in seiner Eigenschaft als Entdeckungsverfahren noch zeigen müssen. Der etablierte stationäre Händler sollte jedoch „Electronic Commerce" nicht nur als exogenes Ereignis passiv beobachten, sondern aktiv gestalten. Vor allen Dingen sollte man aber auch das Verhalten von kapitalstarken „Quereinsteigern" genau im Blick halten, da insbesondere die Logistikdienstleister einen erheblichen Anteil an der Wertschöpfung im Online-Handel erzielen.[26] Das Logistik-Know-How könnte für Unternehmungen, beispielsweise die Deutsche Post AG, einen Ansatzpunkt darstellen, um in den noch unbesetzten Online-Markt einzudringen.

So sehr die großen stationären Einzelhändler diese Problematik insgesamt erkannt haben, so sehr scheint der mittelständische Großhandel dieses Problem zu ignorieren. Eine repräsentative Untersuchung des Instituts für Handelsmanagement an der Westfälischen Wilhelms-Universität Münster zeigte, dass mit zunehmender Betriebsgröße die Großhandelsunternehmungen das Internet als möglichen Absatz- und Kommunikationskanal erkennen (vgl. Abb. 1-17). Gerade die kleineren Händler sehen aber für sich keinen Handlungsbedarf.[27]

---

[26] Vgl. Sümmerer/Maderner, 1999, S. 94.
[27] Vgl. Borchert, 1999, S. 4.

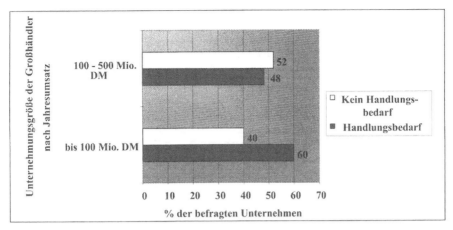

Abb. 1-17: Handlungsbedarf für eine Geschäftsentwicklung des Großhandels via Internet (Quelle: Borchert, 1999, S. 5)

1.7 Fazit

Das zentrale Anliegen dieses Beitrags war es, quasi als Startseite des vorliegenden Buches, Antworten auf die im Zusammenhang mit dem Electronic Commerce am häufigsten gestellten Fragen zu geben. Diese Antworten sollen nun noch einmal zusammengefasst werden:

1. Die Machtverhältnisse im Absatzkanal können sich tatsächlich verändern. Werden die Entwicklungen auf dem US-amerikanischen Markt betrachtet, kann aber auch im Online-Retailing eine Konzentrationstendenz erwartet werden.
2. Warenwirtschaftssysteme bieten eine geeignete Plattform für den Einstieg in den Electronic Commerce.
3. Das größte Erfolgspotenzial im Electronic Commerce haben integrierte Modelle, die das Business-to-Business und das Business-to-Consumer miteinander verbinden.
4. Das Internet kann unter bestimmten Bedingungen bestehende Technologien substituieren. Eine vollständige Substitution des EDI ist jedoch unwahrscheinlich.
5. Der Electronic Commerce weist derzeit noch ein geringes Bedrohungspotenzial auf. Insbesondere der beratungsintensive stationäre Handel wird nur wenig vom Internet gefährdet. Die etablierten Händler sollten allerdings eine aktive Rolle anstreben. Daneben wird die Lösung der free-rider-Problematik für einige Händler eine hohe Bedeutung haben.

Abschließend soll noch einmal auf die große Dynamik der Entwicklungen im Electronic Commerce hingewiesen werden, sodass der Handel letztlich aufgefordert ist, diese neue Flanke im Wettbewerb genau zu beobachten.

Literaturverzeichnis

Ahlert, D. (1996a): Auf der Suche nach den Spitzenleistungen im Handel – Evolution mit Benchmarking oder Revolution mit Business Process Reengineering als 'Königsweg zum Erfolg'?, in: Ahlert/Dieckheuer (Hrsg.): Größenmanagement und kundenorientierte Restrukturierung, Schriften zur Textilwirtschaft, Band 49, S. 1-44, Münster.

Ahlert, D. (1996b): Distributionspolitik, 3. Auflage, Stuttgart, Jena.

Ahlert, D. (1997): Warenwirtschaftsmanagement und Controlling in der Konsumgüterdistribution - Betriebswirtschaftliche Grundlegung und praktische Herausforderungen aus der Perspektive von Handel und Industrie, in: Ahlert/Olbrich (Hrsg.): Integrierte Warenwirtschaftssysteme und Handelscontrolling, 3. neubearb. Auflage, S. 3-112, Stuttgart.

Ahlert, D. (1998a): Anforderungen an Handelsinformationssysteme aus Nutzersicht – Auswirkungspotentiale für das Handels- und Wertschöpfungsprozess-Management, in: Ahlert/Becker/Olbrich/Schütte (Hrsg.): Informationssysteme für das Handelsmanagement, S. 3-63, Heidelberg.

Ahlert, D. (1998b): Erfolgsfaktoren und Benchmarking in Verbundgruppen, in: Olesch (Hrsg.): Kooperation im Wandel, S. 245-275, Frankfurt am Main.

Ahlert, D. (1999): Vertikalisierung der Distribution: Die kundenorientierte Neugestaltung des Wertschöpfungsprozess-Managements, in: Beisheim, O. (Hrsg.): Distribution im Aufbruch, S. 333-350, München.

Ahlert, D./Becker, J./Olbrich, R./Schütte, R. (1998): Informationssysteme für das Handelsmanagement – Konzepte und Nutzung in der Unternehmenspraxis, Berlin et al.

Ahlert, D./Borchert, S. (2000): ECR-Kooperationen und Vertikalisierung in der Konsumgüterdistribution, in Vorbereitung.

Ahlert, D./Olbrich, R. (1997): Integrierte Warenwirtschaftssysteme und Handelscontrolling, 3. neubearb. Auflage, Stuttgart.

Ahlert, D./Olbrich, R. (1999): Institutionelle Handelsbetriebslehre, Band 6 der Münsteraner Schriften zur Distributions- und Handelsforschung, Münster.

Backhaus, K. (1995): Investitionsgütermarketing, 4. Auflage, München.

Barrett, C.R. (1999): E-Business – ein Blick in die Zukunft, in: Harvard Business Manager 4, S. 9-12.

Becker, J. (1998): Die Architektur von Handelsinformationssystemen, in: Ahlert, D./Becker, J./Olbrich, R./Schütte, R. (Hrsg.): Informationssysteme für das Handelsmanagement, Heidelberg.

Borchert, S. (1999): Verhält sich der mittelständische Großhandel wie ein IuK-Technik-„Muffel"?, in: BGA-Report, 7-10, S. 4-6.

Boston Consulting Group (1999): The State of Online Retailing 2.0, ohne Ortsangabe.

Delfmann, W. (1999): ECR – Efficient Consumer Response, DBW, Heft 4, S. 565- 568.

Eierhoff, K. (1998): Efficient Consumer Response – ein neuer Weg in der Kooperation zwischen Handel und Industrie, in: Ahlert, D./Becker, J./Olbrich, R./Schütte, R. (Hrsg.): Informationssysteme für das Handelsmanagement, S. 365-386, Berlin at al.

Graefe, T. (1999): Die Internetauktion entscheidet sich, in: Absatzwirtschaft 9, S. 120.

Hansen, H.R. (1997): Ausschaltung des institutionellen Handels durch Informations- und Kommunikationssysteme, in: Ahlert, D./Becker, J./Olbrich, R./Schütte, R. (Hrsg.): Informationssysteme für das Handelsmanagement, S. 123-188, Berlin et al.

Hanser, P. (1999): Extranetaufbau – „Netz"Bindung für den Handel, in: Absatzwirtschaft 9, S.54-56.

Kagl, R. (1998): Erfahrungen bei der Einführung des Standardsoftware-Systems SAP R/3 in einem Unternehmen der Lebensmittelbranche, in: Ahlert, D./Becker, J./Olbrich, R./Schütte, R. (Hrsg.): Informationssysteme für das Handelsmanagement, S. 317-327, Berlin et al.

o.V. (1999a): Electronic-Commerce-Sites werden deutlich teurer, in: Horizont Nr. 22, S. 50.

o.V. (1999b): Jetzt wird es eng, in: manager magazin, 10, S. 71-83.

M+M Eurodata (1998): Strukturen, Umsätze und Vertriebslinien des Lebensmitteleinzelhandels Food/Nonfood in Deutschland.

Meffert, H. (1998): Marketing – Grundlagen marktorientierer Unternehmensführung, 8. vollständig neubearbeitete und erweiterte Auflage, Wiesbaden.

Meffert, H./Burmann, C. (1998): Abnutzbarkeit und Nutzungsdauer von Marken – Ein Beitrag zur steuerlichen Behandlung von Warenzeichen, in: Meffert, H., Backhaus, K. (Hrsg.): Arbeitspapier Nr. 117 der Wissenschaftlichen Gesellschaft für Marketing und Unternehmensführung e.V., Münster.

Roland Berger & Partner (1999): Internet-Eignung von Produkten und Dienstleistungen – Basispapier, München.

Sümmerer/Maderner (1998): Nicht jeder Click bringt Cash, in: Textilwirtschaft Nr. 33 vom 13.8.1998, S. 88-94.

Stippel, P. (1999): Was bringt 2000?, in: Absatzwirtschaft, 9, S. 30-48.

Wagener, G. (2000): Efficient Consumer Response und die Enabling Technologies, in: Ahlert, D./Borchert, S.: ECR-Kooperationen und Vertikalisierung in der Konsumgüterdistribution, in Vorbereitung.

Wiezorek, H. (1998): Efficient Consumer Response – Kooperation statt Konfrontation, in: Ahlert, D./Becker, J./Olbrich, R./Schütte, R. (Hrsg.): Informationssysteme für das Handelsmanagement, S. 387- 400, Berlin.

Zellekens, H.-J./Horbert, C. (1998): Marken 98 – Das neue Verhältnis von Handels- und Herstellermarken im Lebensmitteleinzelhandel, Köln.

2 Aktuelle und zukünftige Erfolgsfaktoren des Electronic Shopping

Gert Schnetkamp, Düsseldorf

2.1 Erfolgsfaktor Electronic Shopping

Die Zukunft des Shopping liegt „online". Der Händler wird, als Tor zum Kunden, an Bedeutung gewinnen. Es werden aber nicht unbedingt die etablierten Händler sein, die hiervon profitieren. Vielmehr werden auch Neulinge in den Markt eintreten und deutlich bessere Marktchancen vorfinden als die etablierte Konkurrenz. Diese wird oftmals noch durch physischen Ballast behindert, den sie zwar momentan durch das stationäre Geschäft benötigt, der die im Internet erforderliche Schnelligkeit aber erheblich reduziert.

Um das mit dem Electronic Shopping verbundene Erfolgspotenzial zu nutzen, ist es für das Handelsmanagement unabdingbar, die Chancen und Risiken, die diese neue Technologie bietet, zu erkennen. Im Folgenden soll daher skizziert werden, welche Veränderungsmöglichkeiten sich dem Einzelhandel durch das E-Shopping bieten, aber auch, welche Gefahren damit verbunden sind, diese Chancen ungenutzt verstreichen zu lassen.

2.2 Der Markt geht „online"

2.2.1 Die aktuelle Situation des Einzelhandels

Die momentane Situation des stationären Einzelhandels ist unvorteilhaft: Die Nachfrage ist gesättigt, reale Kaufkraftverluste sowie ein sinkender Ausgabenanteil für Konsumgüter sind zu verzeichnen. Auch die demographische Entwicklung ist ungünstig. Die Kunden achten vermehrt auf den Preis; es entwickeln sich „Smart-Shopping-Trends". Zudem fehlen sowohl auf der Hersteller- als auch auf der Handelsseite echte Innovationen. Verbunden mit einem ungehemmten Flächenwachstum führen diese Faktoren zu einem anhaltenden Abwärtstrend bei Umsatz und Ertrag.

Electronic Shopping ist demgegenüber ein stark wachsender Markt. Ein Markt mit einem Medium, das sich in seiner Struktur als schnellstwachsend erweist und bislang unbekannte Potenziale aufweist. Das Internet ermöglicht den Weltmarktzugang für jeden, da die bisher bestehenden Barrieren, wie Datentechnik und Sicherheit, fallen. Durch die Durchdringung aller Kundengruppen bilden sich Kundenstrukturen ab, die dem Bevölkerungsdurchschnitt entsprechen. Sämtliche Marktsegmente sind vom Online Shopping berührt. Die USA nehmen im Electronic Shopping die Vorreiterrolle ein, Europa wird diesem Vorbild jedoch folgen. Das Electronic-Shopping-Profil der USA und Deutschlands im April 1999 im Vergleich ist der Abb. 2-1 zu entnehmen.

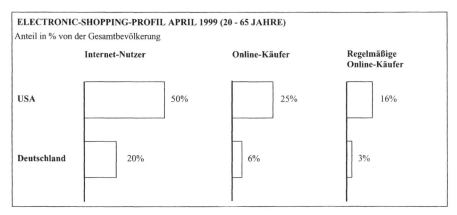

Abb. 2-1: Electronic-Shopping-Profil USA-Deutschland

Electronic Commerce wird den Handel revolutionieren. In den einzelnen Branchen werden diese Auswirkungen jedoch sehr unterschiedlich zu spüren sein.

2.2.2 Die Entwicklung der Medien

Das Medium der Vergangenheit war das Telefon, auf dem wir über Sprache und Text überwiegend in der Echtzeit kommunizieren konnten. Zukünftig werden wir eine Welt vorfinden, in der wir PCs, Telefone, TVs und irgendwann sogar Mikrowellen miteinander verknüpfen und in Interaktion treten lassen werden. Diese Interaktion wird eine deutliche Steigerung des heutigen Leistungsspektrums aufweisen. Sprache und Ton, Text, Bilder, Videos, digitalisierte Ware wie Software, Briefmarken und Eintrittskarten sowie Musik bis hin zum Buchgeld, einbeziehend Geld und Aktien, werden zu dieser Interaktion gehören.

Automatisierte Interaktion wird durch das Medium Internet in dem Maße ermöglicht, dass nicht nur die Möglichkeit zur Anwesenheit aller interagierenden Partner besteht. Das Internet kennt darüber hinaus auch Speicher und Echtzeit-Übertragungen. Durch diese Möglichkeit ist es nicht überraschend, dass das Internet das am schnellsten wachsende Medium aller Zeiten ist: Heute, vier Jahre nach seiner Einführung, hat das Internet bereits 10 Millionen Nutzer, eine Zahl, die selbst gegenüber den Nutzerzahlen so beliebter Medien wie Telefon, Farbfernseher und Handy revolutionär wirkt. Diese drastische Entwicklung führt zu der Erwartung von etwa 200 Millionen Nutzern am Ende des Jahres 2000 (vgl. Abb. 2-2).

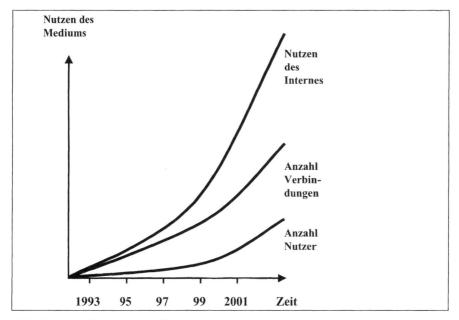

Abb. 2-2: Nutzen des Mediums Internet

Und nicht nur die Nutzeranzahl wächst so dramatisch: auch der Nutzen selber steigt bei vernetzten Medien durch neue Verbindungen im Quadrat an, zeigt also eine explosionsartige Steigung. Dies stellt nicht nur eine quantitative, sondern auch eine inhaltliche Größe dar: es wird deutlich, dass die heutigen Nutzungen des Internets nur den Anfang beschreiben. So werden sich Inhalte und Qualitäten zukünftig noch weiter verbessern, und es wird eine Digitalisierung aller Geräte stattfinden. Zudem werden durch den Austausch von Anbieter- und Nutzererfahrungen Verbesserungen und Innovationen auf sogar neuen Ebenen ermöglicht werden. Diese Faktoren werden einen heute ungeahnten Nutzerkomfort ermöglichen. Es ist also zu erkennen, dass der Nutzen auch bei abflachendem Nutzerwachstum weiter ansteigen wird.

2.2.2.1 Fallende Barrieren für das Electronic Shopping

Die noch bestehenden Barrieren für das Electronic Shopping werden durch die fortlaufende Entwicklung des Internets mehr und mehr überwunden. Die Verbreitung der Online-Haushalte nimmt durch *die rapide Zunahme der Internetanschlüsse* drastisch zu. So liegt der Anteil der Bevölkerung mit Internetzugang in Skandinavien schon über 40%, in den USA bei über 30% und in Deutschland immerhin schon bei 10% (siehe Abb. 2-3). Zudem wird die Verbreitung durch die Erschließung des TV als Internet-Medium noch vorangetrieben.

Der Komfort bei der Internetnutzung und die Geschwindigkeit verbessern sich durch den spürbaren Kapazitätsaufbau bei Servern und Netzen sowie der Breitbandübertragung mit guten Diffusionschancen.

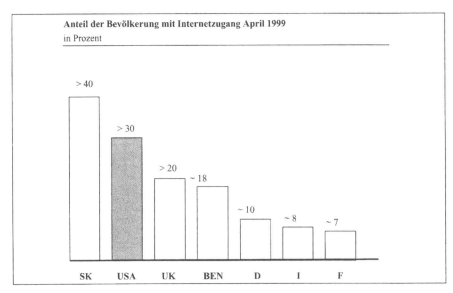

Abb. 2-3: Internationaler Vergleich der Internetzugänge

Durch die Weiterentwicklung des Electronic Shoppings auf der Seite des Handels ist eine Qualitätssteigerung der Shopping-Angebote zu erkennen. Die Inhalte sowie das Design der WebSites werden zunehmend ausgefeilter und ansprechender, es entstehen neue kreative Shopping-Welten. Die Anbieter bedienen sich neuer Kundenbindungsinstrumente.

Beim Thema Datensicherheit gibt es einige mögliche Neueinführungen, die diesen Faktor um Einiges verbessern könnten. So befinden sich zur Zeit neu entwickelte Zahlungssysteme im Test, wie zum Beispiel das sogenannte 'Electronic Wallet'. Ein gemeinsamer Sicherheitsstandard ist absehbar, unter anderem auch unterstützt durch die Push-Strategie mehrerer Kreditkartenunternehmen.

2.2.2.2 Sozio-Demographie der Online-Clientel

Im Jahre 1998 bestand die Mehrheit der Online-Shopper noch aus Männern im Alter von 20-40 Jahren. Damals galt das Surfen im Internet noch primär als Zeitvertreib der jungen Generation.

Dies hat sich zwischenzeitlich erheblich verändert. Die Demographie der Internet-User ähnelt immer mehr derjenigen des repräsentativen Landesdurchschnitts.

Über 60% der Online-Shopper sind älter als 40 Jahre; 45% der Electronic-Shopping-Nutzer sind weiblich (vgl. Abb. 2-4). Es gibt Senioren-Initiativen, welche belegen, dass auch ältere Menschen dem Medium Internet und dem damit ermöglichten Online Shopping offen gegenüberstehen und diese Möglichkeit mehr und mehr nutzen. Zudem sind Online-Shopper tendenziell zahlungskräftiger als der Bundesdurchschnitt: Meist zeichnen sie sich durch ein überdurchschnittliches Einkommen sowie eine ebenfalls überdurchschnittliche Bildung aus.

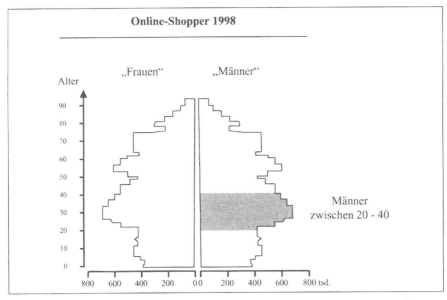

Abb. 2-4: Demographie der Online-Shopper

2.2.2.3 Angebotsstruktur der Online-Märkte

Waren es 1997 noch überwiegend digitalisierbare Produkte wie Computer, Software, Tonträger, Bücher und Reisen, die über das Internet angeboten wurden, erweiterte sich das Angebot 1998 um Bekleidungs- und Lifestyleprodukte, Spielwaren sowie Autos. In den USA sprach man im Jahr 1998 sogar vom „Electronic Christmas". Eine breite Durchdringung des gesamten Weihnachtsgeschäftes durch Waren, geordert über das Electronic Shopping, war zu erkennen.

1999 wurden bereits Geschenkartikel, Gesundheitsprodukte, Gartenartikel sowie vermehrt Dienstleistungen zum elektronischen Kauf angeboten. Prognosen besagen, dass im Jahre 2000 alle Warengruppen über das Internet erhältlich sein werden.

Die Penetration in immer mehr Warengruppen und Märkte, bald sogar die absehbare Durchdringung aller Marktsegmente, zeigt, dass es in naher Zukunft für den Einzelhandel nicht mehr sinnvoll sein wird, sich dem Thema Electronic Shopping zu verschließen.

2.2.2.4 Marktrollenabgrenzung

Obwohl der Internet-Markt erst seit wenigen Jahren existiert, sind die wichtigsten Marktrollen bereits besetzt beziehungsweise eingegrenzt. In bestimmten Marktsegmenten ist der Markteintritt heute schon nahezu unmöglich.

In den USA wie auch in Nord- und Mitteleuropa ist in dem Bereich Computersoftware bis hin zu Musik das Thema Electronic Shopping überlebensnotwendig geworden. Die Marktführerrollen sind besetzt, die Marktfolger können sich nur noch innerhalb eines engen Spielraumes bewegen. Neueinsteiger in diesen Branchen müssen sich großen Schwierigkeiten stellen, da dieser Markt bereits sehr eng geworden ist.

Es gibt allerdings noch Märkte, vor allem in Deutschland und den übrigen europäischen Ländern, die gerade erst entstehen, in denen die Marktführerrollen noch offen sind und Marktfolger mit viel Spielraum agieren können (siehe Abb. 2-5).

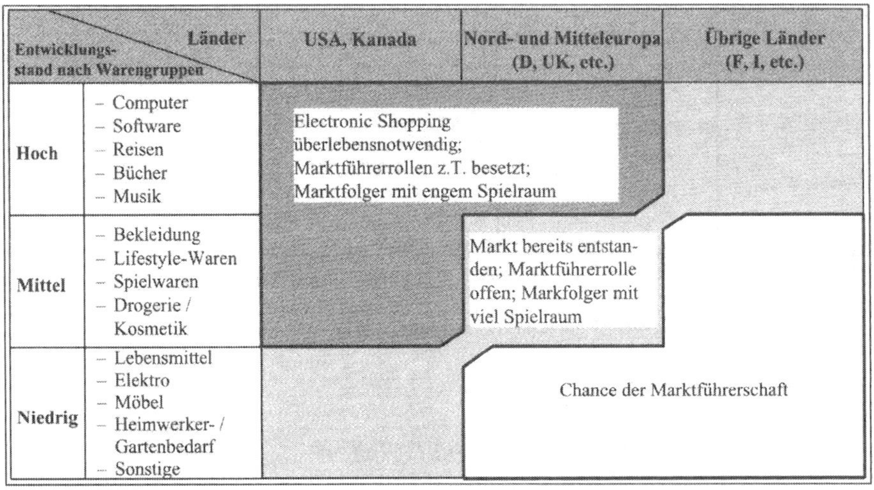

Entwicklungs-stand nach Warengruppen	Länder	USA, Kanada	Nord- und Mitteleuropa (D, UK, etc.)	Übrige Länder (F, I, etc.)
Hoch	– Computer – Software – Reisen – Bücher – Musik		Electronic Shopping überlebensnotwendig; Marktführerrollen z.T. besetzt; Marktfolger mit engem Spielraum	
Mittel	– Bekleidung – Lifestyle-Waren – Spielwaren – Drogerie / Kosmetik		Markt bereits entstanden; Marktführerrolle offen; Markfolger mit viel Spielraum	
Niedrig	– Lebensmittel – Elektro – Möbel – Heimwerker- / Gartenbedarf – Sonstige		Chance der Marktführerschaft	

Abb. 2-5: Rollenverteilung und Besetzung auf den Online-Märkten

2.3 Der Händler als Tor zum Kunden

2.3.1 Neue Herausforderungen durch das Electronic Shopping

Aus Sicht der OC&C wird der Händler, der in der „Business-to-Consumer"-Beziehung das Bindeglied zum Kunden darstellt, den Kampf im virtuellen Absatzkanal für sich entscheiden können, unabhängig davon, ob es nun der alte Fach- oder Einzelhändler ist.

Viele Hersteller dagegen werden erst einmal gewisse Änderungen durchführen müssen, um auf dem Electronic-Shopping-Markt erfolgreich bestehen zu können.

Manche von ihnen werden neue Fähigkeiten aufbauen müssen und dies insbesondere im logistischen Bereich. Zudem meiden heute noch viele Hersteller den Direktvertrieb, da die Konfliktscheu mit bestehenden Vertriebskanälen sie dazu treibt. Diese Einstellung muss abgelegt werden, um erfolgreich am E-shopping-Markt zu agieren.

Bei digitalisierbaren Produkten ist möglicherweise ein komplettes Verschwinden des ursprünglichen Marktes zu erwarten. Im Bereich der Reisevermarktung würde dies beispielsweise bedeuten, dass Reisen in Zukunft ausschließlich „online" zu buchen wären. Somit würden die Reiseanbieter dann zum Händler oder zum „Reisebroker".

Dem Großhändler bieten sich durch das Online Shopping neue Chancen der Vorwärtsintegration. Ein Beispiel hierfür ist der Zusammenschluss des amerikanischen PC-Distributors Ingram mit Buy.com.

Die neue Entwicklung der Internettechnologie bietet vor allem dem Händler neue Chancen und Möglichkeiten. Dieser hat den direkten Kundenkontakt, er spricht ihn aktiv an und betreibt ein genau abgestimmtes Kundenmarketing. Der Händler hat damit sowohl heute als auch in Zukunft die Kontrolle über den Absatzkanal.

Aus dem klassischen stationären Geschäft können jedoch nur wenige Erfahrungen übernommen werden. Dies liegt darin begründet, dass Electronic Shopping kein neuer Vertriebskanal im herkömmlichen Sinne ist, sondern ein neues Geschäft mit neuen Fähigkeitsanforderungen.

Alte Kernkompetenzen im stationären Handel		Neue Kernkompetenzen Storeless Retailing
– Standorte	=>	Unbedeutend
– Verkaufsmitarbeiter (Effizienz / Qualität)	=>	Unbedeutend
– Effizienter Filial-Bestandssteuerungsprozess	=>	Unbedeutend
– Wettbewerbsorientiertes Pricing	=>	Globaler Preisvergleich möglich
– Zielgruppenorientiertes Sortimentskonzept	=>	Neuartige Sortimentskonzepte gefordert
– Retail Brand / „Markenprofil" / Werbung	=>	**Internet-Markenmanagement**
– Store-Merchandising	=>	**Internet-Shop-Gestaltung**
– Geschlossenes Warenwirtschaftssystem	=>	**Kundenbeziehungsmanagement / Kundendatenbank**
– Effiziente Geschäftsprozesse	=>	**Kundenorientierte Geschäftsprozesse**

Abb. 2-6:   Entwicklung von Fähigkeitsanforderungen

Folglich werden im Storeless Retailing die jetzt so wichtigen Standorte, Verkaufsmitarbeiter und bislang noch effizienten Filial-Bestandssteuerungsprozesse unbedeutend. Im Bereich des Pricing kommen ebenfalls neue Aufgaben auf den Händler zu, da im Electronic Shopping ein *globaler Preisvergleich* möglich ist. Im stationären Einzelhandel werden bisher nur etwa drei bis vier Händler miteinander verglichen. Die momentan erarbeiteten zielgruppenorientierten Sortimentskonzepte werden im Electronic Shopping durch neuartige Sortimentskonzepte ersetzt, da die Zielgruppen und Sortimente nicht abgesteckt werden können. Die heute aktuellen Bereiche Retail Branding, Markenprofil und Werbung werden zukünftig durch *Internet-Markenmanagement* ersetzt werden. Bei der erheblichen Komplexität im Electronic Commerce ist die Markenbekanntheit eine notwendige Bedingung dafür, dass die Marke die Funktion eines Vertrauensankers für den Kunden darstellen kann. Mit einem hohen Markenvertrauen geht oft ein hoher Grad an vorverkauften, markierten Produkten einher. In der Vielfalt der Namen und Shops muss die Aufmerksamkeit des Kunden erreicht werden, da der Online-Shopper nicht auf einen Anbieter ohne einen bekannten Markennamen zurückgreifen wird. Das klassische Store Merchandising wird im Internet nicht mehr bedeutungslos sein. Die Internet-Shop-Gestaltung muss gänzlich andersartig aufgebaut werden.

Wo heute ein geschlossenes Warenwirtschaftssystem mit geschlossenen Kreisläufen besteht, werden morgen ein Kundenbeziehungsmanagement, Kundendatenbanken und ein intelligentes 1:1-Marketing notwendig sein. Die heutzutage angestrebten effizienten, schlanken, schnellen und einfachen Geschäftsprozesse zur Einsparung von Kosten werden im Electronic Shopping mit kundenorientierten Geschäftsprozessen kombiniert werden. Die Entwicklung der Fähigkeitsanforderungen seien dem Leser in Abb. 2-6 nochmals dargestellt.

2.3.2 Die neue Wettbewerbslandschaft im Electronic-Shopping

Durch das Electronic Shopping wird sich eine neue Wettbewerbslandschaft sowohl mit neuen Strukturen als auch mit neuen Teilnehmern entwickeln.

Unter anderem treten die sogenannten Service Provider oder Suchmaschinen in den Wettbewerb ein. Dabei handelt es sich um Organisationen, die dem Internet-Nutzer den Marktzugang ermöglichen. Daneben wird es Auktionshäuser und Preismaschinen, „Intelligente Agenten", geben, die Geschäfte vermitteln und eine Möglichkeit bieten, um Ware im Internet anbieten zu können.

Gleichwohl gibt es im Internet auch die klassische Verkaufsfunktion, die Internetshops oder Einkaufscenter, sogenannte „Virtuelle Malls" (Übersicht siehe Abb. 2-7).

Während auf der Seite des Warenverkaufs neben den neuen Marktteilnehmern überwiegend die Konsumgüterindustrie, also Einzel- und Großhandel sowie die Konsumgüterhersteller, aktiv sind, wird sich auf der anderen Seite ein Marktsegment entwickeln, welches für das Thema Shopping noch gänzlich unbekannt ist, die sogenannte *Convergence Industry*. Hierzu zählen die Softwarehersteller, die Medienkonzerne, Telekommunikationsfirmen, Computerhersteller, Consumer-Electronic-Firmen und Unterhaltungsfirmen.

Als dritter Wettbewerber werden sich die virtuellen Gemeinschaften einreihen. Dies sind beispielsweise Organisationen wie Fortune City, Golfweb.com und Seniorweb, die für ihre Zielgruppe oder Community vom Zugang bis zur Geschäftsvermittlung alles handhaben werden.

Alle diese Teilnehmer kämpfen um den direkten Kundenkontakt. Bei diesem Kampf entstehen quasi nebenbei Vernetzungen, die den ganzen Markt auf der Anbieterseite zusammenrücken lassen. Diese Entwicklung wird einige Parallelen zu den jetzt beobachtbaren Entwicklungen in der realen Welt aufweisen. Betrachtet man zum Beispiel den deutschen Handel der neunziger Jahre, sind dort deutlich horizontale Konzentrationstendenzen zu erkennen. Die Großanbieter kaufen sich heutzutage gegenseitig auf, was zu dieser Art von Konzentration führt.

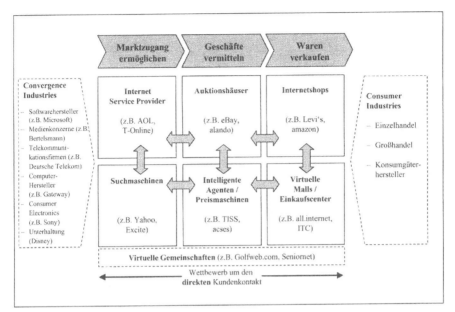

Abb. 2-7:   Wettbewerbslandschaft des Electronic-Shopping

Eine andere Strategie verfolgen offensichtlich die Internet Service Provider und Suchmaschinen-Anbieter. Diese Marktzugangsanbieter kaufen Unternehmen aus anderen Marktsegmenten und erschaffen somit komplett integrierte Environments, virtuelle Welten, die aus Sicht der Anbieter eigentlich geschlossen sind. Beispiele dafür sind der Suchmaschinenanbieter Yahoo, welcher seinen Kundenkreis, früher ausschließlich Benutzer der Suchmaschine selbst, bereits auf über 5 Millionen Personen ausdehnen konnte, sowie der Internet Service Provider AOL, der mittlerweile mehr als 15 Millionen Kunden zählen kann.

Diese Organisationen haben erkannt, dass es unprofitabel ist, dem Kunden nur die Nutzung der Startseite anzubieten und ihn dann wieder zu verlieren. Damit werden keinerlei Erträge generiert. Die Folge ist der Versuch, dem Kunden eine One-Stop-Solution anzubieten, indem ihm all jenes offeriert wird, was er benötigen könnte. Tag für Tag werden von diesen Anbietern der „geschlossenen" virtuellen Welten neue Firmen aufgekauft. Möglich werden diese Zukäufe nicht zuletzt durch die sehr hohe Bewertung der Provider an der Börse.

Faktisch werden virtuelle „Centros" entwickelt, in denen der Kunde alles bekommen kann, was er wünscht: Information, Interaktion, Entertainment und Shopping. Das Ziel dieser Anbieter ist die Komplettversorgung des Kunden aus einer Hand. Die Zugangsermöglichung zum „freien" Internet ist damit fast nur noch eine unprofitable Nebenleistung der sogenannten Portalanbieter.

Dieses Ziel wird jedoch nicht nur von den großen Marktzugangsanbietern angestrebt. Communities wie beispielsweise Golfweb.com verfolgen eine ähnliche Zielsetzung. Im Grunde genommen war Golfweb.com ein virtuelles Forum für Golfer. Dann bot das Unternehmen auch Inhalte an, Informationen über Golfreisen und verschiedene Golfplätze, und schließlich kam der Handel dazu. Somit entwickelte sich Golfweb.com beiläufig zur besten Shopping WebSite für Golfbedürfnisse. Golfweb.com beherrscht aktuell die Golfer Community in den USA, sie kontrollieren dort den Zugang zu allen wesentlichen, finanzstarken Golf-Shoppern. Golfweb.com entwickelte, für den Kunden fast unbemerkt, eine Community, ein Portal, eine neue virtuelle Mall. Der Kunde bemerkt oft gar nicht mehr, dass er bei seinem Besuch im Internet die virtuelle Welt dieser bestimmten Community nicht verlassen hat. Würde man diese „Welt" jedoch nicht virtuell, sondern stationär aufbauen, würde sie Ausmaße wie beispielsweise Eurodisney in Paris haben.

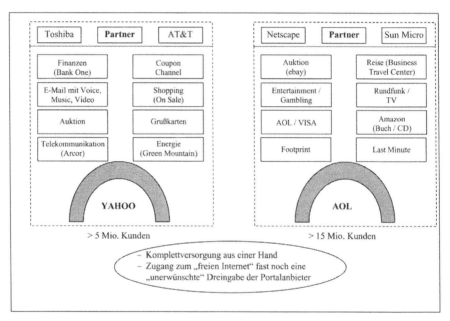

Abb. 2-8:   Portale der virtuellen Welten

Wenn man sein Augenmerk nun auf das Verhalten des etablierten Einzelhandels lenkt, so kann man eine weitreichende Ignoranz gegenüber diesem neuen Geschäft erkennen.

Man bemerkt in diesem Feld das Fehlen der für das neue Geschäft benötigten Fähigkeiten, unflexible Organisationen, eventuell auch zu altes, unqualifiziertes Management. Bisherige Internet-Initiativen bestehen überwiegend im „Business-to-Business"-Bereich und sind auf die dortigen Effiziensvorteile ausgelegt. Zudem fehlt, trotz der sehr schlechten Renditen in Deutschland, ein entsprechender Leistungsdruck für die Händler, was eines der bedeutsamsten Mankos des etablierten Einzelhandels darstellt. Viele Händler sind noch nicht einmal im Netz präsent; bei den meisten Händlern ist eine passive Darstellung im Internet zu erkennen. Shopping-Sites existieren momentan nur bei wenigen Einzelhändlern, in erster Linie sind es Versender und Warenhäuser. Nur sehr wenige Händler suchen die Interaktion mit dem Kunden. Unter diesen Gesichtspunkten betrachtet, kann wohl die

Aussage gerechtfertigt sein, der deutsche Handel sei im Electronic Shopping noch entwicklungsfähig.

Ein anderer Nachteil des etablierten Einzelhandels ist der Ballast, den er durch die physischen Werte, wie Immobilien, Store-Einrichtungen, Kassen, Sicherheitssysteme, Filialbestand sowie Filialwerbung und auch Filialmitarbeiter, tragen muss. Diese Werte, die für das Electronic Shopping nicht erforderlich sind, stellen momentan über 90% der Flächenkosten und weit über 50% der Gesamtkosten für den Einzelhandel dar. Damit bringt Electronic Commerce für den Händler neue Wettbewerbsstrukturen mit sich und erhöht darüber hinaus den Preis- und Kostendruck.

2.3.3 Alte Sorgen auf neuem Höchstniveau

Betrachtet man im Jahre 1999 den stationären Handel, muss man feststellen, dass zahlreiche Unternehmen an bestimmten Stellen ein marodes Filialnetz aufweisen, da die finanziellen Mittel nicht genügend vorhanden waren, um diese Netze zu modernisieren.

Nun werden bis etwa 2005 folgende Entwicklungen eintreten: es wird sich eine Preistransparenz einstellen, der Abfluss von Umsatzvolumen zu den virtuellen Händlern wird zu einer Verschiebung der Ertragsgrenze nach oben führen. Dadurch werden 50% des Filialnetzes defizitär, 50% der Top Management Attention wird sein, sich mit der Frage, wie das Handelshaus überhaupt weiter zu führen ist, zu beschäftigen. Dies wird auch bei besseren Voraussetzungen ein Thema bleiben, an welchem das Top Management des Einzelhandels nicht vorbeikommen wird, da sich der Markt sehr stark entwickeln wird. Allerdings sollte man sich jetzt schon darauf einstellen, dass durch die Zurückhaltung bei der Beteiligung an einem neuen, sich anbietenden Geschäft wie dem Electronic-Shopping, das schon bestehende Geschäft noch schwieriger wird.

In der Prognose der nächsten 5-10 Jahre kann der etablierte, stationäre Handel, je nach Warengruppen, zwischen 10 und 50% des Umsatzvolumens verlieren. Hiervon sind natürlich insbesondere die Marktsegmente betroffen, die digitalisierbar sind. Das verlorene Umsatzvolumen des klassischen Handels wird sich überwiegend zu den neuen virtuellen Anbietern umschichten, wenn der etablierte Einzelhandel nicht beginnt, in diesem Bereich aktiv zu werden, und zu verhindern, dass er durch einen dramatischen Attraktivitätsverlust in Zukunft nur noch eine Nebenrolle im neuen Geschäft spielen wird.

Für den stationären Einzelhandel ist die Partizipation am Online Shopping damit keine Frage des „Ob?" , sondern ausschließlich eine Frage des „Wie?".

2.4 Die vier Schritte zum Erfolg im Electronic-Shopping

Natürlich gibt es bezüglich der Bereiche Internet und Electronic Shopping sehr kontroverse Positionen. Unter anderem auch in der Wissenschaft. Diese unterschiedlichen Meinungen reichen von der Einstellung, der schnellstmögliche Eintritt sei dringlich und mit Chancen verbunden, bis hin zu der konservativen Position, das Internet und somit der Electronic Commerce seien doch nur eine Modeerscheinung oder Ausnahme.

Ist man vom letzteren überzeugt, sollte man sich nicht dazu zwingen, einen halbherzigen Vorstoß ins Electronic Shopping zu wagen: Entweder man ist mit ganzem Herzen dabei oder gar nicht.

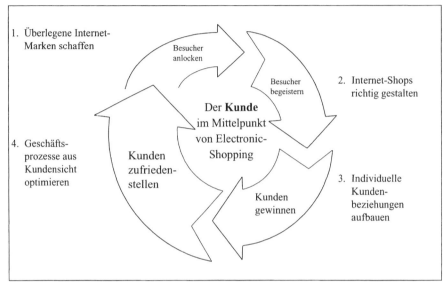

Abb. 2-9: Erfolgsfaktoren des Electronic-Shopping

Hat man sich nun für den Eintritt in den Electronic Commerce entschieden, gibt es vier Punkte, die man befolgen sollte, um erfolgreich zu sein. Diese vier Erfolgsfaktoren für das Electronic Shopping sind in Abb. 2-9 dargestellt und werden im Folgenden ausführlich beschrieben.

2.4.1 Erfolgsfaktor 1: Überlegene Internet-Marken schaffen

Durch die Vermarktung individueller Marken wird die Aufmerksamkeit des Kunden geweckt. Bei der Konzeption der Markenstrategie stehen dem Händler mindestens die folgenden beiden Optionen offen. Entweder er entwickelt eine neue, virtuelle Marke und koppelt seinen Internet-Auftritt damit vom Stammgeschäft ab. Oder aber er transferiert die Marke des Stammgeschäfts in die Virtualität.

Beispiele für die Erschaffung einer neuen Marke für den Electronic Commerce sind die Marken BOL von Bertelsmann, Bank 24 der Deutschen Bank sowie My World von Karstadt.

Ein erstes Argument für eine neue Marke ist, dass junge, moderne Marken im Internet häufig erforderlich sind. Darüber hinaus werden die Imagerisiken für bereits bestehende Marken bei einem Misserfolg im Electronic Shopping verringert. Durch die Neuschaffung einer Marke wird zudem eine unabhängige Weiterentwicklung eben dieser im Internet ermöglicht, so zum Beispiel die Erstreckung über neue Warengruppen, neue Preislagen und das Ansprechen eines neuen Kundenkreises.

Schließlich erhöht die neue Marke die internationale Kooperationsfähigkeit im Sinne von Partnerschaften.

Ein Argument für die zweite strategische Option, den Online-Vertrieb einer bereits bestehenden Marke, ist die Möglichkeit, Anfangsinvestitionen einzusparen. Daneben spart auch die mögliche Nutzung von Werbesynergien mit dem klassischen, stationären Verkauf erhebliche Kosten. Die Absatzförderung des bestehenden Geschäftes durch die Information der Kunden im Internet sowie die Möglichkeit einer gezielten Verjüngung der etablierten Marke durch ihr Auftreten im Electronic Shopping ist ein weiteres Argument für den Markentransfer. Beispiele für die Durchführung dieser Strategie sind die Anbieter Otto, Quelle und Brinkmann.

Unabhängig von der gewählten Strategie lassen sich bei der Erschaffung einer überlegenen Marke vier Ebenen der Internet-Promotion unterscheiden. Diese sollen im Folgenden kurz genannt und erläutert werden.

2.4.1.1 Die eigene WebSite

Auf der eigenen WebSite werden dem Kunden Informationen über Neuigkeiten im Internet Shop oder zum Shop-Thema geboten. Die Erfolge und Auszeichnungen des Unternehmens sollten hier herausgestellt werden. Zudem ist hier der Ort, wo aktive Promotion von Events betrieben werden kann: das Gespräch mit einem Sportstar, das gemeinsame Verfassen eines Buches, das gemeinsame Komponieren eines Liedes. Auch Verkaufsförderungsaktionen und die Bewerbung von Sonderangeboten sollten hier stattfinden.

2.4.1.2 Der Gebrauch anderer kommerzieller WebSites

Angestrebt werden sollte die Präsenz in allen Suchmaschinen, um die Marke und den Namen bekannt zu machen sowie dem Kunden die Möglichkeit zu bieten, sie ohne Probleme und ohne langes Suchen im Internet zu finden. Der gezielte Einsatz von Bannerwerbung ist zudem ein sehr effizientes Mittel, den Bekanntheitsgrad zu erhöhen, die Suche zu erleichtern und neue Kunden anzuwerben. Profitabel ist auch der Austausch von Links, die auf den WebSites von Partnern erwähnt werden. Dort, wo gesponsort wird, sollte das jeweilige Sponsorlogo auch plaziert werden. Schließlich sollte man in E-Mail-Services präsent sein, damit der Kunde bemerkt, dass das bestimmte Handelsunternehmen im Internet und Electronic Commerce vertreten ist.

2.4.1.3 Eintritt in die Internet-Gemeinschaft

Der Eintritt in die Internet-Gemeinschaft verschafft den Unternehmen die Möglichkeit, einen hohen Bekanntheitsgrad zu erreichen und gute Plazierungen in Hitlisten zu besetzen. Die Präsenz in News Groups ist ebenfalls sinnvoll. Grundsätzlich ist alles, was dazu dient, in den Internet-Gemeinschaften einen Status zu erlangen, förderlich. „Man muss von sich reden machen!" lautet der Leitsatz, den man hier befolgen sollte.

2.4.1.4 Promotion der Internet-Marke ausserhalb des Internets

Auch ausserhalb des Internets sollte viel unternommen werden, um die jeweilige Internet-Marke zu bewerben. Die Werbekampagnen ausserhalb und innerhalb des Internets sollten koordiniert sein. Alle Produkte und Publikationen der Marke sollten genutzt werden, um die Internet-Adresse zu präsentieren.

Promotion sollte auch bei jedem Kundenkontakt betrieben werden, und zwar bei dem einzigen physischen Kundenkontakt, den der Handel hat, der Abgabe und Übernahme der Ware. Dieser Kontakt sollte auf jeden Fall genutzt werden, da gerade der persönliche Kontakt das Vertrauen in die Internet-Marke erheblich beeinflussen kann.

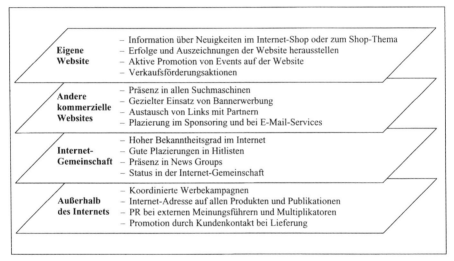

Abb. 2-10: Die vier Ebenen der Internet-Promotion

Schließlich ist auch die Einflussnahme und das Standing bei Meinungsführern und Multiplikatoren ein Erfolgsfaktor, da diese durch eine positive Kommunikation die Reputation der Marke ebenfalls erhöhen kann. Einen Überblick über die vier Ebenen der Internet-Promotion gibt die Abb. 2-10.

2.4.2 Erfolgsfaktor 2: Die richtige Gestaltung des Internet-Shops

In der Gestaltung des Internet Shops sind momentan 5 verschiedene WebSite-Generationen existent (siehe Abb. 2-11).

Die WebSites der ersten Generation sichern allein die Präsenz im Internet. *Präsenz-WebSites* sind regelmäßig statisch und mit wenig Text versehen. Diese Art von WebSites wirkt auf den Kunden recht eintönig. Derzeit befinden sich ca. 80% der Internet-WebSites immer noch tendenziell in dieser Phase.

Die nächste Generation ist nun die *Image-WebSite*. Sie bietet neben der herkömmlichen Informationsvermittlung nur wenige, vereinzelte Animationen. Zudem liefert sie PR- Informationen über das Unternehmen. Als Beispiele hierfür seien die WebSites von Praktiker und Nivea genannt.

Auf dieser Stufe baut die dritte Generation – die *Marketing-WebSite* –, die mehr Bilder, mehr Farbe, mehr Transaktionen und Bewegung beinhaltet. Exemplarisch hierfür sind die Sites von Kaufhof und Becks.

Die vierte Generation bilden die *Shopping-WebSites*. Diese sind von den Sortimenten her für das Internet gestaltet. Sortimentsauswahl und Angebotsstruktur sind auf den Internet-Nutzer abgestimmt. Die jeweiligen Sortimente sind speziell für das Internet aufgearbeitet und aufgebaut worden. Bewusst wurde hier auf einen Transfer der klassischen Handelsfunktionen und -sortimente ins Internet verzichtet.

Die *virtuellen Shopping-Welten* stellen in dieser Reihe die „hohe Schule" der Site-Gestaltung dar. Hier findet man, beispielsweise von Amazon, Dell und American Airlines, wirklich virtuelle Welten mit viel Bewegung, unzähligen Angeboten. Der Nutzer wird zum „surfen" animiert, ohne Gefahr zu laufen, sich zu langweilen, da zahlreiche Anregungen vermittelt werden. Schon auf der Startseite besteht so viel Virtualität, werden so viele Möglichkeiten geboten, weiter in den virtuellen Shop zu gehen, dass der Kunde kaum widerstehen kann.

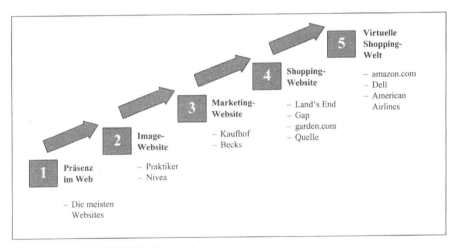

Abb. 2-11:   Fünf WebSite-Generationen

Meine Empfehlung für den Handel lautet, bei Eintritt ins Internet nicht auf der Stufe eins anzufangen, sondern sofort die Stufen vier oder fünf anzustreben.

2.4.3 Erfolgsfaktor 3: Individuelle Kundenbeziehungen aufbauen

Der zentrale Erfolgsfaktor des Electronic Commerce aus der Sicht des Marketing ist der Aufbau von individuellen Kundenbeziehungen. In der heutigen realen Welt ist meist die folgende Ausgangslage gegeben:

Große Einzelhändler kennen den Namen, die sozio-demographischen Daten, den Lifestyle und das Einkaufsverhalten ihrer Kunden grundsätzlich nicht. Zudem kennen sie den Wert ihrer Kunden nicht, den Lebenszykluswert sowie den Wert von Kundennetzwerken und Kundengruppenergebnissen. Oft ist zu beobachten, dass der Handel in kostspielige Neukundengewinnung investiert, statt in Stammkundenbindung. Im Handel werden heutzutage Zielgruppenkonzepte meist für unbekannte Kundengruppen erschaffen.

Durch das Electronic Shopping bieten sich dem Handel jedoch ganz andere Chancen. So wird der Aufbau direkter Beziehungen zu namentlich bekannten Kunden ermöglicht. Die Konzeption individualisierter Angebote und Kundenbindungsprogramme wird wesentlich erleichtert. Zudem besteht die Möglichkeit, über gegenseitiges Kundenfeedback positive Verstärkung zu erlangen. Diese Reziprozität erhöht die Reputation des Händlers und damit auch die Kundenbindung. Auch eine Einzelkundenergebnisrechnung ist durch den Electronic Commerce nun durchführbar. Endlich kann der „profitable Stammkunde" generiert werden, indem dieser einzelne, bekannte Kunde direkt angesprochen und individuell betreut wird. Idealtypisch kann der Aufbau direkter Kundenbeziehungen in fünf Stufen vollzogen werden, die im Folgenden skizziert werden.

2.4.3.1 Der Einstieg durch die WebSite und das Kennenlernen

Der erste Schritt auf dem Wege zur direkten Kundenbeziehung ist es, dem Kunden durch die Strukturierung der WebSite den Einstieg zu erleichtern und ihn kennenzulernen. Schon daran scheitern sehr viele WebSites. Erst einmal sollte es dem Kunden durch Banner und Listings ermöglicht werden, den Internet Shop problemlos zu finden. Anhand von SiteMaps, auf denen die ganze Produktpalette aufgezeigt wird, und Guided Tours, Einleitungen, wie man den Internet-Kauf durchführt, kann ihm nun bei seiner Orientierung im Shop geholfen werden. Sehr angenehm ist es für den Kunden, wenn die Navigation einfach und das Ziel schnell erreichbar sind, etwa 3 Clicks vom Eintritt in die WebSite bis zum Ziel sind eine gute Zielgröße.

Der Kunde sollte auf jeden Fall *kennengelernt* werden. Sei es beim Kauf, während der Erfassung seiner Daten oder durch Gewinnspiele und Befragungen. Die Erfassung seines Namens, der Haus- und E-Mail-Adresse, ist auf jeden Fall bei jeglichem Kontakt angebracht, da diese Informationen das Fundament der Kundenbindung darstellen.

Zudem sollte dem Kunden immer ein konkreter Grund gegeben werden, auf diese bestimmte WebSite, zu diesem Händler, *wiederzukommen*. Dies kann durch Events, Angebote und auch „tägliche" Infodienstleistungen wie News, Wetter, Veranstaltungen, Börsenkurse, geschehen, auch wenn diese Dienste nicht zum eigentlichen Produktangebot passen. Der Kunde muss angeregt werden, möglichst häufig die WebSite des bestimmten Händlers zu besuchen.

Beispiele für die Durchführung dieser Konzepte des Services und der Kundenwerbung sind die WebSites von Eddie Bauer und Tchibo. So bietet Eddie Bauer unter anderem im Customer Service den Crash-Kurs „How to order online" an. Hierbei handelt es sich um ein 9-Schritte-Programm von der Anleitung des Gebrauches einer Maus bis zur letztendlichen Bestellung des Produktes „online", das ganz einfach zu verstehen und damit sehr kundenfreundlich ist. Tchibo bietet dem Kunden schon auf der WebSite die Möglichkeit, das jeweilige Tagesangebot anzuwählen oder seine Meinung zu äussern. Dort werden sofort jegliche Kundendaten abgefragt, damit sie generiert und gespeichert werden können.

2.4.3.2 Den Kunden verstehen und auswählen

Wenn der Kunde zur WebSite zurückkehrt, sollte jedesmal versucht werden, mehr über ihn zu erfahren, indem immer etwas anderes in Erfahrung gebracht wird. Diese regelmäßige *ergänzende Datenerfassung* führt dazu, dass sich der Händler ein möglichst umfangreiches, individuelles Bild von seinem Kunden erstellen kann. Durch das Einholen der Erlaubnis, Cookies auf seinem System hinterlegen zu dürfen, kann festgestellt werden, welche Seiten der Kunde im Internet besucht, wo er verweilt, wie lange er dort bleibt, wo er abbricht, was er mag und was er nicht mag: ein sauberes „Tracking & Tracing" des Kunden über die WebSites. Der Kunde sollte zudem zum Feedback aufgefordert werden.

Die so gesammelten Kundendaten sollten optimal genutzt werden, um den Kunden zu verstehen. Sie können unter anderem in der Darbietung von Entscheidungshilfen eingesetzt werden. So kann beispielsweise die Empfehlung: „Wer dieses Buch kauft, kauft auch folgendes", aus dem gesammelten Datenmaterial abgeleitet werden. Dem Kunden wird das Gefühl vermittelt, er lebe in einer Community, und andere Leute mit gleichen oder ähnlichen Interessen lesen auch dieses bestimmte Buch und kaufen diese bestimmte CD. Eine weitere Entscheidungshilfe bei der Produktwahl kann ihm auch durch die Aufstellung shopeigener Hitlisten geboten werden.

2.4.3.3 Die individuelle Kundenansprache und -bindung

Der Kunde sollte im Electronic Commerce stärker als Individuum behandelt werden, wie es im heutigen Einzelhandel derzeit noch gehandhabt wird. Die Begrüßung sollte persönlich sein, personalisierte Empfehlungen sowie eine individuelle Nutzenerfahrung bieten eine gute Hilfestellung beim Vertrieb von Produkten. Diese Produkte können als individuelle Gestaltung für den bestimmten Kunden angeboten werden. Sobald der Kunde erfolgreich angeworben wurde, kann er mit Stammkundenrabatten und Punkte-Sammelprogrammen an den bestimmten virtuellen Händler gebunden werden. Ein Anbieterwechsel wird unwahrscheinlicher. Durch Aktionen wie Newsletter und Ergänzungsangebote und durch das Angebot komplementärer Sortimente kann der Stammkunde zudem zum häufigeren und umfangreicheren Kauf angeregt werden.

Ein Beispiel der personalisierten Empfehlung ist wiederum die WebSite Amazons zu erwähnen: Der Besucher wird aufgefordert, ein Buch zu bewerten. Sobald er vier oder fünf Bücher bewertet hat, wird ihm eine individuell zugeschnittene, anhand einer sehr umfangreichen Datenbank zusammengestellte, Empfehlung gegeben, welches Buch dem bestimmten Leser persönlich gefallen könnte. Diese Empfehlungen sind nach Nutzermeinung sehr oft zutreffend.

Ein anderes Beispiel ist der sogenannte „Gift Adviser" einer virtuellen amerikanischen Drogerie. Wird ein Geschenk, ein Parfum, für eine bestimmte Person gesucht, kann ein Fragebogen ausgefüllt werden, der insgesamt 6 Fragen umfasst, und über eine Erfahrungsdatenbank werden dem Nutzer unterschiedliche Parfums empfohlen.

Bei der Erstellung individueller Produkte kann der Schuhhersteller creo genannt werden: Auf dessen Seite kann der Kunde seinen individuellen Schuh gestalten, indem die Sohle, die Kappe, die Frontseite aus jeweils etwa 10 unterschiedlichen Alternativen ausgewählt wird. Dem Kunden wird so das Gefühl vermittelt, er kaufe keine Massenprodukte aus dem Regal, sondern speziell für ihn persönlich gestaltete Produkte. Zukünftig wird dieser Kundenservice mit Tee- und Kaffeesorten, Gewürzen, Uhren, Brillen und zahlreichen anderen Produktarten angeboten werden. Diese Entwicklung wird auch Folgen für die auf Automatisierung, Strecke und Menge ausgerichteten Hersteller haben. Sie werden plötzlich wieder mit individualisierten Anforderungen konfrontiert, einer „Massenindividualisierung".

2.4.3.4 Die Selbstgestaltung des Kauferlebnisses durch den Kunden

Was stationär mit Ziegel und Mörtel nicht erschaffen werden kann, ist im virtuellen Shopping möglich: der Shop kann nach den Vorstellungen des Kunden gestaltet werden. Jeder Einkäufer kann sich zukünftig seinen individuellen Einkaufsladen kreieren, indem eine individuelle Startseite und individuelle Sortimentsgestaltung geboten wird. Zudem kann dem Kunden die Möglichkeit zur Selbst- oder Onlinehilfe geboten werden, indem Lexika, Anleitungen und Foren über das Internet zur Verfügung gestellt werden.

Bei der eigenen Entscheidung über das Angebot sei hier beispielsweise der Krawattenanbieter „La Cravate" genannt. Dieser Händler hat ein Sortiment, welches sich über 4000 verschiedene Krawatten erstreckt. Um die individuell gewünschte Krawatte direkt anbieten zu können, wird der Kunde vorerst dazu angehalten, Angaben zu dem gewünschten Produkt zu machen. Danach werden dem Kunden die 10 Krawatten, die diesen Wunschangaben aus dem Sortiment am ehesten entsprechen, gezeigt. Diese Shop-Strukturierung baut dem Kunden eine eigene virtuelle Welt auf.

An der Darstellung der Handelsstrategie des rein virtuellen Einzelhändlers bluefly.com sei das Prinzip des „Create your own catalogue" aufgezeigt. Dieser Anbieter ist überwiegend im Textilhandel mit Markenprodukten tätig. Dem Kunden wird hier die Möglichkeit geboten, seinen eigenen Katalog und somit seinen persönlichen Store zu kreieren. Die Prozedur ist recht einfach und zeitsparend. So wird der Kunde anfangs befragt, aus welcher Abteilung er die Angebote erhalten möchte, von welchen Markenherstellern, welche Größen er benötigt, innerhalb welcher Preislage er sich bewegen möchte. Sodann gestaltet bluefly ihm den individuell zugeschnittenen Katalog. Wenn der Kunde nun demnächst auf die bluefly-WebSite kommt, muss er sich nicht mehr durch das komplette Sortiment hindurchfinden, er hat seinen persönlichen Katalog, aus welchem er auswählen kann.

Bei Fragen und Problemen zu bestimmten Themen kann man via Internet in sogenannte „Foren" eintreten, um dort mit anderen Internet-Nutzern über dieses bestimmte Thema zu diskutieren. Dabei werden von den Händlern „neutrale Berater" eingesetzt. Dies sind in der Regel andere Kunden, die auf einer komplett anderen Neutralitätsebene stehen und vom einzelnen Kunden als viel objektiver und glaubwürdiger empfunden werden als shop-eigene Verkäufer.

Daneben gibt es den Online-Video-Berater, durch den man beim virtuellen Shopping mit einem „wirklichen" Menschen, einem Verkäufer, verbunden wird und sich von diesem beraten lassen kann. Dieser Berater führt den Kunden durch den jeweiligen Katalog und präsentiert ihm aktuelle Produkte. Dabei kann der Kunde mit ihm Fragen diskutieren. Angeboten wird dieser Berater unter anderem von dem Elektro-Händler Brinkmann. Natürlich ist diese Service-Einrichtung im größeren Volumen für den Hersteller ineffizient und teuer, für den Kunden ist diese Leistung aber sehr angenehm. So muss er nicht zur nächsten Brinkmann-Niederlassung fahren und sich dort bei einem unter Zeitdruck stehenden Verkäufer informieren.

Es wird deutlich, dass die Entwicklung der virtuellen Anbieter dahingehend ausgerichtet ist, dass für jeden Kunden der persönliche Shop bestehen wird, mit einem hohen Maß an Kongruenz mit den individuellen Wünschen.

2.4.3.5 Förderung der Kundengemeinschaft

Um das Kauferlebnis des Kunden nun komplett abzurunden, muss jetzt nur noch die Gemeinschaft der Kunden gefördert werden. Dem Kunden wird hier das Gefühl vermittelt, er sei in einer Gemeinschaft, er gehöre „dazu". Dieses wird durch die Förderung des Aufbaus gemeinsamer Werte erreicht, sowie durch das Etablieren eigener Clubs und Communities. Die Kunden können miteinander in Kontakt gebracht werden, beispielsweise in Foren, Chats oder Nutzertreffen. Dem Kunden wird das Gefühl vermittelt, er befinde sich nicht im Handel, sondern auf einer neutralen Plattform. So behält der Händler unbemerkt die Kontrolle, ohne aktiv zu steuern. Die Abb. 2-12 fasst die gemachten Aussagen noch einmal zusammen.

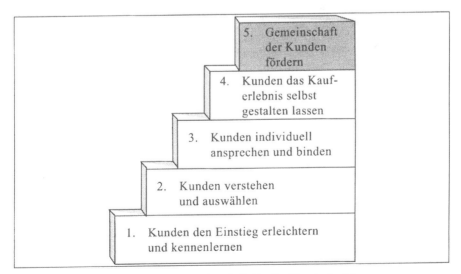

Abb. 2-12: Die fünf Stufen beim Aufbau individueller Kundenbeziehungen

2.4.4 Erfolgsfaktor 4: Geschäftsprozess aus Kundensicht gestalten

Die alleinige Gestaltung des Shops nach den Wünschen des Kunden, die Produktauswahl und den Einkauf kundenorientiert zu organisieren, ist eine Seite des erfolgreichen Electronic Commerce, die andere ist eine aus Kundensicht gestaltete Organisation des Geschäftsprozesses. Der Kunde muss, neben der Auswahl des von ihm gewünschten Produktes, bestellen, zahlen, die Ware ausgeliefert bekommen und sein Feedback geben. Darauf müssen die Geschäftsprozesse ausgerichtet sein, die Erleichterung des gesamten Kaufvorgangs für den Kunden steht hierbei im Vordergrund (vgl. Abb. 2-13).

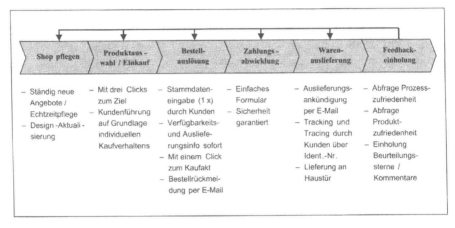

Abb. 2-13: Struktur eines Internet-Geschäftsprozesses

Dem Kunden wird so das Gefühl vermittelt, er stehe im Mittelpunkt. Hierbei ist das Wichtigste, dass alle Prozesse schnell, effizient und nahezu 100-prozentig integriert sind. Der Internet Shop sollte in dem Maße *gepflegt* werden, dass ständig neue Angebote bestehen. Zudem sollte das Design dauerhaft aktualisiert werden.

Bei der *Produktauswahl* und beim Kaufvorgang selber sollte der Prozess so simplifiziert und rationalisiert werden, dass der Kunde mit etwa drei Clicks zum Ziel, zur letztendlichen Produktbestellung, gelangen kann. Dieser Prozess kann optimal durch eine auf der Grundlage individuellen Kaufverhaltens erschaffene Kundenführung unterstützt werden.

Die *Bestellauslösung* sollte ebenfalls nach diesen Kriterien aufgebaut sein. So sollte die Stammdateneingabe durch den Kunden nur einmal erfolgen müssen. Verfügbarkeit und Auslieferungszeitpunkt werden sofort bei der Bestellung bekanntgegeben und eine Bestellrückmeldung wird dem Kunden umgehend per E-Mail zugesandt.

Bei der Zahlungsabwicklung ist auf die Einfachheit des Formulars und auf eine garantierte Sicherheit des Zahlungsvorganges zu achten.

Die *Warenauslieferung* sollte wiederum durch eine E-Mail angekündigt werden und dann bis an die Haustür des jeweiligen Kunden erfolgen. Mit Hilfe der

Identitäts-Nummer sollte der Kunde zudem während des gesamten Liefervorganges die Möglichkeit zum „Tracking und Tracing" des Produktes besitzen, dass heisst, er sollte genau verfolgen können, in welchem Stadium sich seine Warenauslieferung gerade befindet.

Als *Feedback* sollte letztendlich die Prozess- und Produktzufriedenheit abgefragt werden und durch einfache Einstufungskriterien wie Beurteilungssterne bewertet werden. Zudem kann der Kunde auch dazu angeregt werden, Kommentare zu äussern, die sehr hilfreich für die Weiterentwicklung und Strukturierung des Geschäftsprozesses sein können.

Wichtig für die Optimierung der Geschäftsprozesse ist die Nutzung neuer Partnerschaften. Der Handel redet heutzutage nicht mehr ausschließlich über Partnerschaften auf der Lieferantenseite. Im Internet haben sich, anders als im stationären Bereich, gänzlich andere Dienstleistergruppen herausgebildet. Von der Shop-Pflege bis zur Feedback-Einholung gibt es Dienstleister, die komplette Dienstleistungspakete für den jeweiligen Händler anbieten, sodass dieser im virtuellen Handel tätig sein kann, ohne dass er eine der oben genannten Leistungen selber erbringen muss.

So wird die Shop-Pflege von Herstellern sowie Dienstleistern, Auktionsfirmen und sogenannten „Sortiment"-Partnern angeboten. Die Produktauswahl wird von Marketing-Spezialisten für Data-Based-Marketing und Membership-Reward-Programme unterstützt: Web-Hosting-Dienstleister, Service Provider und Kreditkartenunternehmen bieten ihre Leistungen für die Bestellauslösung und Zahlungsabwicklung an. Die Warenauslieferung kann von Logistik-Dienstleistern wie der Post und UPS oder FedEx übernommen werden, sowie von anderen virtuellen Händlern wie Amazon und TeleCd oder Adori.

Die Feedback-Einholung wiederum kann durch einen neuen Mediendienstleister erfolgen. Damit wird dem Kunden der Eindruck vermittelt, von einem bestimmten Händler beliefert worden zu sein, ohne jedoch zu erkennen, dass in diesen Bestell- und Liefervorgang etwa sechs unterschiedliche Dienstleister verwickelt waren, eventuell sogar ohne eine Beteiligung des bestimmten Händlers selbst.

2.5 Zusammenfassung und Ausblick

2.5.1 Der Wert des Kunden

Aus der Sicht des Einzelhandels war der Kunde noch nie so wertvoll wie heute. Diese Wertschätzung gilt nicht nur für den virtuellen Handel, sondern genauso im stationären Bereich.

Im Electronic Commerce wird dieser Wert des Kunden allerdings noch ein wenig deutlicher. Der Kunde gibt seine Adresse und seine Daten ein und erfasst sie eigenständig. Die Kundendatei wird fast ohne Aufwand durch den Händler gepflegt. Der Kunde berät andere, sodass anderen Kunden online eine Beratung von einer neutralen Instanz geboten werden kann. Der Kunde beurteilt Leistungen, Prozesse und Produkte, vergibt allgemein zugängliche Leistungsbeurteilungen und hilft dem Händler so, Referenzen aufzubauen, welche ansonsten teuer erkauft werden müssten. Bei einer guten Durchführung des „Tracking & Tracing" durch „Cookies" im Kundensystem informiert der Kunde sie über seine Kaufgewohnheiten und Interessensgebiete, gibt ein exaktes und jederzeit aktuelles „Mode-Feedback" und schließlich kauft er auch noch bei dem jeweiligen Händler ein.

2.5.2 Die Bedeutung des Electronic Shopping für das Marketing

Die bisherige Dimension des Marketing erstreckt sich von dem sogenannten Primat des Marketing über das Turbo-, Zielgruppen- und Retention-Marketing. Das Ziel all dieser Konzepte ist die Zentrierung um den Kunden.

Nun entwickelt sich durch die Hinwendung zum Electronic Shopping eine neue Dimension des Marketing, eine kundenindividuelle und interaktive, in der Echtzeit laufende Dimension, das Electronic Marketing. Dies beschreibt die bislang höchste Entwicklungsstufe. Hier steht der Kunde bei der Realisierung im Mittelpunkt, das Marketing geschieht 1:1 zwischen Händler und Kunden. Diese Art von Marketing umfasst Informationen, Interaktionen, Angebote und Leistungen, Produkte und Geschäftsprozesse, die individuell abgestimmt und in Echtzeit ablaufen.

2.5.3 Plädoyer für eine mutige Unternehmenspolitik

Aus Sicht der OC&C bewegt der deutsche Einzelhandel zur Zeit vieles: er investiert in Flächenausbau, kauft Wettbewerber, errichtet Filialen an abgelegenen Orten, um die Präsenz auf dem Markt noch zu steigern. OC&C empfiehlt jedoch eine Investition in das Electronic-Shopping. Dank des Mediums Internet geschieht ein Umbruch im Markt wie seit 50 Jahren nicht mehr. Und hier gilt der Satz: „Wer mitmacht, kann verlieren, wer nicht mitmacht, hat schon verloren." Wer mit seinem Eintritt in den Electronic Commerce zu lange wartet, muss viel Kapital investieren, um eventuell noch eine Folgerrolle in dem jeweiligen Markt einnehmen zu können. Es sollte zudem nicht schwarz oder weiss gedacht werden, nicht virtuell oder stationär. Der Eintritt in den virtuellen Handel kann so fruchtbar für das stationäre Geschäft sein, dass sich die Investitionen in diesen Aufbau allemal lohnen. Durch diese Weiterentwicklung in den Bereich des Electronic Commerce wird der Händler neue Kunden akquirieren und neue Umsätze erzielen können, seine alten Kunden binden können und Wissen über seine Kunden sowie über neue Chancen zur Kundenbearbeitung im stationären oder virtuellen Geschäft erlangen.

3 Strategische Herausforderung des Electronic Commerce für dezentrale Handelsunternehmungen

Jan-Christoph Maiwaldt, Hagen

3.1 Kann der stationäre Einzelhandel weiter und schnell genug wachsen?

Um herausarbeiten zu können, welche Herausforderungen das Internet für dezentral organisierte Handelsunternehmungen mit sich bringen wird, ist es zweckmäßig, sich zunächst die Spezifika dieses neuen Mediums zu vergegenwärtigen.

Ein erstes Spezifikum ist die demografische Struktur: Die Entwicklung der sogenannten neuen Medien wird von den 18 - 25-jährigen bestimmt. Es sind oftmals virtuell denkende Quereinsteiger, die in die traditionellen Branchen mit neuen Geschäftsmodellen einbrechen. Die Tatsache, dass es sich um Quereinsteiger handelt, die Schlagzeilen machen, lässt weiter fragen, ob der stationäre Einzelhandel noch Wachstumspotenziale aufweist, und ob diese eventuell vorhandenen Potenziale schnell genug realisiert werden können.

Die Douglas AG erzielte 1998 mit über 18.000 Mitarbeitern einen Gesamtumsatz von 4,7 Milliarden DM. Dies ist eine Steigerung um immerhin 35% gegenüber dem Status vor 4 Jahren. Dieser Umsatz wird zu hundert Prozent mit dem Vertrieb von analogen Produkten aus den Bereichen Parfümerie/Drogerie, Schmuck, Mode/Sport, Bücher und Süßwaren erzielt.

Digitale Produkte werden von Douglas nicht verkauft. Gerade hier wird aber im Moment ein atemberaubendes Wachstumstempo erreicht. Beeindruckend ist dabei die Verbindung von analogen und digitalen Produkten. Ein Beispiel hierfür ist die Kombination einer virtuellen Suchmaschine mit dem Versand eines analogen Produktes.

Ein weiteres Charakteristikum des Internets ist die extreme Geschwindigkeit dieses Mediums: Beim Handel mit digitalen Produkten gilt die Faustformel: „3 Monate = 1 Internetjahr". Die Zeit wird damit zum wichtigen Faktor für den Erfolg der am Markt angebotenen Leistungen und Produkte. Sogar während des Lesens dieses Beitrags geht die Entwicklung des Internets so rasant voran, dass die verfassten Informationen bald schon wieder überholt sein können.

Vielen Entscheidungsträgern macht diese dahineilende Entwicklung Angst. In manchen Managementfunktionen sieht man sich schnell einer gewissen Überforderung ausgeliefert. Die Entscheidungsträger stehen vor der Frage, wie diese Entwicklung eigentlich weiter gehen wird. Für viele andere ist diese Herausforderung jedoch eine besondere Chance, der sie sich gerne zu stellen bereit sind.

3.2 Die Entwicklungschancen durch das Internet – Produktivitätssteigerungen durch den effektiveren Informationseinsatz als Ressource

Durch den besseren Einsatz der Information als Ressource im Geschäftsprozess eröffnen sich dem Handel und der Dienstleistungsbranche große Potenziale zur Produktivitätssteigerung. Man könnte sogar behaupten, die Erschließung und weitere Professionalisierung des Informationseinsatzes im Verkauf ist vergleichbar mit der Produktivitätssteigerung in der Landwirtschaft durch die Einführung des Traktors in der Mitte dieses Jahrhunderts.

Die Internettechnologie ermöglicht die drastische Reduzierung von Transaktionskosten. Das gegenseitige Informieren wird preiswerter. Arbeitsteilung bringt nicht nur mehr, sondern kostet in Zukunft auch immer weniger. Diese Kostenreduktion wird sowohl den direkten Verkaufs- und Beratungsprozess als auch die Kommunikationsbeziehungen innerhalb und ausserhalb der Unternehmen betreffen.

Die mit dem effektiveren Einsatz von Informationen einhergehenden Herausforderungen des Internets für dezentrale Handelsunternehmen liegen in zwei wesentlichen Bereichen:

- im Internet in seiner Funktion als Intranet, mit den damit verbundenen unternehmensinternen Produktivitätssteigerungspotenzialen („internes Potenzial") und
- im Internet als konkurrierendem und/oder komplementären Absatzkanal, dem Electronic Commerce („externes Potenzial").

Wichtig ist, dass mit beiden Schwerpunkten nur ein Ziel verfolgt werden sollte: den Nutzen des Kunden zu erhöhen.

3.2.1 Die Erschließung der internen Produktivitätspotenziale

3.2.1.1 Verstärkte Kundenorientierung

Um Produktivitätsverbesserungen in direkten Kundennutzen umzuwandeln, muss es gelingen, die neuen technologischen Möglichkeiten in den eigenen Kerngeschäftsprozess zu integrieren. Diese Integrationsleistung ist die eigentliche große Herausforderung für den Handel.

Um diese Herausforderung mit dem Beispiel einer Vision zu hinterlegen, möchte sich der Leser folgende Szene vor Augen führen: Stellen Sie sich vor, eine Parfümerieverkäuferin hätte die Möglichkeit, vor dem Verkaufsgespräch vorbereitende Informationen über den Kunden zu bekommen. Es ist wohl davon auszugehen, dass sie das Verkaufsgespräch wesentlich produktiver, individueller und für den Kunden nützlicher führen könnte. Sie würde ihn sicher auf einer psychologisch höheren Stufe seiner Bedürfnispyramide ansprechen und ihm anerkennend bestätigen, dass er schon bei seinem letzten Kauf einen erstklassigen Geschmack bewiesen hat. Sie brauchte ihn nicht noch einmal nach seinen intimsten Hautsensibilitäten bei der Nassrasur zu befragen. Sie wüsste genau, dass er seiner Frau eine große Freude bereiten könnte, wenn er daran denkt, das Nachfüllpäckchen für den zauberhaften, teuren Gesichtspuder mitzubringen, mit dem sie schon seit Weihnachten so sparsam umgeht, weil sie sich nicht traut, das teure Produkt nachzukaufen.

Demgegenüber die heutige Realität: Die Verkäuferin hat praktisch keine Informationen über den Kunden; sie muss improvisieren, den Kunden fragen, zuhören, welche Wünsche und welche Probleme er bezüglich des zu kaufenden Produktes hat.

Die entsprechende Technologie könnte die Kundenprofile und Kundeninformationen ähnlich der Nutzerprofile im Internet auf einer Kundenkarte speichern oder aus zentralen Datenbanken abrufbar machen. An Point-of-Sales-Terminals hätten die Verkäuferinnen die Chance, diese Kundendaten sichtbar zu machen.

Der dossiergestützte Verkauf, kombiniert mit der Beratungskompetenz einer guten Verkäuferin, schafft produktivere Verkaufsgespräche, die dem Kunden einen echten Zusatznutzen stiften. Schnittdaten für das Lieblingskostüm, Größen, Längen, Schmuckdesigns, Ringgrößen und Kreditlinieninformationen sind Informationen, mit denen effektiv besser verkauft werden könnte.

Die Analogie zur Internettechnologie entsteht aus dem Ablegen von Kundenverhalten und -profilen und dem gezielten Einsatz dieser Informationen bei der nächsten Interaktivität.

Dieses Beispiel zeigt, wie sich Transaktionskosten – in dem dargestellten Fall entgehende Umsätze – durch den Einsatz der neuen Technologie erheblich reduzieren lassen. Es gibt zahlreiche Anwendungen, mit denen immer neue Nutzenpotenziale für die Kunden erschlossen werden könnten. Voraussetzung dafür ist, dass die an der Interaktion Beteiligten bereit sind, Informationen freiwillig preiszugeben.

Erfahrungsgemäß ist der Kunde dazu aber nur dann bereit, wenn für ihn ein echter, klar nachvollziehbarer Zusatznutzen dahintersteht. Bedenke man jedoch auch all die Bereiche und Anwendungsmöglichkeiten, in denen ein Kunde von selbst Informationen hinterlässt, die heute aber nur sehr unzureichend genutzt werden (zum Beispiel Sitzplatzpräferenzen bei Luftfahrtgesellschaften, Autotypenvorlieben beim Autoverleih, Zimmerpräferenzen im Hotel, Lieblingstrüffel im Süßwarengeschäft, Literaturvorlieben in der Buchhandlung etc.).

3.2.1.2 *Produktivitätssteigerung durch Informationsteilung*

Die weitere Frage, vor die das Internet dezentral organisierte Unternehmen stellen wird, ist: Wie kann die Produktivität unserer Entscheidungen durch bessere Informationen erhöht werden?

Firmen haben sich schließlich organisiert, um Transaktionskosten zu minimieren. Betrachte man hierzu als Beispiel die Douglas Holding AG, ein dezentral organisiertes Handelsunternehmen:

Die Aktivitäten und Entscheidungsträger der Douglas Holding verteilen sich auf mehr als 1800 Standorte in insgesamt 8 Ländern. Die Douglas Gruppe ist unterteilt in fünf selbstständige, unabhängig voneinander agierende Geschäftsbereiche. Diese Geschäftsbereiche sind selbst gegliedert in einzelne, selbstständig operierende Gesellschaften mit eigenen Geschäftsführungen. So gibt es allein im Geschäftsbereich Parfümerien im In- und Ausland 13 größere und kleinere Regionalgesellschaften. Keine hat mehr als 100 Verkaufsstellen. Diese kleinen Einheiten ermöglichen ein schnelleres Agieren sowie eine verbesserte Kundennähe. An den Geschäftsführer einer solchen Regionalgesellschaft berichten in der Regel bis zu 10 Bereichsleiter. Jeder Bereichsleiter hat also 10 - 15 Filialen zu betreuen.

Diese beschriebene dezentrale Organisation bringt eine erhebliche Menge an Vorteilen mit sich und soll in letzter Konsequenz helfen, Transaktionskosten zu reduzieren. Die Organisation soll aber auch dazu beitragen, dass die Entscheidungsträger nahe am Kunden entscheiden können. Die damit verbundene hohe Selbstständigkeit aller am Geschäftsprozess Beteiligten vermeidet Rückfragen und verkürzt so die Entscheidungsprozesse.

Alleingänge und auch vorkommende Fehleinschätzungen sind die zentralen Nachteile dieser Organisationsstruktur. Die Ursachen hierfür sind Informationsasymmetrien zwischen der Zentrale und der Geschäftsleitung vor Ort. Diese Nachteile werden aber zugunsten der schnelleren Entscheidung bewusst von der Douglas Holding in Kauf genommen. Da es sich in dieser Struktur bislang um verteilte und damit kleinere Einzelrisiken handelte, entwickelte diese Organisation eine hohe Effizienz und Effektivität.

Die notwendige Bedingung für ein Funktionieren dieser Organisationsstruktur ist eine breit angelegte dezentrale Qualifikation der Mitarbeiter. Diese sind das eigentliche Kapital der dezentralen Handelsunternehmung. Mit dem Entstehen neuer Technologien bietet sich den dezentral organisierten Organisationen erstmalig die Chance, die oben geschilderten Informationsasymmetrien abzubauen und so die geschilderten Nachteile auszugleichen.

Das beschriebene Risiko, dass bei nicht zentral abgestimmtem Vorgehen „die Linke" manchmal nicht genau weiss, was „die Rechte" tut, kann durch schnelle Abstimmung „on demand" reduziert werden, und zwar ohne einen Verlust an Entscheidungsgeschwindigkeit. Die große Herausforderung ist somit, die zentralen und dezentralen Erfolgsfaktoren mit Hilfe der neuen Informationstechnologien zu verbinden und so Produktivitätssteigerungen zu erreichen.

Ein großer Vorteil der Informationstechnologie „on demand" ist zudem die Möglichkeit, dass die Entscheidungsträger die Informationsverteilung selber steuern können. Dadurch besteht die Möglichkeit, sich einen Überblick über die gesamte Prozessstruktur zu verschaffen. Dies ist allerdings nur dann sinnvoll, wenn dies zu einer schnelleren und besseren Entscheidungsfindung beiträgt.

Auch das Wissen und die Erfahrung der parallel agierenden Geschäftseinheiten kann "on demand" genutzt werden. Internes Benchmarking und aktiver Wissenstransfer können sicherstellen, dass das Rad nicht parallel neu erfunden werden muss.

3.2.1.3 Zeiteinsparung durch Online-Kommunikation

Einen dritten, internen Ansatzpunkt zur Erhöhung der Produktivität dezentraler Handelsunternehmungen durch das Internet bietet die Online-Kommunikation. Dies soll am Beispiel der Kommunikationsprozesse innerhalb der Douglas AG verdeutlicht werden:

Die internen Dienstleistungen der Douglas AG sind im Gegensatz zu den von ihr verkauften Produkten fast ausschließlich digitale oder zumindest digitalisierbare Produkte (siehe Abb. 3-1).

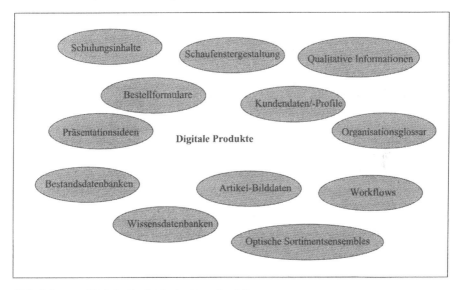

Abb. 3-1: Digitale Produkte der Douglas AG

Das bisher physische Treffen der Bereichsleiter alle 2 Monate mit ihren Filialleitungen könnte künftig durch 15 Minuten Chatroom jeden Montagmorgen im Internet ergänzt werden. Hier könnten qualitative Informationen und frequent asked questions, wie Artikelbilder von Neuheiten, Kundenreklamationen, Schaufenster- und Dekorationsgestaltungen effizient ausgetauscht werden.

Der Trainerbeitrag des Bereichsleiters könnte durch „digitale Produkte" in der Produktivität gesteigert und unterstützt werden. Dadurch wird Zeit eingespart, die genutzt werden kann, um in persönlichen Gesprächen noch öfter auf standortindividuelle Probleme einzugehen.

Die Online-Kommunikation sollte auf den internen Kunden, den Mitarbeiter, zugeschnitten werden. Sie ist damit individueller als jedes Rundschreiben „an alle" aus der Zentrale. Die Zentrale übernimmt zukünftig eher Redaktionsdienste für das Intranet. Infodienste, Datenbanken und Infrastrukturleistungen werden zukünftig von einer Systemzentrale in starkem Maße gefordert.

Die Erfolgsfaktoren durch den Einsatz der neuen Technologien im internen Unternehmensbereich seien noch einmal zusammengefasst aufgeführt (vgl. Abb. 3-2).

Erfolgsfaktoren des Intranets	
• Interaktivität	• Hohe Informationsverfügbarkeit
• Informations-Push statt -Pull	• Transparente Nutzungsprofile
• Qualitative Informationen	

Abb. 3-2: Erfolgsfaktoren des Intranets

Abschließend sei bemerkt, dass die Liste möglicher digitaler Produkte im Internet hier nur beispielhaft erfasst werden konnte. Tatsächlich müsste jede einzelne Applikation auf ihren Nutzen und ihren Informationsgehalt für den Kerngeschäftsprozess überprüft werden. In dezentralen Handelsunternehmungen erledigt sich diese Aufgabe jedoch über die freie Abstimmung von aktiver Nachfrage der Entscheidungsträger und Angebot aus der Zentrale von selbst.

Wichtig ist, dass es dem Management gelingt, die Infrastrukturvoraussetzungen zu schaffen, um die internen Webseiten und Webserver mit Leben zu erfüllen.

Möchte man im stationären Einzelhandel also zu den Besten gehören und in dieser Gruppe auch bleiben, steht die Erschließung der internen Produktivitätspotenziale als Herausforderung an einer der ersten Stellen.

3.2.2 Die Erschließung der externen Potenziale des Internets mit Electronic Commerce

Die zweite genannte Herausforderung, nämlich die Etablierung eines Geschäftsmodells für den Electronic Commerce, stellt für stationäre dezentrale Einzelhändler derzeit noch ein Problem dar.

Gerade diese verfügen nämlich in der Regel nicht über die notwendigen logistischen Voraussetzungen. Vor diesem Hintergrund ist der Versand von Produkten direkt zum Kunden zunächst mit hohen Barrieren versehen und ohne Partner vielleicht gar nicht denkbar. Auf jeden Fall ist eine vorbereitende, kritische und sorgfältige Auseinandersetzung ratsam.

Die Befürchtungen bezüglich dieses neuen Geschäftes reichen von Kannibalisierung der bestehenden Vertriebsorganisation, über hohe Investitionen bis hin zu fehlenden Einnahmen. Im Business-to-Business-Bereich kann man heute jedoch erste positive Entwicklungen erkennen. So wächst die Überzeugung, dass die Internettechnologie frühere EDI-Ansätze überholen wird und dass die neue Technolgie rasch beim Lieferanten etabliert werden kann.

3.2.2.1 Verstärkte Kundennähe

Um die Konsequenzen des Internets für die Gestaltung der Kundenbeziehungen zu verstehen, muss man zunächst erkennen, dass das Internet die weltweite, interaktive Kommunikation von einem zu vielen und von vielen zu einem ermöglicht.

Mit der Zeit werden mehr und mehr Markenhersteller und andere Industriepartner dem Beispiel des Bekleidungsherstellers Levi`s folgen und anfangen, das Internet für sich zu nutzen. Nicht zuletzt haben in der jüngsten Vergangenheit eine ganze Reihe großer Marken in nahezu allen Branchen versucht, mit eigenen Geschäften näher an ihre Kunden zu kommen.

Diese Versuche beruhen auf der Erkenntnis, dass jede Unternehmung darauf angewiesen ist, schnell vom Kunden zu lernen und auf seine Bedürfnisse zu reagieren. Da sich die Bedürfnisstruktur der Kunden ständig ändert, entwickelt sich auch das Kundenverständnis der Industrie laufend weiter. Dabei wurden früher sowohl der Händler als auch der Letztverwender von der Industrie als Kunde angesehen. Im Internet-Zeitalter ist dies nicht mehr zwingend der Fall; der eigentliche Kunde der Industrie wird mehr und mehr der Letztverwender.

Durch die Nähe zum Konsumenten wird die Lernkurve der Industrieunternehmen immer steiler. Die Industrie ist immer weniger offline zum Kunden. Das Wissen um die tatsächlichen Kundenbedürfnisse war bisher zum grössten Teil Intermediär-Know-How des Einzelhändlers, wird aber in Zukunft sehr schnell zum Warenhersteller übergehen.

Dabei kann der folgende Zusammenhang konstatiert werden: Je schneller ein Unternehmen von seinem Kunden lernt und sein Verhalten und seine Produkte anpasst, umso mehr Kunden wird es gewinnen; ein Erfolgscredo, das besonders für dezentral organisierte Unternehmen gilt.

Das Internet schafft hier beeindruckende, neue Möglichkeiten, das Verbraucherverhalten digital abzubilden. Daher ist es richtig, anzunehmen, dass es Nicht-Einzelhändlern mit dieser neuen Technologie gelingen wird, in den direkten Handel einzutreten.

3.2.2.2 Verbindung von alten und neuen Vertriebswegen

Unterstellt man bei konstantem Marktvolumen eine Kannibalisierung der Umsätze des stationären Handels durch die Unternehmen des Electronic Commerce, so müssen dezentrale Handelsunternehmen entscheiden, ob sie diesen Zutritt zulassen wollen oder besser selber in dieses Neugeschäft einsteigen.

Besonders smart sind daher diejenigen Ansätze, die es erlauben, neue und alte Vertriebswege komplementär miteinander zu verbinden. So geht beispielsweise der Textilist GAP davon aus, dass der Kunde zum Kauf einer GAP-Jeans nach wie vor das GAP-Geschäft aufsucht. Es ist aber auch möglich, die bekannte Lieblings-Jeans in einer anderen Farbe oder anderen Ausführung unter http://www.gap.com zu bestellen. Dies ist für GAP wichtig, da nur im Jeans-Bereich ausschließlich Eigenmarken angeboten werden. Der Verkauf über das Internet führt zwar eventuell zur Kannibalisierung der eigenen Geschäfte; die Umsätze bleiben aber innerhalb der Organisation. Verbunden mit der durch die Internet-Nutzung möglichen

Reduzierung der Transaktionskosten pro Stück sind insgesamt Gewinnsteigerungen zu erwarten.

3.2.2.3 Die neue Kundeneinstellung

Mit der Bedeutungszunahme des Electronic Commerce einher geht eine Veränderung der Einstellungen des Kunden. Musste sich der Einzelhandel bisher damit auseinandersetzen, dass der Kunde willkürlich darüber entscheidet, wann er zum Händler kommt, wird der Online-Konsument die Einstellung besitzen, der Händler habe zu ihm zu kommen. Das Treffprinzip verändert sich damit.

Ähnliches gilt für die Wahl des Kaufzeitpunktes. Sind die Ladenöffnungszeiten des stationären Einzelhandels vom Konsumenten weitgehend gelernt und akzeptiert worden, so ist es beim Electronic Commerce unvorstellbar, eine Meldung wie die folgende zu geben: *„Unsere Öffnungszeiten liegen zwischen 08.30 - 20.00 Uhr"*. Im Electronic Commerce gibt es keine Ladenschlusszeiten, die Geschäfte sind dort immer geöffnet.

3.2.2.4 Struktur der Internet-Nutzer

Bei der Konzeption des Internet-Auftritts muss berücksichtigt werden, welche Zielgruppe hauptsächlich angesprochen werden soll.

Ein Beispiel für die hohe Relevanz dieses Themas bieten die Versandhandelsunternehmen: Die Kundenstruktur von Neckermann, Quelle und Otto wird deutlich von Frauen dominiert, die in der Regel keine PC-Erfahrung aufweisen. Dies hatte Auswirkungen auf den Erfolg des Internet-Auftritts. Im Online Shopping konnte die Stammkundschaft bisher kaum nennenswerte Umsatzanteile verzeichnen. Die Nielsen Werbeforschung belegt, dass weibliche Internet-Nutzer eher im „Chat"-Bereich zu finden sind. Oberste Priorität hat bei den meisten von ihnen der Bedarf nach Kommunikation. Neben E-Mails interessieren vor allem Foren und Diskussionsrunden. Das E-Shopping landet weit abgeschlagen auf dem sechsten Platz. Zwei Drittel aller regelmäßigen Internet-Besucherinnen gaben sogar an, noch nie ein Produkt via Mausklick gekauft zu haben. Die Bereitschaft der Kundinnen, zusammen in Kontakt zu treten und zu kommunizieren, belegt eindrucksvoll die Reaktion auf Reiseangebote, bei denen mehrere hundert Damen innerhalb kürzester Zeit zu einer Community zusammen gebracht werden konnten.

Zudem sind nur etwa 15 - 20% der Internet-Besucher weiblich. In den USA scheint dieser Anteil derzeit auf 30% anzusteigen. Im Gegensatz aber zum Tele-Shopping, wo 85% aller Einkäufe in den USA durch Frauen getätigt werden, sind die kaufenden Internet-Nutzer zu 90% männlich. Das Engagement der Unternehmung Quelle bei H.O.T ist die logische Konsequenz aus diesen Daten.

Diese Erkenntnisse bedeuten für den Einzelhandel, dass sich der weibliche Kunde mit einem reinen Warenangebot weder in das Geschäft noch an den Bildschirm locken lässt. Um dies zu ändern, wurde eine neue Funktion entwickelt: das „Electronic Marketing". Da das Internet in den Zielgruppen besonders zum Zwecke der Kommunikation genutzt wird, muss darüber nachgedacht werden, wie das Unternehmen und die von ihm geschaffene „Community" über das Internet eine gute, moderne und interaktive Kommunikationsbasis bekommt. Heute sind etwa 1 Million Kunden mit einer Kundenkarte der Douglas AG ausgestattet. Mit ihrem Kartenantrag haben diese ein aktives Zugehörigkeitscommitment zur Marke Douglas gegeben und bilden damit eine wichtige Basis zum Aufbau einer „Community".

Die etablierten Händler müssen die neue Technologie als Kommunikationsplattform nutzen und das Internet als erfolgreiches Marketinginstrument erkennen. Dass während der Kommunikation Produkte angeboten werden, scheint eher eine Selbstverständlichkeit zu sein, sollte aber vielleicht nicht ausschließlich im Vordergrund stehen.

Dieses leitet über zu der Frage nach den Marketing-Synergien einer dezentralen Handelsunternehmung mit eigenen Aktivitäten im Electronic Commerce.

Ein komplementär angelegtes E-Marketing-Konzept (siehe Abb. 3-3) kann große Vorteile bringen. Filialisierte Einzelhändler, wie die Karstadt AG, haben hier eine gute Ausgangsposition, da es ihnen in der Vergangenheit gelungen ist, als Händler eine eigene Marke aufzubauen.

Diese Markenbildung beruht darauf, dass neben dem im Internet versprochenen virtuellen Nutzen im stationären Bereich ein spürbares, praktisches Leistungsversprechen eingelöst wird. Der Markenwert kann durch diese Verbindung schnell erhöht werden.

Zudem lässt sich ohne höheren Bestandsaufwand in der angestammten Zielgruppe ein noch viel breiteres und tieferes Sortiment anbieten.

Abb. 3-3:   Ansatzpunkte des E-Marketing

Ein Beispiel sind die sogenannten „Backlists", die im Buchhandel üblich sind. Die Kundenwünsche können dadurch umfangreicher und individueller befriedigt werden. Service, Beratung und Reklamation können an vielen Orten vom Kunden in einer Filiale direkt in Anspruch genommen werden. Vorteile, die ein Versandhändler alleine nicht bieten kann.

3.2.2.5 Gleichbleibendes Qualitätsniveau der virtuellen Anbieter

Die hohe Bedeutung der E-Marke weist auf einen weiteren Vorteil der virtuellen Anbieter hin: Die Gewährleistung einer gleichbleibend hohen Qualität im Marktauftritt ist in der virtuellen Welt weit weniger problematisch als in der realen. In realen Filialnetzen erlebt der Kunde regelmäßig größere Qualitätsschwankungen. Selbst bei Stammkunden, die immer in der gleichen Filiale kaufen, kann das Qualitätsempfinden höchst unterschiedlich sein. Ein Beispiel ist die Beratung, die je nachdem, an welchen Verkäufer man sich wendet, unterschiedliche Qualitäten aufweisen kann. Im Internet ist die Leistung leichter standardisierbar. Filial- und Internet-Vertrieb können sich in diesem Bereich sehr gut ergänzen. An dieser Stelle wird aber auch das Erfordernis deutlich, den Eintritt in den Electronic Commerce entweder ganz oder gar nicht zu vollziehen, da das im Internet gebotene Qualitätsniveau weltweit charakterisierend für den jeweiligen Anbieter wirkt.

Die nachfolgende Abb. 3-4 gibt einen Überblick über die Erfolgsfaktoren des E-Shopping.

Erfolgsfaktoren des E-Shopping

- Transparenz des Angebots
- Flexibilität des Angebots
- Convenience
- Standardisierte Funktionalität

- Erlebniswert
- Kommunikation
- Produktpreis
- Vertrauen

Abb. 3-4: Erfolgsfaktoren des E-Shopping

3.3 Ausblick und offene Fragen

Starke Händler, die selber zur Marke geworden sind, werden auch im Electronic Commerce eine starke Position anstreben müssen. Wie dies konkret geschehen kann, ist gegenwärtig noch offen. Denkbar sind zum einen Kooperationen in einer Art Business Web, zum anderen aber auch Konzeptionen eigener Internet-Marken unter Zuhilfenahme der Marke des stationären Geschäfts.

Unabhängig von der gewählten Markenstrategie muss das oberste Ziel des virtuellen Händlers sein, durch die erstellten digitalen Angebote und Leistungen dem Kunden zusätzlichen Nutzen zu stiften. Die genannten Ansatzpunkte dieser Nutzenstiftung stellt die Abb. 3-5 dar.

Bereits heute ist zu erkennen, dass der stationäre Handel von den jetzt sehr aktiven virtuellen Quereinsteigern in dieser Hinsicht viel lernen kann. Um konkurrenzfähig zu bleiben, ist es für die etablierten Händler wichtig, dass der Lernprozess rasch begonnen wird.

Für das Top-Management ist, neben der hohen Bedeutung des B-to-B-Bereichs, gerade die Diskussion über die weitere Entwicklung des Electronic Commerce besonders interessant. Hierbei sollte insbesondere die dritte Säule einer Electronic-Commerce-Strategie, die Nutzung von Electronic-Communities, beachtet werden. Dies gilt umso mehr, als dass viele Dinge im Zusammenhang mit der Nutzung dieses neuen Mediums erst noch gelernt werden müssen.

Ansatzpunkte der Nutzenstiftung

- Serviceorientierung
- Kauferlebnis
- Standorte in Frequenzlagen
- Beratung
- Endverbrauchermarketing

- Bequemlichkeit
- Abwechslung
- Überlegene Logistik
- Kundenindividuelle Sortimente
- Vertrauen über Marke

Abb. 3-5: Ansatzpunkte der Nutzenstiftung

In der Diskussion um das Thema Electronic Commerce werden zukünftig die folgenden Fragen höchste Bedeutung haben: Lassen sich analoge Produkte digital verkaufen? Gibt es neue digitale Produktideen? Können Kernkompetenzen des Einzelhandels in einer Art Business Web eingebracht werden? Werden sich Electronic-Commerce-Aktivitäten zum bisherigen stationären Geschäft komplementär oder eher konkurrierend verhalten? Laufen die Einzelhändler Gefahr, in Zukunft als Intermediäre überflüssig zu werden, weil die Marken und Lieferanten, mit denen sie eng zusammenarbeiten, direkt mit ihren Kunden kommunizieren? Und schließlich: Haben die Einzelhändler den Mut, sich selbst mit E-Shopping zu kannibalisieren, um potenziellen neuen Quereinsteigern keine Marktanteile zu überlassen?

Von der Beantwortung dieser Fragen wird es letztlich abhängen, ob die etablierten Handelsunternehmen die zahlreichen Chancen nutzen können, die Electronic Commerce bietet.

Teil 2: Geschäftsmodelle des Electronic Commerce

4 Internet & Co: Historie, Technik und Geschäftsmodelle für den Handel

Jörg Becker, Münster

4.1 Ursprünge des Internets

Die Anfänge des Internets gehen zurück in die Zeit des kalten Krieges. In den 60er Jahren war die Angst vor einen atomaren Angriff Motivation für das US-Verteidigungsministerium, die Entwicklung eines Computernetzes in Auftrag zu geben, das auch beim Ausfall eines Teilnetzes funktionsfähig bleibt. Dazu bildete die Advanced Research Projects Agency (ARPA) ein Forschungsteam, welches ein auf dem neuentwickelten TCP/IP-Protokoll (Transmission Control Protocol/Internet Protocol) basierendes Netz entwarf. Die Grundidee bestand darin, Nachrichten, die durch das Netz verschickt wurden, in kleine Pakete aufzuteilen, die zwar ihren Bestimmungsort, nicht jedoch den Weg dorthin kannten. Die Steuerung der Pakete durch das Netzwerk (das sogenannte Routing) wird durch die einzelnen teilnehmenden Stationen durchgeführt, welche die Topologie ihrer unmittelbaren Umgebung kennen. So kann es vorkommen, dass zwei Pakete mit demselben Bestimmungsort diesen auf unterschiedlichen Routen erreichen. Durch diese Flexibilität ist das Netz auch beim Ausfall eines oder mehrerer Knoten funktionsfähig, solange noch auf irgendeinem Weg eine durchgehende Verbindung vom Start- zum Zielknoten existiert.

Nach einiger Entwicklungszeit wurde am 1. September 1969 der erste Knotenrechner an der University of California in Los Angeles in Betrieb genommen, ein Honeywell 516 mit 12 KB RAM. Kurz darauf folgten weitere Rechner in Stanford, Santa Barbara und Utah. Diese vier Rechner bildeten den Ausgangspunkt für die Entwicklung des ARPANets, benannt nach dem Finanzgeber. Der erste funktionsfähige Dienst, der zwischen diesen Rechnern eingerichtet wurde, war ein remote login in Utah, der es den Teilnehmern der anderen Standorte ermöglichte, sich auf dem Rechner in Utah anzumelden und dort Befehle auszuführen.

In den 70er und frühen 80er Jahren bildeten sich weitere Netzwerke, die ebenso wie das ARPANet auf dem zugrunde liegenden TCP/IP-Protokoll basierten. Zu nennen sind hier das BITNET (Because It's Time NETwork), das USENET (Unix USEr NETwork) sowie das FIDONET. Jedes dieser Netze hatte eigene Dienste und war – nach anfänglicher Autonomie – durch einen oder mehrere Übergangspunkte (Gateways) mit den anderen Netzwerken verbunden. Die angebotenen Dienste für die Nutzer der Netzwerke differierten von Fall zu Fall. Zu den bekanntesten Diensten, die sich auch heute noch großer Beliebtheit erfreuen, sind die Network News (kurz NetNews), mit Pinwänden vergleichbare Diskussionsforen, von denen heute mehrere Zehntausend existieren und die ihren Ursprung im USENET nahmen (daher auch der häufig verwendete Name USENet News). Das FIDONET ist ein vorwiegend von Privatpersonen betriebenes Netzwerk, durch das es auch mit geringem technischen Aufwand (ein Computer und ein Modem genügten) möglich wurde, am Datenverkehr teilzunehmen.

Während die beschriebenen Netzwerke anfangs der 70er Jahre auf die USA beschränkt waren, engagierten sich zunehmend Universitäten, die das Medium E-Mail für den schnellen Austausch von Forschungsergebnissen zu schätzen wussten. Die erste Transatlantikverbindung wurde Mitte der 70er Jahre hergestellt. Von diesem Punkt an verbreiteten sich die TCP/IP-basierten Netze auch in Europa.

1983 wurde das ARPANet in die Bestandteile ARPANET (private Einrichtungen und Universitäten) sowie MILNET (militärische Nutzer) getrennt. Letzteres ging später in dem 1982 gegründeten Defense Data Network auf. Das ARPANET, der Urvater des Internets, wurde 1990 ausser Dienst gestellt. Seine Rolle wurde fortan vom NSFNET (National Science Foundation Network) übernommen.

Während heute überwiegend von „dem" Internet gesprochen wird, so muss an dieser Stelle betont werden, dass es sich beim Internet - wie es heute wahrgenommen wird - um eine Sammlung zahlreicher Teilnetze handelt, die durch Übergänge (Gateways) miteinander verbunden sind. Betreiber der Teilnetze sind die Telekommunikationskonzerne der jeweiligen Länder, Universitäten sowie andere Anbieter, die über ein eigenes Leitungsnetz verfügen.

4.2 State-of-the-Art und technische Grundlagen des Internets

Die Zahl der Knotenrechner im Internet (Rechner, die über eine eindeutige IP-Nummer identifizierbar sind) ist seit Beginn der 90er Jahre sprunghaft angestiegen. Im März 1993 machte HTML-Datenverkehr (also die Datenlast durch WWW-Seiten-Übertragung) 0,1 % des NSF-Backbone-Verkehrs aus (im März 1995 bereits 24 %).[1] Es existierten im März 1993 etwa 50 bekannte WWW-Server, im Oktober desselben Jahres waren es bereits über 200, Anfang 2000 fast 10 Millionen. Neben den WWW-Servern existieren im Internet aber noch weitaus mehr Rechner, die z.B. als Mail-Server oder einfach als Anwendungsrechner fungieren. Im Januar 2000 wurden im Internet 72,39 Millionen Knotenrechner (Hosts) gezählt,[2] davon mehr als 1.700.000 in Deutschland.[3] Mehr als 150 Länder besitzen Internet-Hosts, insgesamt sind etwa 150.000 Netzwerke miteinander verbunden. Bei der Zahl der Internet-Nutzer gibt es allerdings keine gesicherten Zahlen, vielmehr wird von den Analysten ein Multiplikationsfaktor verwendet, der die Zahl der geschätzten Benutzer je Host angibt. Dieser Faktor wird i. A. zwischen 2 und 4 angenommen, d.h. pessimistische Quellen schätzen die Anzahl der Internet-Nutzer auf etwa 144 Millionen, während optimistische Schätzungen sich auf etwa 288 Millionen Internet-Nutzer belaufen. Die aktuelle Anzahl der Internet-Hosts ist in Abb. 4-1 grafisch dargestellt.

Das Grundprinzip für das Funktionieren des Internets ist das kostenlose Nutzungsrecht aller Teilstrecken für alle Mitglieder. Wenn also Daten von Deutschland nach Kanada gesendet werden, muss sich der Absender nicht um die Nutzung der Gateways zwischen den USA und Kanada kümmern, da jeder Netzbetreiber für den Betrieb und die Wartung seines Teilnetzes selbst aufkommt.

---

[1] Vgl. http://www.mit.edu/people/integray/net/web-growth-summary.html
[2] Vgl. http://www.isc.org
[3] Vgl. http://www.ripe.net/statistics/

Allerdings gibt es zum Teil Austauschabkommen zwischen direkt miteinander verbundenen Netzen, die sich z.b. am übertragenen Datenvolumen orientieren und eine Art Übergangsgebühr definieren.

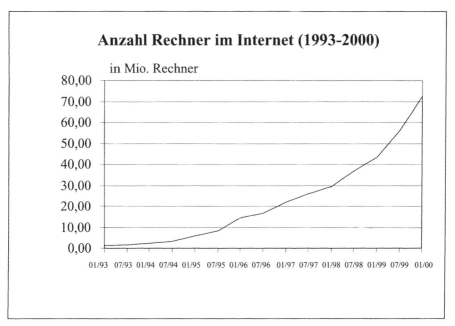

Abb. 4-1: Entwicklung der Rechnerzahlen im Internet 1993-2000

Um eine eindeutige Adressierung der Rechner im Internet zu gewährleisten, besitzt jeder Rechner, der an der Datenkommunikation im Internet teilnimmt, eine eindeutige Kennung, die sogenannte IP-Adresse. Diese besteht aus vier bis zu dreistelligen Zahlen, die von 0 bis 255 reichen und durch Punkte getrennt werden, also z.B. 127.176.0.13. Die Vergabe von IP-Adressen im Internet wird zentral reguliert, auch wenn das Internet sonst keine zentrale Regulierungs- bzw. Aufsichtsbehörde besitzt.

Die Vergabestellen für IP-Adressen ist die Internet Society sowie das US Federal Network Council. Diese haben die Aufgabe der Verteilung von IP-Adressen an die Internet Assigned Numbers Authority (IANA) vergeben. Die IANA hat die Vergabe von IP-Adressen wiederum an regionale Gremien weitergegeben. Dies sind in den USA der Internet Network Information Center's Registration Service (InterNIC), in Europa das RIPE-NCC mit Sitz in Amsterdam sowie in Asien das APNIC. In Deutschland ist seit dem 1. Januar 1994 der Interessenverband Deutsches Network Information Center (IV-DeNIC) für die Vergabe von IP-Adressen zuständig.

Aufgrund der schlechten Lesbarkeit von IP-Adressen wurden Namen eingeführt, die als Synoym für eine IP-Adresse dienen, z.B. www.uni-muenster.de. Die Endung eines Rechnernamens besteht aus einem Länder- bzw. Einrichtungskürzel, der sogenannten Top-Level-Domain, der Teil davor bezeichnet die Einrichtung oder Unternehmung, der Abschnitt davor identifiziert den mit dem Netzwerk verbundenen Rechner. So bezeichnet die Adresse asterix.uni-muenster.de den Rechner namens „Asterix", der sich in Deutschland (.de) an der Universität Münster (uni-muenster) befindet.

Zur Gründungszeit des Internets ging man davon aus, dass diese Art von Netzwerken nur in den USA Verbreitung finden würde, daher wurden ursprünglich sechs Top-Level-Domains mit folgender Bedeutung eingerichtet:

- .com (commercial) für kommerzielle Anbieter
- .edu (educational) für Forschungs- und Lehreinrichtungen
- .gov (government) für staatliche Einrichtungen
- .mil (military) für militärische Einrichtungen
- .net (network) für Einrichtungen, die mit dem Betrieb des Internets befasst sind
- .org (organization) für andere Organisationen

Zusätzlich zu diesen Endungen wurden im Rahmen der Internationalisierung des Internets weitere – länderspezifische – Top-Level-Domains eingerichtet, z.B. .de für Deutschland, .es für Spanien und .ch für die Schweiz (entsprechend den Namenskonventionen der ISO). Seit 1997 wird eine Erweiterung der Top-Level-Domains um weitere, generische Endungen wie .firm, .shop, .art, .law etc. diskutiert. Aktuelle Entwicklungen zu diesen neuen Adressen können unter der URL http://www.icann.org/ abgefragt werden. Das Kürzel URL steht für Uniform Resource Locator und bezeichnet ein standardisiertes Adressierungsformat, mit dem Ressourcen auf eindeutige Weise identifiziert werden können.

Die Zuordnung eines Domainnamens zu einem physischen Rechner ist eine n:1-Beziehung, d.h. es können durchaus mehrere Namen auf dieselbe IP-Adresse verweisen, was in den Fällen sinnvoll ist, wenn ein Anbieter mehrere Schreibweisen seines Namens unterstützen möchte bzw. sich mehrere Anbieter einen Rechner teilen. Zudem ist die Endung .com nicht nur auf den amerikanischen Raum beschränkt, sondern international verfügbar und kann auch auf in Deutschland befindlichen Rechnern genutzt werden.

4.3 Internet-Dienste

Auf der Basis des Internet-Protokolls wurden seit den 70er Jahren zahlreiche Internet-Dienste entwickelt, von denen heute E-Mail und das World-Wide-Web die wohl bekanntesten sind. Zusätzlich existieren eine Reihe anderer Internet-Dienste, die zahlreich frequentiert werden bzw. sich in der Entwicklung befinden, wie Telnet, FTP, NetNews, IRC/ICQ oder IP Telephony.

4.3.1 Telnet

In den Anfangstagen des Internets waren Rechnerkapazitäten begrenzt; zur Durchführung komplexer Berechnungen musste häufig auf entfernte Ressourcen zurückgegriffen werden. Der Dienst Telnet ermöglicht den Aufbau einer direkten

Verbindung zum entfernten Rechner und stellt dem Benutzer durch ein Terminalfenster ein textbasiertes Benutzerinterface zur Verfügung, sofern dies vom entfernten Rechner unterstützt wird. Zahlreiche Rechner im Internet basieren auf dem Betriebssystem UNIX, welches auf einer Maschine mehrbenutzerfähig ist und somit die idealen Voraussetzungen für die Benutzung des Telnet-Dienstes von Haus aus bereitstellt. Durch das Benutzerinterface können auf dem entfernten Rechner Programme gestartet, Dateien manipuliert und Verbindungen zu weiteren Rechnern aufgebaut werden.

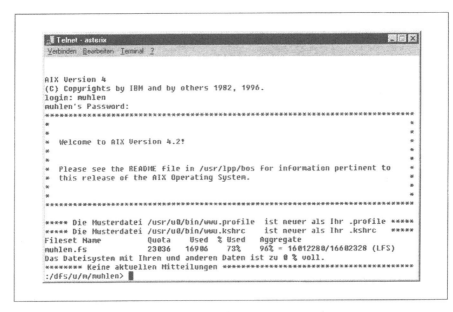

Abb. 4-2:   Telnet-Session mit einem entfernten System

4.3.2 FTP

Das File Transfer Protocol ist ein verbindungsorientierter Dienst zum Übertragen von Dateien zwischen zwei Rechnern im Internet. Während im Mailbox-Bereich zahlreiche proprietäre Protokolle zur Datenübertragung entwickelt wurden (z.B. Kermit, X-Modem, Y-Modem, Z-Modem), hat sich im Internet FTP als Standard durchgesetzt. Dieser Dienst ermöglicht dem Benutzer die Anmeldung an einem fremden System und die Übertragung von Dateien in beide Richtungen (entsprechende Berechtigungen auf den Systemen vorausgesetzt).

Eine FTP-Verbindung besteht aus einem Client auf der Nutzerseite und einem Server auf der Anbieterseite. Es können im Normalfall mehrere Clients gleichzeitig auf einen Server zugreifen, weshalb FTP-Server häufig dazu genutzt werden, Updates von Programmen oder anderen Dateien im Internet zu verbreiten. Damit nicht jeder Anwender eine eigene Benutzerkennung anfordern muss, verwenden die meisten FTP-Server den sog. „anonymous"-Zugang, bei dem der Benutzer sich mit dem Namen „ftp" bzw. „anonymous" und seiner E-Mail-Adresse als Paßwort identifiziert. Die Inhalte einzelner FTP-Server werden häufig auf verschiedenen anderen, regional verteilten FTP-Servern repliziert, um die Belastung der Netzwerkstrecken zu verringern. Diese Konstellation wird auch als FTP-Mirror bezeichnet.

Zahlreiche FTP-Clients und Server sind im Internet kostenlos verfügbar, einige mit grafischer Benutzeroberfläche, die seit einiger Zeit sogar das Wiederaufnehmen einer unterbrochenen Übertragung ermöglicht, was lange Zeit nicht möglich war.

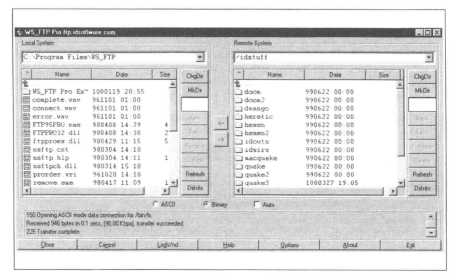

Abb. 4-3:   FTP-Dateitransfer

4.3.3 NetNews

Ursprünglich aus den Unix Users Network News (USENET-News) hervorgegangen, stellen die NetNews ein mit E-Mail vergleichbares Kommunikationsforum dar. Bei den NetNews handelt es sich um Diskussionsforen, die in einer thematisch gegliederten Hierarchie angeordnet sind. Anwender können Nachrichten verfassen und in den Foren den anderen Nutzern öffentlich zugänglich machen. Diese können sowohl dem Verfasser des Beitrags per E-Mail antworten als auch ihre Stellungnahme öffentlich zugänglich machen. Es existieren sowohl moderierte Foren, bei denen sämtliche Nachrichten vor der Veröffentlichung durch einen oder mehrere Moderatoren auf Relevanz geprüft werden, und unmoderierte Foren, in denen jeder Nutzer ohne Umwege Nachrichten ablegen kann. Die aktuelle NetNews Hierarchie umfasst mehr als 30.000 verschiedene Newsgroups, von alt.sport.basketball.la-lakers bis zu z-netz.wissenschaft.psychologie. Internet-Provider haben die Möglichkeiten, lokale Foren einzurichten, die nur im Rahmen ihres Netzes verfügbar sind. So existieren an der Westfälischen Wilhelms-Universtität Münster z.B. zahlreiche universitätsspezifische Newsgroups wie wwu.urz für Bekanntmachungen des Rechenzentrums der Universität oder wwu.wi für Nachrichten, die den Studiengang Wirtschaftsinformatik betreffen.

4.3.4 Internet Relay Chat (IRC)/ICQ

Im Rahmen von IRC-Diensten wird eine direkte Verbindung zwischen zwei oder mehr Benutzern hergestellt, die sich in Echtzeit (textbasiert) unterhalten können. Die Palette von Chat-Diensten im Internet reicht von einfachen textbasierten Systemen bis zu grafisch aufwendig gestalteten Chat-Sites im WWW. Seit 1996 bietet die israelische Firma Mirabilis ein Programm namens ICQ („I seek you") an, das es dem Benutzer ermöglicht, andere Benutzer auf einer Monitoring-Liste einzutragen und über deren An- bzw. Abwesenheit im Internet informiert zu werden (bei America Online in Form einer sog. Buddy-List realisiert). Zusätzlich zum Monitoring der anderen Nutzer ist es möglich, kurze Nachrichten sowie Dateien direkt zu versenden und andere Nutzer zum Chat aufzufordern. Da die entsprechende Software kostenlos im Internet verteilt wird, erfreut sich ICQ einer sehr hohen Beliebtheit – am 23. Juli 1998 waren 15 Millionen eingetragene Benutzer verzeichnet–, wobei täglich 60.000 neue Benutzer hinzukamen.[4] Am 5. Juni 1998 wurde Mirabilis von America Online zum Preis von 287 Millionen USD übernommen.

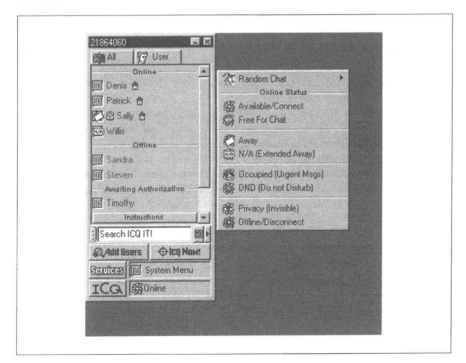

Abb. 4-4:   ICQ-Client

---

[4] Angaben von Mirabilis Inc. http://www.mirabilis.com am 30. Juli 1998

4.3.5 IP Telephony

Durch die Ausstattung von Standard-PCs mit leistungsfähigen Soundkarten, die im Vollduplexbetrieb die gleichzeitige Aufnahme und Wiedergabe von Klängen ermöglichen, wurde in den letzten Jahren die technische Basis für Sprachkommunikation über das Internet gelegt. Spezielle IP-Telephony-Software zerlegt die digitalisierte Sprache der Gesprächspartner in einzelne Datenpakete und sendet sie über das Internet an den Bestimmungsort, wo die Pakete von der Software der Gegenseite wieder zusammengesetzt und durch die Soundkarte in analoge Klangsignale gewandelt werden. Die dabei entstehenden Laufzeitunterschiede liegen derzeit im Sekundenbereich, werden durch die zunehmende Netzwerk-Bandbreite sowie verbesserte Kompressionsalgorithmen zukünftig sinken. Da ein Internet-Nutzer nur für den lokalen Zugang zum Internet Gebühren entrichtet (im Allgemeinen handelt es sich bei Wählverbindungen um den Ortstarif), durch IP-Telephony jedoch globale Gespräche möglich sind, gibt es bereits Hersteller, welche die IP-Telephony mit dem Design konventioneller Telefone verbinden, um diese Technologie dem Massenmarkt zugänglich zu machen. Zudem gibt es erste Produkte, die es dem Anwender ermöglichen, von einem mit dem Internet verbundenen Rechner konventionelle Telefone anzurufen.

Neben den genannten Diensten gibt es noch zahlreiche andere Internet-Dienste wie Gopher (ein WWW-Vorläufer), Archie (ein Service für die Dateisuche), Finger (ein Dienst zum Auffinden von Usern) oder MUD (multi user dungeons bzw. dimension bzw. dialogue) /MUSH/MOO, die Chat-Room-Funktionalität bieten.

4.3.6 IPv6 / IPnG

Der derzeitige Standard für die Kommunikation im Internet ist das Internet Protocol Version 4. An einer Überarbeitung dieses Standards wird seit Mitte der 90er Jahre gearbeitet, da die derzeitige Version einige Schwächen aufweist. So wird z.B. aufgrund der 32-Bit Adressierung von Rechnern im Internet auf absehbare Zeit eine Verknappung verfügbarer Adressräume eintreten. Da gleichzeitig die Anzahl neu angemeldeter Rechner stetig steigt, ist hier ein Konflikt vorprogrammiert. Weiterhin unterstützt die derzeitige IP Version zeitkritische Anwendungen, die eine minimale Laufzeit zwischen Sender und Empfänger benötigen, nur unzureichend. Das neue Internet Protocol Version 6 (häufig auch als IP next Generation bezeichnet) begegnet den bekannten Schwächen durch folgende Maßnahmen:

- 128-Bit Adressierung von Rechnern. Damit wird ein wesentlich größerer Adressraum geschaffen. Theoretisch könnten mit IPv6 auf jedem Quadratmeter der Erde mehrere unterschiedliche Rechner adressiert werden – was vor allem in Ballungszentren relevant ist, da in einem 50-stöckigen Hochhaus leicht 20-30 Rechner auf einem Quadratmeter Grundfläche stehen können.
- Definierte Quality of Service Parameter für zeitkritische Anwendungen wie IP-Telephony sowie relative Prioritäten. Datenströme können somit anwendungsabhängig geroutet werden, das Netz ist weniger anfällig für „Staus". Diese Staukontrolle kann auch abgeschaltet werden, dann werden

verlorene Datenpakete nicht erneut geschickt (dies ist sinnvoll bei „Streaming"-Anwendungen wie Radio oder Telefon, bei denen die gesendeten Datenpakete nach einmaliger Wiedergabe nicht weiterverarbeitet werden müssen).
- Schlanke Header und Lookup-Tables – dies betrifft vor allem die Backbones, d.h. das Routing von Paketen durch das Internet wird schneller, da die Router keine langen Tabellen zur Weiterleitung von Datenpaketen abarbeiten müssen.
- Definierte Multimedia-Streams. Datenblöcke können dann bis zu 4 Mrd. Bytes umfassen – genug für Video on Demand in hoher Qualität.
- Erweiterte Sicherheitsmechanismen wie Signaturen (elektronische Unterschriften) und Verschlüsselungen, die vom Sender bis zum Empfänger eine sichere Übermittlung garantieren.
- Anycast Adressen ergänzen die bisherigen Unicast (one-to-one) und Multicast (one-to-many) Adressierungsmethoden, indem ein Router ein Paket an den nächsten (one-to-nearest) Router weitersenden kann.

Derzeit befindet sich IPv6 im Testbetrieb. In Deutschland ist das Zentrum für Informationsverarbeitung an der Universität Münster ein zentraler Knotenpunkt für IPv6. Weitere Infos dazu sind unter der URL http://www.join.uni-muenster.de erhältlich.

4.4 Technische Anbindung ans Internet

Die physische Infrastruktur des Internets besteht aus mehreren tausend lokalen Netzwerken, die über Gateways miteinander verbunden sind (vgl. Kap. 4.1). Der Zugang zu diesen Netzwerken wird durch lokale Anbieter, sog. Internet Service Provider (ISP), realisiert. Diese stellen sowohl für Informationsanbieter als auch -nachfrager die technischen Zugangsmöglichkeiten zur Teilnahme am internationalen Datenverkehr bereit. Im Folgenden wird daher der Zugang zum Internet ausgehend von zwei Perspektiven beschrieben, zunächst aus der Sichtweise des Internet-Nutzers, anschließend aus der Perspektive des Informationsanbieters.

4.4.1 Zugang zum Internet aus Nutzersicht

Endbenutzerzugänge zum Internet können differenziert werden in Zugänge über Wählverbindungen und Zugänge über Standleitungen. Während im Fall von Wählverbindungen im Bedarfsfall eine temporäre Verbindung zwischen dem Rechner des Anwenders und dem Einwählzugang seines Internet Service Providers (ISP) aufgebaut wird, existiert eine solche Verbindung im Fall einer Standleitung dauerhaft. Die Art der Anbindung differiert ferner in der Bandbreite, d.h. der Geschwindigkeit, in der Daten übertragen werden können. Bei Wählleitungen reichen die üblichen Bandbreiten von 28.8 KBit/s Übertragungsleistung bei analogen Modems mit bis zu 128 KBit/s Bandbreite bei zwei gebündelten ISDN-B-Kanälen. Die Bandbreite von Standleitungen reicht von 64 KBit/s für eine einfache ISDN-Leitung bis zu 622 MBit/s für eine vierfache FDDI-Leitung, wobei

bei der Anbindung von Firmennetzen Bandbreiten zwischen 2 und 30 MBit/s üblich sind.

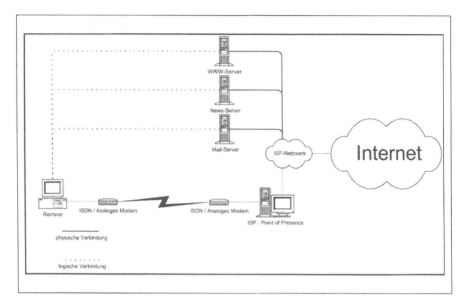

Abb: 4-5: Schema einer Einwählverbindung ins Internet

Über Einwähl- und Standleitungen können Anwender dann (je nach ISP-Angebot) auf die in Kapitel 4.3 geschilderten Internet-Dienste zugreifen. Dazu wird auf dem Rechner des Anwenders die entsprechende Client-Software installiert (z.B. als WWW-Browser der Microsoft Internet Explorer oder Netscape Communicator), während der Rechner der ISP dafür sorgt, dass bei einer Einwählverbindung dem Rechner des Anwenders temporär eine IP-Adresse für die Teilnahme am internationalen Datenverkehr zugewiesen wird. Ist der Rechner über eine Standleitung mit dem ISP verbunden, so benötigt jeder direkt mit dem Internet verbundene Rechner eine eigene IP-Adresse, die separat vom ISP bereitzustellen ist. Da dies zusätzliche Kosten verursacht, gehen viele Firmen dazu über, die Internet-Verbindung über einen dezidierten Rechner oder sog. Router aufzubauen, der die Datenpakete an die Rechner im lokalen Netzwerk des Anwenders verteilt. In diesem Fall benötigt nur der Routing-Rechner eine eigene IP-Adresse. Mittlerweile bieten mehrere Hersteller kostengünstig sog. ISDN-Router an, die im Bedarfsfall eine Verbindung über eine Wählleitung aufbauen können und ebenso wie in dem oben geschilderten Fall die Verteilung der IP-Pakete vornehmen. Damit ist die Anbindung kompletter lokaler Rechnernetze (LANs) über eine Wählleitung ans Internet möglich.

Im Falle von Standleitungen werden üblicherweise monatliche Grundbeträge vom ISP abgerechnet, die sich nach der Bandbreite der Anbindung richten. Zusätzlich wird ein volumenbasierter Betrag verlangt, bei dem je GB übertragener Daten ein fester Betrag zu entrichten ist. Bei der Abrechnung der Einwählzugänge bieten einige ISPs Pauschalmodelle, die ab ca. 30 DM/Monat einen zeitlich unbegrenzten Einwählzugang ins Internet ermöglichen (zuzüglich der anfallenden Telefongebühren zum Einwählknoten). Im Gegensatz dazu bietet der überwiegende Teil der ISP zeitbasierte Abrechnungsmodelle an, bei denen nach einer begrenzten Anzahl an Freistunden für jede weitere Verbindungsstunde ein zusätzlicher Betrag zu entrichten ist. Tabelle 4-1 zeigt exemplarisch das zeitbasierte Abrechnungsmodell eines ISP.

Im Zuge der Verbreitung des Internets existieren in Deutschland mittlerweile zahlreiche lokale ISP, die ihren Kunden Einwählzugänge im Ortsnetzbereich anbieten. Häufig sind diese Leistungen gekoppelt mit regionalen Informationsangeboten, so sind u. a. in Bayern und dem Münsterland diverse Bürgernetze gegründet worden, die den Bewohnern der jeweiligen Region einen kostengünstigen Internetzugang ermöglichen.

Tabelle 4-1: Exemplarische Preisliste für die Bereitstellung einer Einwählverbindung ins Internet

Einwähl-Verbindung	Preis inkl. MwSt.
Einwähl-Verbindung beinhaltet u.a. die folgenden Leistungen: • Bereitstellung eines Internet-Anschlusses für ein Einzelplatzsystem • Zugang über Modem, Mobilfunk, TCP/IP und ISDN (64 kbps) • Roaming: Zugang über alle XXXX-POPs weltweit • Bereitstellung einer persönlichen Mailbox innerhalb der Domain provider.de sowie bis zu 5 weiteren Mail-Adressen • Bereitstellung einer persönlichen Home-Page, inkl. Unlimitiertem Datentransfer zum Internet • Bereitstellung der Zugangssoftware XXXX-SurfSuite	
Einmalige Anschlussgebühr	35,00 DM
Monatliche Grundgebühr	9,90 DM
Verbindungszeitgebühren pro Minute Zugang innerhalb Deutschlands: Zuschlag pro Verbindung Zugang über Netzknoten ausserhalb Deutschlands (Global Roaming), teilweise Zuschläge zwischen 9 und 36 DM pro Stunde	0,039 DM 0,06 DM

4.4.2 Zugang zum Internet aus Sicht von Informationsanbietern

Ziel der Internet-Anbindung von Informationsanbietern ist die dauerhafte Bereitstellung von Informationen über einen Internet-Dienst (meist WWW und/oder FTP). Da die angebotenen Informationen ständig verfügbar sein sollen, scheidet hier eine Verbindung über Wählleitungen von vornherein aus. Alternativ zu einem Zugang per Standleitung bietet sich für Informationsanbieter jedoch noch eine weitere Alternative an: Die Informationen werden auf einem Rechner abgelegt, der sich lokal beim ISP befindet, die Wartung bzw. das Übertragen neuer Daten erfolgt wie bei Endbenutzern über eine Wählleitung. Gerade für kleinere und mittelständische Unternehmen bietet sich aus Kostengesichtspunkten ein solches Vorgehen an, d.h. die Kombination aus einem Einwählzugang und einem Informationsangebot, welches vom ISP beherbergt („hosted") wird.

Für die Identifikation der angebotenen Daten ist ein eindeutiger Domainname im Internet eine wünschenswerte Voraussetzung, idealerweise sollte dieser dem Firmennamen entsprechen. Da jeder Domainname nur einmal vergeben werden kann, jedoch aufgrund lokaler warenzeichenrechtlicher Gesetzgebungen mehrere Firmen einen Anspruch auf einen bestimmten Domainnamen besitzen können, ist die Vergabe von Domainnamen ein rechtlich komplexes Verfahren. Grundsätzlich steht es jeder interessierten Partei offen, einen bestimmten Domainnamen bei einem Internet-Provider zu beantragen (sofern dieser noch nicht vergeben wurde). In Deutschland vertritt die Rechtsprechung jedoch mittlerweile die Ansicht, dass der im realen Güterverkehr geschützte Markenname einer Firma auch im Internet Schutz besitzt, sodass z.B. die Firma BMW ein Recht auf die Zuteilung des Namens www.bmw.de besitzt. Schwieriger wird es, wenn beispielsweise der Name einer Stadt mit dem Namen einer Firma kollidiert (so geschehen im Fall der Heidelberger Druckmaschinen AG). Weitere Probleme entstehen, wenn zwei internationale Firmen nach jeweils lokalem Recht einen Anspruch auf einen Domainnamen besitzen, dieser unter der Top-Level-Domain .com jedoch nur einmal vergeben werden kann. Da in diesen Fällen der Gerichtsstandort vom Kläger bestimmt werden kann, sind hier Konflikte vorprogrammiert (kollisionsrechtliche Aspekte).

Alternativ zur Beantragung eines eigenen Domainnamens nach dem Muster www.firmaxy.de ist es bei den meisten ISPs möglich, Sub-Domains nach dem Muster www.firmaxy.provider.de reservieren zu lassen. Eine weitere gängige Adressierung ist die Nennung des Firmennamens nach der eigentlichen Domain - www.provider.de/firmaxy.

Nach der Bereitstellung eines Domainnamens bieten sich wie oben geschildert zwei alternative Szenarien für die Internet-Präsenz eines Informationsanbieters an, die im Folgenden am Beispiel einer WWW-Präsenz beschrieben werden.

Wird eine lokale Lösung angestrebt, d.h. der WWW-Server steht beim Informationsanbieter, so muss dieser über eine Standleitung mit dem ISP verbunden sein und eine eigene IP-Adresse besitzen. Dieser IP-Adresse wird dann der Domainname der Firma und der Rechnername „www" zugeordnet. Auf dem Rechner läuft permanent eine WWW-Server-Software. Diese existiert im Internet in zahlreichen Varianten, von kommerziellen Systemen (z.B. von Microsoft und Netscape) bis zu kostenlos erhältlichen Web-Servern (z.B. Apache). Eine verbreitete Kombination - auch für größere Anwendungen - stellt derzeit der Apache-Webserver in Verbindung mit einem LINUX-Rechner dar (LINUX ist ein kostenlos im Internet erhältliches UNIX-Derivat). Die Administration und Pflege der WWW-Seiten liegt somit in den Händen des Informationsanbieters, der gleichzeitig Sorge dafür tragen muss, dass Interessenten den WWW-Server nicht missbrauchen können, um in das lokale Netz des Informationsanbieters zu gelangen. Dies lässt sich z.B. durch sog. Firewall-Software realisieren, die den WWW-Server vom Rest des lokalen Netzwerkes wie durch eine Brandschutzmauer trennt.

Im Falle einer dezentralen Lösung, bei der der ISP einen Rechner sowie Speicherplatz für die Bereitstellung von WWW-Seiten anbietet, unterscheiden sich die Angebote vor allem im Umfang des zur Verfügung stehenden Speicherplatzes sowie der zulässigen Anzahl übertragener Daten je Monat (gemessen in Megabyte). Vorteile dieser Lösung bestehen in der ständigen Überwachung des Rechners durch den ISP sowie der häufig schnelleren Anbindung des Rechners ans Internet im Vergleich zu den sonst verwendeten Standleitungen. Da es möglich ist, einem physischen Rechner mehrere Domainnamen zuzuordnen, teilen sich in der Praxis mehrere Nutzer einen physischen Rechner des ISP. In Tabelle 4-2 ist exemplarisch das WWW-hosting-Angebot eines ISP abgebildet.

Zusätzlich zu den geschilderten Szenarien ist noch eine dritte Möglichkeit denkbar: Der Informationsanbieter betreibt einen eigenen Rechner, der sich jedoch physisch in den Räumen des ISP befindet. In diesem Fall spricht man von Server-Housing. Dies bietet sich vor allem bei größeren Anwendungen an, bei denen eine ständige Verfügbarkeit des Rechners wichtig ist.

Tabelle 4-2: Exemplarische Preisliste für die Bereitstellung einer WWW-Präsenz

WWW-Präsenz WWW-Präsenz beinhaltet u.a. die folgenden Leistungen: • Bereitstellung eines WWW-Servers mit 7 eigenen DE-Domains • Bereitstellung von 200 MB Plattenspeicher für die WWW-Inhalte • Monatliches Nutzdaten-Transfervolumen (HTTP): 25 GB • E-Mailservice für 150 POP3-Mailboxen • Wöchentliche Zugriffsstatistiken • Bereitstellung von Standard-CGI-Scripten und eigene CGI Skripte • Administration der Inhalte mittels ftp • Umfangreiches Software-Paket	Einmaliges Entgelt inkl. MwSt.	Monatliches Entgelt inkl. MwSt.
• Bereitstellung des Dienstes, inkl. 25 GB Nutzdaten-Transfer, 200 MB Plattenplatz	149,00 DM	89,00 DM
• bei Überschreitung des freien Transfervolumens: pro angefangenem MB		0,07 DM

4.5 Aufbau der Internet-Präsenz

4.5.1 Datenbankbasierte Inhalte

Die Bereitstellung von regelmäßig wechselnden Daten im Internet, z.B. Produktkatalogen, verursachten bislang eine aufwendige manuelle Anpassung der entsprechenden WWW-Seiten bei jeder Änderung. Aus diesem Grund gehen mehr und mehr Anbieter dazu über, die Inhalte ihrer WWW-Seiten direkt aus den Einträgen von (z.B. Produkt-)-Datenbanken zu generieren, die im operativen Betrieb der Unternehmen genutzt und gepflegt werden. Um dies zu bewerkstelligen, werden Gateway-Programme benötigt, welche die Verbindung zwischen dem eigentlichen Web-Server und der Datenbankanwendung herstellen. Die Abb. 4-6 zeigt schematisch die Positionierung eines Gateway-Servers, der per CGI/ISAPI/ASP die Verbindung zwischen dem Web-Server in der Mitte und dem Datenbankserver auf der rechten Seite der Skizze herstellt. Auf der linken Seite ist der Browser des Internet-Nutzers abgebildet, der per HTTP/HTML die Web-Seiten des WWW-Servers abruft.

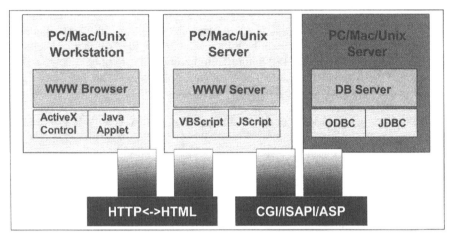

Abb. 4-6: Schematischer Aufbau einer datenbankbasierten WWW-Lösung

Ruft der Anwender nun eine WWW-Seite mit aktivem Inhalt auf, geschieht Folgendes (hier am Beispiel der Microsoft Active Server Pages (ASP) dargestellt):

Der Web-Server stellt fest, dass es sich bei der aufgerufenen Seite „produkte.asp" um eine Seite mit aktiven Inhalten handelt und sendet diese an die Datei ASP.DLL, welche die Inhalte der Seite interpretiert und entsprechende Datenbankabfragen ausführt. Die Ergebnisse der Datenbankabfrage werden in eine neue HTML-Seite geschrieben, so dass der Benutzer auf seine Anforderung hin eine spezifisch für ihn generierte WWW-Seite erhält.

Die Generierung aktueller WWW-Inhalte aus einer Datenbank eröffnet Unternehmen weitaus mehr Möglichkeiten als nur die Darstellung von Produktkatalogen im Internet. Eine weitere Möglichkeit besteht z.B. in der Abfrage des Kundenstatus durch den Kunden selber. So ermöglicht es z.B. die Firma ABC Bücherservice (www.telebuch.de), den aktuellen Stand an Bestellungen und Auslieferungen über ein WWW-Interface abzufragen (vgl. Abb. 4-8). Andere Anwendungen umfassen z.B. das Tracking von Paketen bei Logistikdienstleistern (Federal Express, UPS) oder die schnelle Änderung des Online-Layouts, ohne jede einzelne WWW-Seite ändern zu müssen.

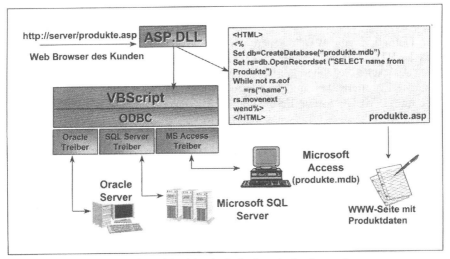

Abb. 4-7: Schematischer Ablauf des Aufrufs einer Active Server Page

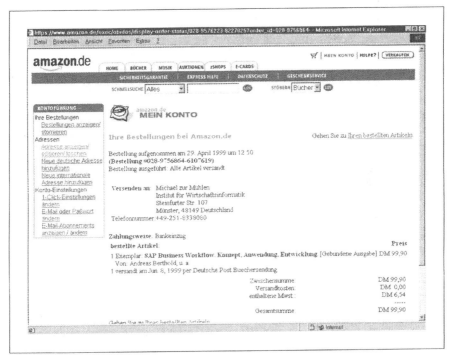

Abb. 4-8: Abfrage des Kundenstatus über ein WWW-Interface

4.5.2 Von HTML zu XML

Zur Definition von WWW-Seiten wird heute vorwiegend die Beschreibungssprache HTML (Hypertext Markup Language) eingesetzt. Diese in den 90er Jahren entwickelte Seitenbeschreibungssprache zeichnet sich vor allem durch ihre einfache Erweiterbarkeit und Interpretierbarkeit aus. In letzter Zeit macht jedoch eine mit HTML verwandte Beschreibungssprache Schlagzeilen, die im Gegensatz zu HTML nicht einer festen Spezifikation folgt, sondern je nach Anwendungsgebiet zur Spezifikation domänenspezifischer Beschreibungssprachen verwendet werden kann: XML (Extensible Markup Language). Ziel von XML ist die Internet-Anwendung von SGML (Standardized General Markup Language), eines internationalen Standards für die Definition und Beschreibung unterschiedlicher Typen von elektronischen Dokumenten. HTML ist eine spezielle Anwendung von SGML für das WWW, dieser Dialekt ist jedoch nicht erweiterbar. Die vorhandene Ausdrucksmächtigkeit von HTML führt damit in bestimmten Szenarien zu Problemen, beispielsweise bei der Darstellung mathematischer Formeln oder Noten und Partituren.

Zukünftig ist es (nach einer Standardisierung von XML) möglich, spezifische Austauschformate für elektronische Dokumente (sogenannte Document Type Definitions, DTD) je nach Anwendungsgebiet zu definieren, also z.B. eine Beschreibungssprache für mathematische Seiten und eine Sprache für musikalische Darstellungen. Da XML interpretiert wird und nicht in kompilierter Form vorliegt, muss der Empfänger einer Nachricht mit einem XML-fähigen Browser nicht vorher die Datenstruktur der ausgetauschten Nachricht kennen. Dies eröffnet gerade im Bereich des E-Commerce neue Möglichkeiten des Informationsaustausches.

4.6 Ausprägungen des Internet Commerce

Wenn wir als drei große Gruppen, die am Internet-Commerce teilnehmen, die Verwaltung (Administration), wirtschaftende Einheiten (Business) und den Endkunden (Consumer) ansehen, so können diese Gruppen untereinander und zu den jeweils anderen Gruppen über das Internet Geschäfte tätigen. Daraus ergeben sich in einer ersten groben Unterteilung die folgenden sechs Ausprägungen von Internet Commerce:

- Innerhalb der Verwaltung (Administration-to-Administration, A2A)
- Innerhalb der wirtschaftenden Einheiten (Business-to-Business, B2B)
- Zwischen Endkunden (Consumer-to-Consumer, C2C)
- Zwischen der Verwaltung und wirtschaftenden Einheiten (Administration-to-Business, A2B)
- Zwischen der Verwaltung und dem Endkunden (Administration-to-Consumer, A2C)
- und letztlich zwischen wirtschaftenden Einheiten und dem Endkunden (Business-to-Consumer, B2C) (vgl. Abb. 4-9).

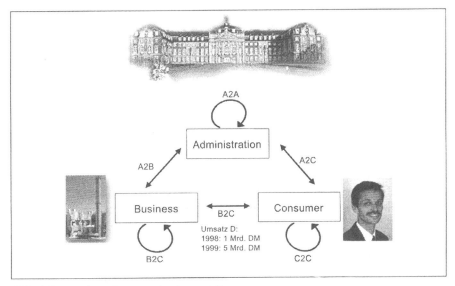

Abb. 4-9: Ausprägungen des Internet Commerce

Internet Commerce hat sich in all diesen Ausprägungen in den letzten Jahren etablieren können.

4.6.1 Administration-to-Administration

Geschäftsbeziehungen innerhalb des Bereichs Administration sind z.B. die Weitergabe von Gesetzentwürfen und Gesetzen, von Verordnungen und Erlassen, von Durchführungsbestimmungen und Anweisungen an nachgelagerte Verwaltungen, Intranets und Extranets, die nur der öffentlichen Verwaltung zugänglich sind, oder der Informationsaustausch zwischen Einwohnermeldeamt und Kfz-Zulassungsstelle.

4.6.2 Business-to-Business

Der Bereich Business-to-Business ist der, über den das größte Geschäftsvolumen abgewickelt wird. Informationen, die an Geschäftspartner übersandt werden, wie Kataloge, Preislisten oder Sonderposten, Ausschreibungen, Angebote, Einkäufe respektive Verkäufe, sind Beispiele für Business-to-Business-Transaktionen.

Abbildung 4-10 zeigt das Beispiel des General Electric Trading Process Network (TPN), ursprünglich ein Extranet zur Geschäftsabwicklung von General Electric mit seinen Kunden, heute eine allgemein verfügbare Lösung im B2B-Bereich.

Durch einen lockeren Zusammenschluss (also auch ohne Kapitalverflechtung oder vertraglichen Unternehmenszusammenschluss) und den gemeinsamen Internet-Auftritt von Unternehmen (Virtual Enterprises) kann sich ein Marktpotential eröffnen, das ihnen vorher verschlossen war. So haben sich z.B. Zimmerleute über das Internet zusammengeschlossen und können sich nun an Großbaumaßnahmen beteiligen und in einem Marktsegment Angebote einreichen, in dem jeder Handwerksbetrieb für sich viel zu klein wäre, um partizipieren zu können. (Natürlich wäre ein solcher Zusammenschluss auch ohne Internet theoretisch möglich gewesen; Fakt ist nur, dass sich erst durch das Medium des Internets solche Zusammenschlüsse in wahrnehmbarer Anzahl zeigen.)

Abb. 4-10: GE Trading Process Network

4.6.3 Consumer-to-Consumer

Im Bereich Consumer-to-Consumer werden Informationen, Waren und Dienstleistungen direkt von Verbrauchern zu Verbrauchern angeboten: Informationen, die über Foren ausgetauscht werden, oder Waren, wie Gebrauchtwagen, Mobiliar aus Wohnungsauflösungen oder gar ganze Warensortimente über privat organisierte Flohmärkte. Der Ursprung der Firma eBay, der größten Umschlagstätte für gebrauchte Waren aller Art, war ein zaghafter Versuch, gebrauchte Waren über das Internet an andere Privatkunden zu verkaufen. Mittlerweile ist ein extrem erfolgreiches börsennotiertes Unternehmen daraus geworden.

4.6.4 Business-to-Administration und Consumer-to-Administration

Business-to-Administration und Consumer-to-Administration sind zwei Bereiche, in denen Endkunden und Firmen mit der öffentlichen Verwaltung in Kontakt treten können. So gibt es z.B. die Möglichkeit (derzeit noch im Pilotversuch für einige Bundesländer), die Steuererklärung über das Internet abzugeben (vgl. Abb. 4-11).

Abb. 4-11: Elektronische Steuererklärung

Beispiele für den Bereich Administration-to-Business sind öffentliche Ausschreibungen und zugehörige Abgabe von Angeboten, Beauftragungen durch die Verwaltung, Erteilung von Genehmigungen, Bestellungen der Verwaltung bei Lieferanten und die folgende Geschäftsabwicklung bis zur Bezahlung.

4.6.5 Business-to-Consumer

Der Bereich, der in der Öffentlichkeit am deutlichsten wahrgenommen wird, ist der des Business-to-Consumer. Nach wie vor bekanntestes Beispiel ist Amazon.com, ein Unternehmen, das 1995 gegründet wurde, zunächst Bücher über das Internet verkauft hat und heute Musiktitel, Videofilme, Pharmaprodukte, Heimtierbedarf, Antiquarisches aus dem Bereich Buch und Musik, Glückwunschkarten, Lebensmittel, Spielzeug, Elektronikgeräte und Sportartikel vertreibt, um nur die Bereiche zu nennen, die zwischen Juni 1998 und Juli 1999 hinzugekommen sind (vgl. Abb. 4-12).

Der Umsatz von Amazon.com betrug 1998 rund 1 Mrd. DM bei einer negativen Umsatzrendite im zweistelligen Bereich; und doch war das Unternehmen zu seiner besten Zeit im April 1999 mit 36 Mrd. $ (67 Mrd. DM) am Markt gehandelt, wobei Amazon überhaupt erst seit Mai 1997 an der Börse notiert ist. Im September 1999 war der Börsenwert von Amazon 19 Mrd. $. Die exorbitante Börsenkapitalisierung von Internet-Firmen lässt sich nur schwer betriebswirtschaftlich begründen. Sie beruht wohl vor allem auf Erwartungen der Anleger auf zukünftige Gewinne in stark expandierenden Märkten. In 1999 ist der Börsenkapitalisierungswert vieler Firmen, die auf dem Internetmarkt, speziell im B2C-Bereich, agieren, stark eingebrochen, was wohl mit einer Dämpfung der überhitzten Erwartung zu tun hat.

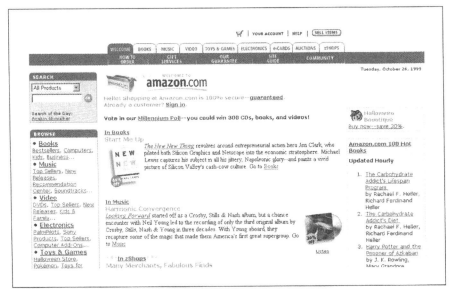

Abb. 4-12: Amazon.com

Produkte, die an Endkunden verkauft werden, sind insbesondere Bücher, Musiktitel und Reisen. Es zeigt sich aber, dass das Internet generell geeignet ist, die Verkaufstransaktionen für alle Arten von Gütern von der Pizza über das Parfum bis zum Gebrauchtwagen zu übernehmen. Bei einem Snapshot im November 1999 fanden sich unter www.mastercar.de 60.000 Fahrzeuge, unter www.autodrom.com 44.000 Fahrzeuge, unter www.bmw.de 46.000 Fahrzeuge, unter www.stern.de/auto 75.000 Fahrzeuge, unter www.ford.de 30.000 Fahrzeuge und unter www.volkswagen.de 48.000 Fahrzeuge. Diese wären dort nicht angeboten, wenn sich nicht Verkäufe über das Internet realisieren ließen.

Bei klassischen (physischen) Gütern lassen sich nur die Anbahnungs- und die Vereinbarungsphase der Geschäftstransaktion über das Internet abwickeln. Die eigentliche Durchführungsphase, nämlich der logistische Transport der Güter zu den Endkunden, erfolgt herkömmlich, nämlich über eine entsprechende Logistikapparatur. Vollständige Abwicklung von Geschäftstransaktionen über das Internet ist bei digitalen Gütern möglich. Digitale Güter sind solche, die vollständig in eine digitale Form gebracht werden können. Beispiele sind Software, Texte, wie digitale Bücher, Zeitschriften und Artikel, Grafiken, wie Zeichnungen, Bilder und Fotos, Audio, also Musik oder Audiobooks (digitales Radio), und Video, wie video on demand und digitales Fernsehen, und letztendlich Multimedia, die Verbindung von Texten, Grafiken, Audio und Video. Bei Bezahlung über das Internet über Electronic cash kann der gesamte Abwicklungsprozess von der Anbahnung über die Vereinbarung und die Durchführung bis zur Bezahlung komplett digital (also über das Internet) abgewickelt werden.

4.7 Electronic Commerce mit oder ohne Intermediation?

Es wird häufig die These vertreten, die Nutzung des Internets führe auf Dauer gesehen zur Ausschaltung von Intermediären zwischen Produzenten und Endkonsumenten. Die Vertreter dieser These sehen die Daseinsberechtigung von Großhändlern und Einzelhändlern in Gefahr. So führen z.B. Wigand und Benjamin (1995)[5] aus, dass die Kosten eines Hemdes bei Direktverkauf über das Internet um 62 % gesenkt werden können. In ähnlicher Weise macht Hansen am Beispiel von Buchveröffentlichungen klar, dass die Kosten bei Ausschaltung von Zwischenstufen dramatisch gesenkt werden können[6]: Der Verlag, bei dem traditionell Layout, Satz, Druck, Werbung und Verkauf angesiedelt sind, trägt zu 45 % zu den Kosten bei, der Großhandel, der die Aufgaben der Sortimentsgestaltung, der Lagerhaltung, des Transportes und des Verkaufs übernimmt, zu 10 % der Kosten und der Einzelhandel, der ebenfalls Aufgaben der Sortimentsgestaltung, der Lagerhaltung, der Kundenberatung und des Verkaufs innehat, zu 35 % der Kosten. Diese Intermediäre können zu einem großen Teil ausgeschaltet werden, wenn der Autor neben Recherche, Schreiben und Korrekturlesen, wofür er heute etwa 10 % des Buchumsatzes als Vergütung erhält, Layout und Satz mit übernimmt, was er in den meisten Fällen ohnehin schon tut. Die Idee des Books on Demand (www.bod.de) leistet dieser Einschätzung Vorschub. Hier werden Bücher erst gedruckt, wenn eine konkrete Bestellung eines Kunden vorliegt.

Nichtsdestotrotz findet man auch in der Internetwelt Intermediäre, die Anzahl der Intermediäre und deren Aufgaben ist im Vergleich zur traditionellen Intermediation zwischen Produzenten und Konsumenten sogar gewachsen. Das Problem Intermediation im Electronic Commerce bedarf also einer etwas ausführlicheren Analyse. Die Transaktionskosten bei einer direkten Geschäftsabwicklung zwischen dem Produzenten P und dem Endkunden K betrage T1. Wenn ein Intermediär eingeschaltet wird, entstehen Transaktionskosten zwischen dem Produzenten und dem Intermediär (T2) und Transaktionskosten zwischen dem Intermediär und dem Endkunden in Form von T3. Der Intermediär (I) selbst verursacht auch Kosten (K_I)[7]. Die Einschaltung eines Intermediärs ist also immer dann sinnvoll, wenn T2 + K_I + T3 < T1. Die Vertreter der These, dass Internet Commerce zur Ausschaltung von Intermediären führt - im Folgenden als threatened intermediary hypothesis bezeichnet - argumentieren, dass in der Internetwelt T1 < T2 + K_I + T3 ist. Gemäß Sarkar et al. legen sie zwei Annahmen ihrer These zugrunde, nämlich, dass erstens die Transaktionskosten gegen null streben oder zumindestens insignifikant klein werden, und dass zweitens die Transaktionen atomar sind, d.h. nicht in kleinere Einheiten zerlegt werden können. Nun ist Annahme 1 wahrscheinlich nicht haltbar, da zwischen Produzenten und Intermediären als auch zwischen

---

[5] Vgl. Benjamin/Wigand, 1995a.
[6] Vgl. Ahlert/Becker/Olbrich/Schütte, 1998.
[7] Vgl. zum Folgenden Sarkar/Butler/Steinfield, 1999.

Intermediären und Kunden andere Transaktionskosten auftreten als bei der Transaktionsabwicklung zwischen Produzent und Konsument direkt und diese Kosten auch ungleich Null sind. Wenn die Kosten also nicht gleich gesetzt werden, ergeben sich je nach Ausprägung der Transaktionskosten vor Nutzung einer Informationsinfrastruktur und nachher potenziell vier Fälle: 1. Transaktionen unter Zuhilfenahme von Intermediären im Vor-Internet-Zeitalter werden zu Transaktionen ohne Zuhilfenahme von Intermediären im Internet-Zeitalter (threatend intermediary hypothesis), 2. Internet Commerce ersetzt einen direkten Austausch zwischen Produzenten und Konsumenten auf klassischem Wege, 3. ein direkter Markt wird durch Cybermediäre ersetzt, 4. der klassische Handel wird durch Cybermediäre ersetzt (vgl. Abb. 4-13).

Mit Nutzung von Informationsinfrastrukturen	Vor Nutzung von Informationsinfrastrukturen: $T1 < T2 + K_I + T3$	Vor Nutzung von Informationsinfrastrukturen: $T1 > T2 + K_I + T3$
$T1' < T2' + K_I + T3'$	Informations-Infrastruktur ersetzt direkten Markt	Informations-Infrastruktur verdrängt klassischen Handel
$T1' > T2' + K_I + T3'$	Cybermediäre ersetzen direkten Markt	Cybermediäre ersetzen klassischen Handel

Abb. 4-13: Intermediation im Vor-Internet und Internet-Zeitalter

Es ist offensichtlich so, dass alle vier Ausprägungen von praktischer Relevanz sind, wie folgende Beispiele belegen mögen:

- Vorher direkter Markt - nachher direkter Markt über Internet: vorher Fabrikverkauf, nachher Verkauf über Internet, oder noch deutlicher: vorher Verkauf von Software direkt vom Hersteller in Form von CD-ROMs, nachher Verkauf von Software direkt über Internet (ohne physische Intermediation eines Logistikers)
- Vorher direkter Markt – nachher Cybermediary: dies sehen wir vor allem im Business-to-business-Bereich, vorher Direktkauf vom Zulieferer, nachher Zugang zu vielen Zulieferern über Ausschreibungen in standardisiertem Format über Portals (E-procurement). Teilweise Bündelung von Leistungen durch die Cybermediaries, wo vorher Einzelleistungen durch die Abnehmer nachgefragt wurden.
- Vorher Handel – nachher direkter Markt über Internet: in der PC-Computerwelt, in der allein Händler die Ware vertrieben, zeigt Dell Computers den Weg zum Direktvertrieb über Internet (und ist damit sehr erfolgreich). Auch Autos, klassisch über Händler vertrieben, werden z. T. direkt vom Hersteller verkauft.

- Vorher Handel – nachher Cybermediary: klassische Händler betätigen sich zunehmend als Internet-Händler (Vobis im Computerbereich, peapod.com oder kiepin.de im Food-Bereich).

Die Veränderungen durch das Internet, vor allem das Aufkommen von neuen Intermediären bzw. die Ablösung klassischer Intermediäre durch Cybermediaries, hängt auch mit der Auflösung der zweiten Annahme zusammen. Transaktionen bestehen aus einer Reihe von Subtransaktionen. Intermediäre haben sowohl für den Kunden als auch für den Produzenten als auch in ihrer Rolle als Mittler zwischen Produzenten und Kunden eine Reihe von Aufgaben zu erfüllen. Für den Kunden erleichtern sie die Suche und Bewertung von Produkten. Sie unterstützen das Finden von Produkten und das Bewerten ihrer Qualität und gewährleisten einen gewissen Qualitätsstandard. Sie unterstützen den Produktnutzenabgleich, d.h. reichern Produktinformationen mit Nutzeninformation für den Kunden an. Sie unterstützen das Risikomanagement des Kunden, indem sie z.B. ein Rückgaberecht bei Nichtgefallen einräumen. Sie übernehmen die Aufgaben des Produktvertriebs und der Logistik und die Aufgabe der Verbreitung von Produktinformationen, sei es am Point of Sale oder sei es durch gezielte Ansprache des Kunden.

Auch für die Produzenten übernehmen Intermediäre vielfältige Aufgaben: sie beeinflussen das Kaufverhalten, indem sie z.B. den Kunden durch die Produktplatzierung in eine gewisse Richtung lenken, sie stellen dem Produzenten Kundeninformationen zur Verfügung durch Verdichtung von Bedarfsdaten und Warenkorbanalysen, sie helfen, das Herstellerrisiko zu vermindern, indem eine Risikoteilung zwischen Hersteller und Intermediär vorgenommen wird, und fassen mehrere Einzeltransaktionen zusammen, so dass sie economies of scale in den Transaktionen erreichen können.

Weiterhin übernehmen Intermediäre Funktionen als Mittler zwischen Hersteller und Kunden. Ein Hersteller möchte dem Kunden möglichst viele Informationen zukommen lassen und natürlich vor allem solche Informationen, die die Produkte dieses Herstellers betreffen. Der Intermediär extrahiert die für den Kunden relevanten Informationen und stellt diese dem Kunden bereit. Damit hat der Intermediär eine gewisse Filterfunktion. Weiterhin kann er dazu beitragen, einen Interessenausgleich zwischen Hersteller und Kunden herbeizuführen, denn der Kunde wünscht einerseits vollständige und objektive Produkt- und Marktinformation, der Hersteller ist vor allem an Informationsbereitstellung interessiert, die seine Produkte in möglichst günstigem Licht dastehen lassen. Der Intermediär hat hier eine gewisse Vermittlerfunktion, die letztlich beiden Parteien zugute kommt.

Diese differenzierte Betrachtung der Intermediationsaufgaben, die zwischen dem Produzenten und dem Kunden wahrzunehmen sind, machen deutlich, dass die threatend intermediation hypothesis nur eine Spielart des Marktverhaltens im digitalen Zeitalter definiert. Ein Blick in das Marktgeschehen des digitalen Zeitalters zeigt heute schon unterschiedliche Ausprägungen der Abwicklung von Transaktionen, die teils mit, teils ohne Intermediation vonstatten gehen. Einerseits wird der Direktvertrieb vom Hersteller zum Kunden an Bedeutung gewinnen, so vertreibt DellComputers heute bereits einen Großteil seiner Computer direkt über das Internet (vgl. Abb. 4-14).

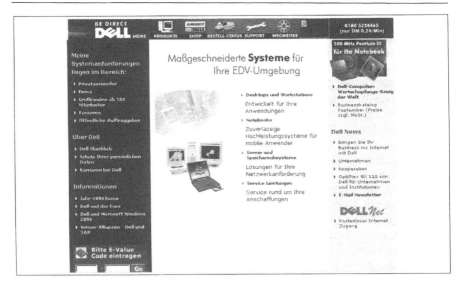

Abb. 4-14:   Direktverkauf: Dell.de

Wenn wir bei dem Beispiel Computer bleiben, sind aber auch Händler im Internet tätig, so vertreibt z.b. Vobis Computer über das Internet (vgl. Abb. 4-15).

Abb. 4-15:   Händler im Web: vobis.de

Wie bei der traditionellen Intermediation durch Händler, gibt es im Internet eine Reihe von Händlern, die zwischen Produzenten und Konsumenten tätig sind. Teilweise schließen sie sich (auch dies in Analogie zum traditionellen Markt) zu Malls zusammen. Diese Malls können unterschiedliche Ausprägungen annehmen. Zum Teil ist es ein willkürlich wirkendes Gemisch aus Händlern, die unterschiedliche Produkte anbieten, wie z.B. www.shopping24.de oder www.all-internet.com.

Zum Teil findet man regionale Anbieter (www.emb.de, Electronic Mall Bodensee, oder Alaskan Mall). Andere Malls haben bestimmte Themen wie z.B. „Alles für den Angler" oder Sportbekleidung.

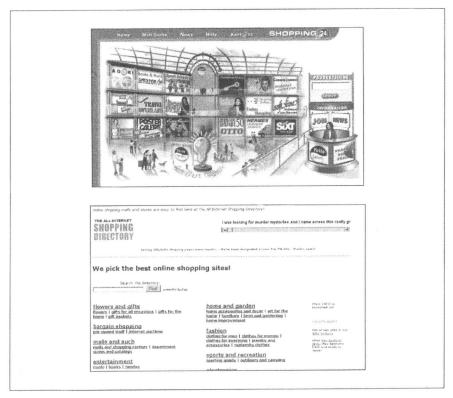

Abb. 4-16: Electronic Malls

Händler sind aber nur eine Form der Intermediation, die auch in der digital economy ihre Analogie finden. Daneben gibt es andere Formen der Intermediation. Die bekanntesten sind Directories, die Websites kategorisieren und strukturierte Menüs anbieten, um die Navigationen durch die große Fülle von Webseiten zu erleichtern. Sie helfen Endkunden, bestimmte Produkte zu finden, und sind meist durch Werbung finanziert. Bei den Directories werden generelle Directories, Commercial Directories und Specialized Directories unterschieden. Zu den Ersteren zählen z.B. Yahoo oder EINet Galaxy, die einen Browser anbieten und die Schlagwortsuche über Indizes unterstützen. Commercial Directories sind z.B. The All-Internet-Shopping-Directory. Solche Directories bieten die Indexsuche auf Sites von Wirtschaftsunternehmen an. Manchmal werden sogar Firmen aufgelistet, die selbst keine Internetseiten haben (z.B. durch The Embroidery Directory). Specialized Directories wie z.B. Jens Wieses Sammlung zum Thema Balanced Scorecard (www.balanced-scorecard.de) sind themenorientiert. Die einfachste Art eines Specialized Directories ist, wenn eine Person, die an einem bestimmten

Thema interessiert ist, eine Seite ins Netz stellt und Hintergrundinformationen zu diesem Thema anbietet.

Search Services wie „Lycos" oder „InfoSeek" erlauben die Schlagwortsuche auf ausführlichen Websites/-pages-Datenbanken. Da solche Search Services sehr um Vollständigkeit bemüht sind, erlauben sie anonymen Personen mitunter explizit neue Datenbankeinträge. Sogenannte Publishers wie Information Week und Wired Magazine sind „Traffic-Generators". Sie bieten Links zu den geworbenen Produkten, haben also den Anschein, Informationen zu bieten, ihr eigentliches Ziel ist aber, „Laufkundschaft" gezielt auf bestimmte Seiten zu lenken.

Virtuell Resellers besitzen im Gegensatz zu Malls, die im wesentlichen Links zu Händlern herstellen und ihre Einkünfte von den Mietern der Mall beziehen, das Inventar und verkaufen Produkte direkt. Wie eine bestimmte Art von Malls sind sie meist produktorientiert wie z.B. America`s Shirt and Tie. Hersteller, die fürchten, in Konflikt mit ihren traditionellen Händlern zu geraten, wenn sie direkt ihre Ware über das Web anbieten, verkaufen die Ware an die Virtuell Resellers und eröffnen sich damit einen weiteren Absatzkanal, ohne den klassischen Absatzkanal in Mitleidenschaft zu ziehen.

Website Evaluators nehmen eine Begutachtung von Websites vor und bewerten deren Qualität. Foren, Fanclubs und Benutzergruppen sind zwar nicht direkt Intermediäre, können aber auch eine Quelle von Benutzerinformationen über Produkte, Hersteller und Händler sein. Sie sind entweder von den Produzenten oder von den Benutzern selber ins Leben gerufen.

Finanzintermediäre ermöglichen Geldtransfer vom Kunden zum Anbieter, von der Kreditwürdigkeitsprüfung von Kreditkarten über das elektronische Scheckschreiben (Checkfree) und der Cash-Bezahlung über das Netz (Digicash) bis zur Übermittlung von Zahlungen über den neuen Standart SET (Secure Electronic Transactions). Die Möglichkeit der Finanzintermediation hat Banken und Sparkassen dazu gebracht, als Intermediäre am Markt aufzutreten, die nicht nur für die Geldtransaktionen sorgen, sondern auch eine Portalsite bieten für electronic retailing in seiner ganzen Bandbreite (z.B. www.myshop.de und www.marktplatzosnabrueck.de).

Spotmärkte und Auktionen ermöglichen neue Formen der Preisfindung von Gütern und Dienstleistungen über das Netz. So bietet Lufthansa einmal im Monat Auktionen für seine offenen Flüge an (www.lufthansa.de).

Neue Intermediäre sind auch z.B. sogenannte intelligente Agenten, die aus dem Surf-Verhalten von Benutzern lernen und intelligente Vorschläge zur Produkt- oder Dienstleistungssuche unterbreiten.

Preisvergleiche, die in herkömmlicher Manier oft sehr aufwendig sind, werden durch bestimmte Intermediäre unterstützt. Z.B. bietet www.comparenet.com einen Produktvergleich, der nach bestimmten Kategorien für jedes Produkt durchgeführt wird. Er bietet einen Preisvergleich und einen Verweis auf die Bezugsquelle und unterstützt insofern im Gegensatz zu den generellen Directories eine strukturierte Suche.

4.8 Internet-Geschäftsvorgänge des Handels

Der klassische Handel hat die Hauptaufgaben des Beschaffens, Lagerns und Vertreibens von Ware. Dazu kommen die betriebswirtschaftlich-administrativen Aufgaben der Haupt- und der Anlagenbuchhaltung, der Kostenrechnung und der Personalwirtschaft und die Aufgaben des Controlling und der Unternehmensplanung, die im Wesentlichen auf aggregierten Daten beruhen. Die Aufgaben des Beschaffens können unterteilt werden in Einkauf, Disposition, Wareneingang, Rechnungsprüfung und Kreditorenbuchhaltung und strukturanalog die des Vertreibens in Marketing, Verkauf, Warenausgang, Fakturierung, Debitorenbuchhaltung (vgl. Abb. 4-17).

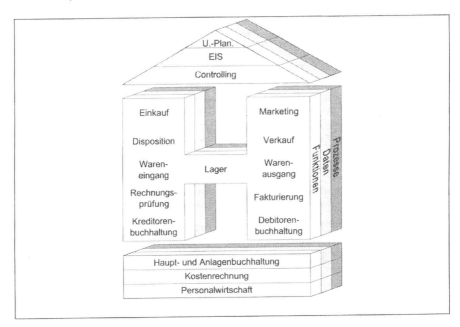

Abb. 4-17: Das Handels-H-Modell

Diese Aufgaben bleiben auch im Internet-Zeitalter im Wesentlichen bestehen. Nur erfahren sie entweder in ihrer Durchführung oder in ihren Schnittstellen nach aussen Veränderungen. Z.B. werden Einkauf und Disposition durch Systeme wie das TPN Trading Process Network unterstützt, d.h. die Geschäftsabwicklung mit den Zulieferern passiert im Rahmen des electronic purchasing bzw. electronic procurement. Eine besonders enge Kopplung besteht dann, wenn mit den Zulieferern ein Extranet aufgebaut wurde, d.h. ein Internet zwischen Zulieferern und Herstellern, das aber nach aussen hin abgeschottet ist. Der Wareneingang erlangt insbesondere dann Veränderungen, wenn es sich um digitale Produkte handelt, die eingekauft werden. Hier ist der Wareneingang nur noch der Upload der digitalen Produkte.

Beim Rechnungseingang ist die Schnittstelle nicht nur eine physische Rechnung, sondern eine elektronische Rechnung über das electronic billing system. Die Hauptaufgabe der Kreditorenbuchhaltung – nämlich die Durchführung der Zahlung – kann über den elektronischen Zahlungsverkehr abgewickelt werden.

Im Marketing unterstützt digitale Werbung das One-to-one-Marketing. Kundenprofildatenbanken, die z.B. in Elektronischen Malls das Käuferverhalten in verschiedenen Shops aufzeichnen, erlauben eine gezielte Ansprache des Kunden, nicht nur über das Internet, sondern z.b. auch per Telefon (Telecasting). Auch wenn es heute für viele noch ungewohnt ist, von einem datenbankgestützten Sprachcomputer angerufen zu werden, so wird es morgen zur Alltäglichkeit werden. Die notwendigen Daten werden in sehr großen Datenbanken, sog. Data Warehouses, gehalten, die sich von eher produktzentrierten zu eher kundenzentrierten Datenpools wandeln. Der Verkauf kann über Online-Auftragssteuerung erfolgen. Im Warenausgang ergeben sich wieder insbesondere bei digitalen Produkten Veränderungen, indem ein Download digitaler Produkte veranlasst wird. Auch auf der Vertriebsseite sind electronic billing und electronic cash Möglichkeiten der Fakturierung und der Verbuchung des Zahlungseingangs (vgl. Abb. 4-18).

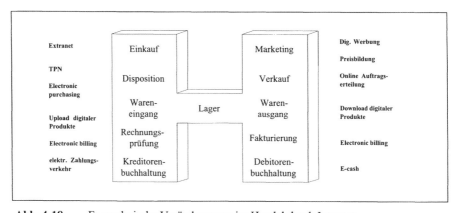

Abb. 4-18: Exemplarische Veränderungen im Handel durch Internet

4.9 Fazit

Die Möglichkeiten des Internets sind beträchtlich, die Nutzung nimmt langsam Gestalt an. Das Internet kann alle Formen der Geschäftsabwicklung auf der logistischen Kette vom Produzenten zum Konsumenten unterstützen. Die Distributionskette vom Zulieferer über den Hersteller, den Groß- und Einzelhändler bis zum Endkunden wird vielfältige Veränderungen erfahren, von der computerunterstützten Abwicklung einzelner Transaktionen über eine veränderte Aufgabenverteilung zwischen den Marktpartnern bis zu einer Elimination einer oder mehrerer Intermediäre oder dem Entstehen neuer Intermediäre (Web-Agenten). Dabei hat die Intermediation nicht nur die Aufgabe der physischen Verteilung von Gütern, sondern auch des Zusammenbringens von Kunden und Produzenten auf vielfältige Weise (Qualitätssicherung, Vertrauensaufbau, Risikomanagement, Durchführung des Geldverkehrs). Internetverkauf wird neben den traditionellen Verkauf treten und eine neue Vermarktungsmöglichkeit von Produkten eröffnen, damit die bisherigen Möglichkeiten ergänzen, aber nicht ablösen. Selbst in Bereichen, in denen Internet prädestiniert für den Verkauf von Gütern zu sein scheint, wie z.b. bei Büchern und CDs, liegt der Marktanteil in den Vereinigten Staaten bei etwa 3 % des Gesamtumsatzes, während 97 % über Buchläden und klassischen Versandhandel abgewickelt werden. In Deutschland sind die Zahlen sogar noch viel niedriger. Dennoch, der Markt ist schnell wachsend, und neben die direkte Verkaufsabwicklung treten andere Möglichkeiten der Informationsgewinnung über Produkte und Anbieter, die zunehmend von Internetnutzern in Anspruch genommen werden. Insofern ist der Handel aufgefordert, sich des Mediums anzunehmen, eine Strategie zu entwickeln, wie er das Internet nutzen will, und diese Strategie dann auch stringent umzusetzen. Sichere Prognosen über das Käuferverhalten der Zukunft abzugeben, ist nicht möglich. Vieles im Internetbereich ist „Versuchen" und „Sich-herantasten". Allerdings ist der Professionalisierungsgrad bei den Internetauftritten mittlerweile sehr hoch, so dass sich auch Neueinsteiger diesem hohen Standard anpassen müssen.

Literaturverzeichnis

Ahlert, D./Becker, J./Olbrich, R./Schütte, R. (1998): Informationssysteme für das Handelsmanagement, Berlin u.a.

Bakos, J.Y. (1991): A Strategic Analysis of Electronic Marketplaces, in: MIS Quarterly 15, S. 295-310.

Benjamin, R.I./Wigand, R. (1995a): Electronic markets and virtual value chains of the information highway, in: Sloan Management Review 36, Winter, S. 62–72.

Benjamin, R.I./Wigand, R. (1995b): Electronic Commerce: Effects on Electronic Markets, in: Journal of Computer Mediated Communication 1/3.

Bloch, M./Pigneur, Y./Segev, A.: On the Road to Electronic Commerce – A Business Value Framework, Gaining Competitive Advantage and Some Research Issues. URL: http://is-2.stern.nyu.edu/~mbloch/docs/roadtoec/ec.htm (22. August 1996).

Hoffman, D.L./Novak, T.P./Chatterjee, P. (1995): Commercial Scenarios for the Web: Opportunities and Challenges, in: Journal of Computer-Mediated Communications JCMC 1/3, URL: http://jcmc.huji.ac.il/vol1/issue3/hoffman.html (12. August 1999).

Kalakota, R./Whinston, A.B. (1996): Frontiers of Electronic Commerce, Reading, Mass.

Klein, S./Werthner, H. (1999): Information Technology and Tourism – A Challenging Relationship, Wien.

Malone, T.W./Yates, J./Benjamin, R.I. (1987): Electronic Markets and Electronic Hierarchies, in: Communications of the ACM 30/6, S. 484-497.

Rayport, J.F./Sviokla, J.J. (1994): Managing in the Marketspace, in: Harvard Business Review 72, November – December, S. 141-150.

Hansen, H.R. (1998): Ausschaltung des institutionellen Handels durch Informations- und Kommunikationssysteme, in: Ahlert, D./Becker, J./Olbrich, R./Schütte, R. (Hrsg.): Informationssysteme für das Handelsmanagement, Berlin u.a., S. 123-166.

Sarkar, B.M./Butler, B./Steinfield, C. (1995): Intermediaries and Cybermediaries: A Continuing Role for Mediating Players in the Electronic Marketplace, in: Journal of Computer Mediated Communication, 1/3.

5 Elektronischer Handel ohne Intermediäre? – Ein Vergleich von Geschäftsmodellen für den elektronischen Vertrieb von Flugscheinen

Stefan Klein, Münster

5.1 Einleitung

Wir erleben die Entstehung des Cyberspace zum Teil als Entdeckung einer neuen Welt, zum Teil als umfangreiche Gestaltungsaufgabe. Auf der Grundlage technischer Artefakte entwickelt sich eine künstliche Welt, in der wir viele, positive wie negative Facetten der alten Welt reproduzieren – Unterhaltung, Gemeinschaft, Geschäft, Verbrechen –, dabei aber durchaus auch zu innovativen und originellen Gestaltungsvarianten finden. Da wir aus unserer alten Welt nicht auswandern, entstehen neben weitgehend künstlichen Bereichen vor allem hybride Bereiche, in denen ein Teil der Aktivitäten elektronisch, der andere aber konventionell gestaltet ist. Bei aller Fokussierung auf den elektronischen Geschäftsverkehr darf nicht vergessen werden, dass aufgrund der vielfach miteinander verbundenen Bereiche Gesellschaft, Kultur, Politik, Bildung und Unterhaltung, eine einseitige Ausrichtung auf elektronische Phänomene verfehlt ist.

Mit der Verbreitung des elektronischen Handels entsteht eine neue Domäne wirtschaftlicher Leistungserstellung und des Leistungsaustausches. Offen ist dabei allerdings, in welchem Maße die entstehenden Freiheitsgrade für innovative Lösungen im Bereich Marketing und Distribution genutzt werden. Benjamin und Wigand (1995) erwarten einen Trend zur Disintermediation, d.h. zur Umgehung traditioneller Handelsmittler durch die Hersteller: Effiziente globale Kommunikationsinfrastrukturen, zu denen auch die Konsumenten Zugang haben, die elektronische Unterstützung aller Phasen von Handelstransaktionen, elektronische Repräsentation auch komplexer Produkte und elektronisches Kundenbindungsmanagement begünstigten den Direktvertrieb und ermöglichten in Einzelfällen Einsparungen für die Käufer von bis zu 40%. Diese Prognose ist allerdings nicht unwidersprochen geblieben. So erwarten etwa Sarkar et al. (1995) eine fortdauernde Rolle von Intermediären beim elektronischen Handel. Sie analysieren insbesondere das Auftreten neuer Intermediäre, die ihr Geschäftsmodell ausschließlich auf den elektronischen Handel ausgerichtet haben, sogenannte Cybermediaries.

Der Beitrag erörtert Möglichkeiten des Direktvertriebs, Verteidigungsstrategien für traditionelle Mittler und Chancen neuer Intermediäre am Beispiel der Tourismusbranche. Ein Vergleich der Geschäftsmodelle gibt Einblick in die verschiedenen Mehrwertkonzepte und vermittelt einen Eindruck von der gegenwärtig zu beobachtenden Dynamik der Strukturänderungen im Tourismusvertrieb.

5.2 Online-Vertriebsmodelle für Flugscheine

Fünf Beispiele unterschiedlicher Akteure beim Vertrieb von Flugscheinen veranschaulichen strategische Optionen und Perspektiven für die künftige Rolle von Intermediären. Dabei wird deutlich, inwieweit die Geschäftsmodelle durch spezifische Produktmerkmale von Flugscheinen geprägt sind und wo Ansatzpunkte zur Generalisierung auf andere Produkte und Branchen bestehen.

5.2.1 Direktvertrieb: Lufthansa InfoFlyaway und Ticket Auktion

Das Web-Angebot der Lufthansa, InfoFlyaway[1], bietet, wie die Web-Seiten fast aller internationalen Fluggesellschaften, die Möglichkeit der Online-Buchung für Flugscheine. Angesichts des starken Preiswettbewerbs der Fluggesellschaften besteht ein hoher Anreiz zur Umgehung der Reisebüros und der Vertriebsprovision von 5-9% des Flugscheinpreises zuzüglich drastischer Einsparungen bei der Ausstellung elektronischer Flugscheine gegenüber gedruckten Flugscheinen.

Abb. 5-1:   Lufthansa InfoFlyaway (Februar 2000)

Das Angebot der Online-Buchung, für das für 1999 ein Umsatzanteil von 0,6% des Umsatzes an Flugscheinen angestrebt wird[2], wird ergänzt durch Online-Auktionen: Seit August 1997 versteigert die Lufthansa ausgewählte Flugscheine auf ihren Web-Seiten. Einmal im Monat finden in Deutschland von 10.00 bis 22.00 Uhr Auktionen statt. In der Regel werden 50 separate Auktionen durchgeführt, die jeweils ca. 10 Minuten dauern und in denen jeweils zwei Flugscheine versteigert

---

[1] Vgl. http://www.lufthansa.com.
[2] Vgl. Marcussen 1999a, 1999b, S. 40-46.

werden. Pro Auktion sind durchschnittlich 60 Teilnehmer im virtuellen Auktionsraum, darunter etwa 20 aktive Bieter. Ein Auktionator versucht, die Teilnehmer zum Abgeben höherer Angebote anzuregen.

Laut Angaben der Lufthansa wurden im Rahmen von 37 Auktionen, die von Januar 1998 bis März 1999 durchgeführt wurden, annähernd 4000 Flugscheine versteigert und ein Zusatzertrag von fast 2 Millionen DEM erwirtschaftet. Mit Zusatzertrag bezeichnet die Lufthansa in diesem Fall offensichtlich den Umsatz, da ein durchschnittlicher Flugscheinpreis von etwa 500 DEM realisiert werden konnte. Trotz der spezifischen Kostenstruktur von Linienflugscheinen als verderblichem Produkt entstehen auch bei Restplätzen, die sonst frei geblieben wären, Grenzkosten pro Passagier: die beförderungsabhängigen Kosten belaufen sich auf ca. 13% der Gesamtkosten eines Fluges. Des Weiteren sind die Kosten für die Entwicklung des Auktionsmoduls und die Veranstaltung der Auktionen mit zu berücksichtigen: Die Agentur, die die Ticketauktion entwickelt hat, veranschlagt pro Auktionstag DEM 17.000 für die technische Durchführung, Auktionator und Call-Center.

Für die Lufthansa sind die Ticketauktionen vor allem Teil des Event-Marketing. Die Auktionen haben trotz begrenzter Werbung eine sehr hohe Aufmerksamkeit bei den Kunden wie in den Medien erzielt und zu einer beachtlichen Zahl redaktioneller Beiträge geführt. Die Lufthansa betreibt durch die Auktionen gezielte Imagewerbung, um das Bild einer teuren Fluggesellschaft zu korrigieren oder zumindest aufzuweichen. Im Hinblick auf die Kunden ist die Auktion Teil des Bindungsmarketing. Die Lufthansa lernt über die Kunden (Preispräferenzen, Kaufverhalten etc.) und mit den Kunden: aufgrund des Kundenfeedbacks wird die Auktion fortlaufend weiterentwickelt und umgestaltet. Im Hinblick auf die traditionellen Vertriebspartner der Lufthansa kann die Auktion als indirekte Werbung für den Direktvertriebskanal WWW in Gestalt des Info Flyaway bewertet werden. Ohne eine massive Werbekampagne zu starten und in einen offenen Wettbewerb mit den Vertriebspartnern einzutreten, wird den Kunden die Möglichkeit des Direktbuchens signalisiert. Der Vertriebskanal 'Ticketauktion' ist dabei sorgfältig von den übrigen Kanälen abgegrenzt und positioniert.

5.2.2 Traditionelle Intermediäre: Rosenbluth

Angesichts des bislang eher bescheidenen Erfolgs der Fluggesellschaften mit dem Direktvertrieb – selbst Delta Airlines, die in der Branche als sehr aggressiv gelten, mussten eine kürzlich eingeführte Zusatzgebühr von USD 2 für traditionelle Buchungen aufgrund massiver Proteste innerhalb weniger Tage wieder rückgängig machen –, stellt sich die Frage nach dem Grad der Bedrohung der Reisebüros, die in Deutschland ca. 95% der Flugscheine und in den USA immerhin noch 80% verkaufen. Drei Faktoren können als Indikatoren für die Bedrohung der Reisebüros genommen werden: die Attraktivität des Marktsegments, die eigene Verletzlichkeit sowie Möglichkeiten, die bestehende Position zu verteidigen.

Angesichts der Größe und der positiven Wachstumsprognosen des Marktes für Linienflüge einerseits und der flugpreisabhängigen, wenn auch sinkenden Provisionen andererseits muss die Attraktivität als hoch eingestuft werden. Der relativ geringe branchenexterne Wettbewerb und die im Privatkundengeschäft verbreitete Mischkalkulation, bei der die Vergütung der Leistung der Reisebüros durch die

Kunden allein über den Flugpreis erfolgt und deren Auswirkungen Clemons und Weber (1993) treffend als Todesspirale bezeichnet haben, sprechen für eine hohe Verletzlichkeit. Andererseits ist der Einfluss der Fluggesellschaften und der Reisebuchungssysteme (CRS/ GDS) so groß, dass eine gezielte Preispolitik der Reisebüros im Sinne der Verteuerung der Flüge ausgewählter Fluggesellschaften oder gar Boykott zumindest im europäischen Markt mangels Alternativen keine tragfähigen Optionen darstellen. Die Verteidigbarkeit ist mithin als gering einzuschätzen.

Auch wenn die Schätzungen über den Anteil der direkten Online-Buchungen bei europäischen und amerikanischen Fluggesellschaften weit auseinander klaffen – Jupiter Communications (1999 Travel Online Report) schätzt, dass der Anteil der direkten Online-Buchungen bei Fluggesellschaften in den USA bis zum Jahr 2002 auf 62% steigen werden.[3] Marcussen (1999b, S. 15) rechnet demgegenüber für den europäischen Markt insgesamt mit einem Anteil der Direktbuchungen von deutlich unter 20% für die nächsten 5 Jahre –, so besteht doch insgesamt ein beträchtliches Bedrohungspotenzial für traditionelle Reisemittler.

Gleichwohl sind bei innovativen Reisebüros – als Beispiel sei hier Rosenbluth International (http://www.rosenbluth.com), eine der größten amerikanischen Reisebüroketten mit Schwerpunkt im Geschäftskundensegment, angeführt – einige Ansätze zu verzeichnen, ihre Wettbewerbsposition zu verbessern:

- Durch eine Kombination von technischer Kompetenz, die sich u.a. auch in qualitativ hochwertigen Web-Angeboten dokumentiert, und eine ausgeprägte Kundenorientierung soll den Kunden ein hoher Servicegrad angeboten werden.
- Insbesondere Geschäftskunden wird ein umfassendes Reisemanagement angeboten, das neben Preisvergleichen und Sonderkonditionen Unterstützung bei der administrativen Abwicklung der Reise oder gar bei der Durchführung des Reiseanlasses (Messebesuch, Konferenz etc.) umfasst.
- Die Abrechnung der Dienstleistung gegenüber den Kunden basiert auf Dienstleistungsgebühren bei gleichzeitiger Dokumentation der erzielten Reduktion der Reiseausgaben des Kunden.

Allerdings ist eine solche Strategie so anspruchsvoll, dass sie nur für eine relativ kleine Gruppe global agierender Reisebüroketten eine realistische Option darstellt. Diejenigen Reisebüros, deren Erträge stark aus der Bedienung relativ einfacher Nachfrage resultieren, sind in hohem Maße gefährdet, da nicht nur die Fluggesellschaften, sondern auch zahlreiche neue, auf den elektronischen Vertriebskanal spezialisierte Anbieter als Wettbewerber auftreten. Dabei handelt es sich zum Teil um etablierte Spieler im Tourismus, die allerdings bisher kaum im Endkundensegment aktiv waren, und nun in einer neuen Rolle auftreten, wie auch um völlig neue Anbieter.

---

[3] Vgl. Hof, 1999, 56.

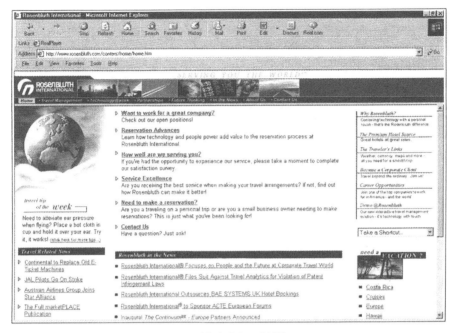

Abb. 5-2: Einstiegsseite von Rosenbluth (März 2000)

5.2.3 Etablierte Spieler in neuer Mittlerrolle: Travelocity

Die Reisebuchungssysteme (CRS/ GDS) sind in den 60er Jahren als Anwendungen der Fluggesellschaften entstanden und wickeln heute, fluggesellschaftsübergreifend, den überwiegenden Teil der Buchungen von Linienflügen, sowie einen nennenswerten Teil von Buchungen für Übernachtungen in internationalen Hotelketten und für Mietwagen ab. Die Kunden der CRS sind überwiegend Reisebüros.

Während Sabre, das CRS von American Airlines[4], mit EasySabre bereits in den späten 80er Jahren einen ersten, allerdings wenig erfolgreichen Versuch unternommen hat, sein Angebot Endkunden zu öffnen, stellt Travelocity[5], im Konzern mit American Airlines und Sabre verbunden, die Antwort auf die Herausforderungen des WWW dar. Neben ITN[6], Microsoft Expedia[7] und Preview Travel[8], die alle ein vergleichbares Grundkonzept verfolgen, stellt Travelocity mit über 2,5 Millionen registrierten Benutzern eines der erfolgreichsten touristischen Web-Angebote dar.[9] Das Angebot umfasst – einem Reise-Supermarkt vergleichbar – ein breites

---

[4] Vgl. Hopper, 1990.
[5] Vgl. http://www.travelocity.com.
[6] Vgl. http://www.itn.com.
[7] Vgl. http://expedia.msn.com.
[8] Vgl. http://www.previewtravel.com.
[9] Vgl. Werthner/Klein, 1999, 220 ff.

Spektrum von Tourismusprodukten international operierender und konkurrierender Anbieter mit einem hoch effizienten Buchungsmechanismus. Hinzu kommen umfangreiche Reise- und Destinationsinformationen für die Kunden, die sich Hintergrundinformationen wünschen. Die Kunden profitieren vom one-stop-shopping mit einer ausgefeilten (Buchungs-)Technik, der Hinterlegung von Standardprofilen sowie einer breiten Abdeckung des Marktes mit Vergleichsmöglichkeiten.

Abb. 5-3: Einstiegsseite von Travelocity (Februar 2000)

5.2.4 Neue kundennahe Mittler in unterschiedlicher Position

Während Travelocity und seine unmittelbaren Wettbewerber derzeit die Marktführer im Online-Markt sind, sind im Schatten der großen und etablierten Tourismusspieler Anbieter entstanden, die sich als neue Mittler zwischen Endkunden und Fluggesellschaft bzw. Reisebüro positionieren. Die zugrunde liegende Geschäftsidee haben Hagel und Singer (1999) mit dem Begriff des Infomediaries beschrieben: neue Mittler im WWW, die sich, Maklern vergleichbar, als Anwalt des Kunden verstehen und die Interessen des Kunden gegenüber den traditionellen Anbietern vertreten.

5.2.4.1 Mittler zwischen Kunde und Reisebüro: TravelBids

Die Geschäftsidee von TravelBids[10] besteht in der Veranstaltung sogenannter umgekehrter Auktionen (reverse auctions) auf einer Web-Plattform. Bei dieser Auktionsform, die einer Ausschreibung vergleichbar ist, spezifizieren Endkunden ihre Präferenzen für eine touristische Dienstleistung, und Reisebüros treten in einen Bietwettbewerb um die spezifizierten Aufträge ein. In diesem Fall treten also die Leistungsträger nicht selber als Akteur auf, sondern die Reisemittler, die zur Erlangung eines zusätzlichen Auftrags einen Teil ihrer Provision an den Kunden weitergeben. Typischerweise werden Preisabschläge von 15-20% realisiert.

Abb. 5-4: Einstiegsseite von TravelBids (Februar 2000)

Bei diesem Geschäftsmodell übernehmen die Kunden eine aktive Rolle in der Spezifikation ihrer Präferenzen. Sie präzisieren ihre Wünsche mit gewissen Freiheitsgraden und der erwarteten Reaktionszeit (typischerweise 72 Stunden), um den Reisebüros einen Spielraum zur Identifikation günstiger Angebote zu lassen, und wählen schließlich aus maximal drei Angeboten das präferierte aus.

---

10 Vgl. http://www.TravelBids.com

5.2.4.2 Mittler zwischen Kunde und Fluggesellschaften: Priceline

Ein auf den ersten Blick ähnliches Geschäftsmodell verfolgt Priceline.com[11]: Ausgehend von der Überlegung, dass in vielen Markttransaktionen einseitig fixierte Preise nicht zu einer optimalen Allokation von Gütern führen, bietet Priceline als Intermediär eine Plattform an, die es Interessenten von Flugscheinen, Hotelzimmern, Neuwagen und Finanzierungsangeboten für Immobilien (Hypotheken, Refinanzierungsoptionen, Kredite) ermöglicht, ihre individuellen Präferenzen einschließlich des Preises zu spezifizieren. Dabei müssen die Kunden jedoch gewisse Unsicherheiten in Kauf nehmen, die als Freiheitsgrade den Anbietern gewährt werden, um ein Angebot zu einem vom Kunden gesetzten Preis zu machen. Offen bleibt in der Spezifikation des Kunden etwa die Wahl der Fluggesellschaft (any major airline) oder die genaue Abflugzeit. Priceline.com, das seit März 1999 an der Börse gehandelt wird, generiert ein hohes Volumen an Kundennachfragen, von denen Anfang 1999 etwa jede fünfte zu einem Abschluss führte. Priceline erhält eine Kommission von 10-20 USD pro Flugschein und gewährt Kunden, die einen Kreditkartenvertrag abschließen, einen Bonus.

Abb. 5-5: Einstiegsseite von Priceline.com (Februar 2000)

Die spezifizierten Nachfragen bzw. Gebote werden nach einem patentierten, hoch effizienten Verfahren den an diesem System teilnehmenden Anbietern sequenziell angeboten. Die Gebote der Kunden sind verbindlich und jeweils durch entsprechende Kreditkarteninformationen gedeckt. Die Rückmeldung an die Kunden, ob ihr Gebot erfolgreich war, erfolgt innerhalb von Stunden. Die Anbieter können

---

[11] Vgl. http://www.priceline.com.

je nach Vertriebsstrategie und Auslastungsgrad entscheiden, ob sie zu den spezifizierten Konditionen zusätzliche Kunden bedienen wollen oder nicht.

Im Unterschied zur Auktion handelt es sich bei Priceline.com um einen privaten Markt, d.h. die Präferenzprofile (und die erzielten Abschlüsse) werden nicht publiziert, sondern nur den potenziellen Anbietern sequentiell präsentiert. Damit wird bekannten Einwänden gegen Auktionen als zusätzlichem Vertriebskanal Rechnung getragen: bei öffentlichen Auktionen, bei denen die Gebote der erfolgreichen Bieter publiziert werden, besteht das Risiko, dass das normale Preisniveau in den anderen Vertriebskanälen in Frage gestellt wird. Demgegenüber können bei Priceline.com die Entscheidungen seitens der Anbieter ad hoc und ohne Rücksichtnahme oder direkten Einfluss auf die etablierten Kanäle fallen. Wie die Funktionsbezeichnung „demand collection system" bereits andeutet, geht es darum, potenzielle Nachfrage, die sich unterhalb der publizierten Preise bewegt und üblicherweise nicht sichtbar wird, sichtbar zu machen und die Flexibilität im Hinblick auf die Berücksichtigung zusätzlicher Nachfrage zu erhöhen.

5.3 Zusammenfassende Beurteilung der Modelle

Die vorgestellten Geschäftsmodelle verdeutlichen, wie die gesunkenen Informations- und Kommunikationskosten beides bewirken: es entstehen neue Geschäftsfelder für Intermediäre, während die Anbieter neue Direktvertriebskanäle aufbauen. Die Auktionsbeispiele sowie Priceline veranschaulichen, dass der elektronische Vertriebskanal weitreichende Innovationen ermöglicht und zu tiefgreifenden Änderungen bestehender Vertriebssysteme führt (vgl. Abb. 5-6, die schattierten Teile sind die hinzugekommenen Web-Aktivitäten der etablierten Spieler, die Ovale deuten neue Spieler an). Zum Teil werden die Reisebüros übergangen, zum Teil werden sie jedoch in neue Geschäftsmodelle integriert und die Wertschöpfungskette wird dann sogar um ein Glied verlängert.

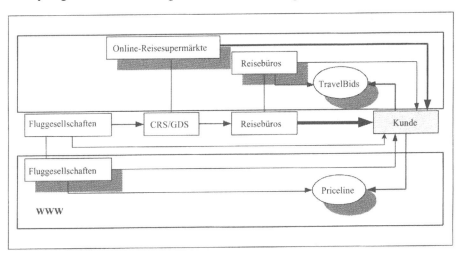

Abb. 5-6: Vertriebswege für Flugscheine

Tabelle 5-1 gibt einen vergleichenden Überblick über die ausgewählten Geschäftsmodelle, die Nutzenpotenziale für die Kunden sowie die bestehenden Herausforderungen.

Tabelle 5-1: Vergleich der Geschäftsmodelle im Flugschein-Vertrieb

	Geschäftsmodell	Kundennutzen	Herausforderungen
Lufthansa Info Flyaway	Direktvertrieb, elektronische Tickets (ETIX), regelmäßige Auktionen als Marketingevents, Nutzung der Kundeninformationen aus den Vielfliegerkonten	Nutzen der Auktion: Chance günstiger Angebote Risiko: Informations- und Verhandlungskosten bei unsicherem Erfolg	Management hybrider Vertriebssysteme (Direkt, Reisebüro, Online-Buchungssysteme), Bewahrung oder Erlangung der Kontrolle über den Vertriebskanal
Rosenbluth	Enge Kooperation mit den (Geschäfts-)Kunden, Entkoppelung von Beratung und Verkauf, Nutzung der Marktmacht gegenüber den Fluggesellschaften	Preisvergleiche, Reisemanagement, Senkung der Gesamtreisekosten	Differenzierung der Dienstleistung (stärkere Integration mit dem Kunden), Kalkulationsmodell, Erhalt der Marktposition
Travelocity	(End-)Kundeninterface für CRS/GDS als Basis für Online-Reise-Supermarkt	Effiziente Buchungsplattform mit Zusatzinformationen (Reisesupermarkt), feste Preise	Kalkulationsmodell und Ertragssituation angesichts massiver Investitionsbedarfe und hoher Werbebudgets und intensiven Wettbewerbs im Reisesupermarktsegment
TravelBids	TravelBids bietet Reisebüros die Möglichkeit, mit passenden Angeboten auf Kundenanfragen hin zu bieten	Kunde formuliert Präferenzen, Nutzen: geringfügige Preissenkung	Effizienz, hohe Abschlussquote, Weiterentwicklung des Matching-Modells
Priceline	Priceline sucht Angebote für vom Kunden vor allem bezüglich des Preises spezifizierte Reisen	Kunde setzt Preis, erhebliche Preissenkungen möglich, Risiko: ungünstige Verbindungen	Effizienz, hohe Abschlussquote, Weiterentwicklung des Matching-Modells

Dabei wird deutlich, dass die Geschäftsmodelle stark durch die Strukturen des Marktes für Linienflugtickets geprägt sind: Flugscheine repräsentieren zwar digitalisierbare, aber nicht übertragbare Verträge zwischen Fluggesellschaft und Kunde, d.h. Flugscheine sind nicht frei handelbar. Die vereinbarte Dienstleistung ist ein Termingut mit definierter Verfallzeit. Traditionell gibt es eine starke Preisdifferenzierung der Anbieter mit bis zu 20 Buchungsklassen pro Flug, die mit

Variationen von Vertragsregeln (Rückgabe, Umtausch etc.) für den Kunden begründet wird. In dieser Situation schaffen die Angebote auf dem WWW mehr Effizienz bei der Transaktionsabwicklung, mehr Transparenz über den Markt, und sie ermöglichen komplexere Vergleichsoperationen über zahlreiche Attribute unterschiedlicher Anbieter. Aus Sicht des Anbieters ermöglicht der elektronische Vertrieb die Ausschöpfung von Zusatznachfrage zur Erhöhung des Sitzladefaktors.

Die dargestellten Beispiele innovativer Geschäftsmodelle veranschaulichen die Geschäftspotenziale für Intermediäre im elektronischen Geschäftsverkehr: sinkende Informations- und Kommunikationskosten werden überwiegend nicht dazu genutzt, die individuellen Budgets für Informationssuche und Kommunikation zu reduzieren. Statt dessen wird die Informationssuche – unter der Annahme von Preisdifferenzierung – selektiv ausgedehnt, und es werden mehr Alternativen evaluiert, um günstigere Angebote zu finden und zu erlangen (Auktionen). Trotz im Prinzip zu vernachlässigender Wechselkosten zwischen einzelnen Web-Angeboten gelingt es den Anbietern, durch Zusatzangebote und speziell durch die Verwaltung und Auswertung von Kundenprofilen, z.B. mit Standardwerten für die Bezahlung oder Sonderwünsche beim Flug, eine gewisse Kundenbindung zu erreichen. Die zunehmende Unübersichtlichkeit des WWW begünstigt Intermediäre, die Arbitragemöglichkeiten zwischen Teilmärkten ausnutzen und sich darauf spezialisieren, Kundeninteressen gegenüber Anbietern zu vertreten oder die Transparenz des Marktes zu erhöhen.

Insbesondere die neuen Intermediäre nutzen die niedrigen Kommunikationskosten, um Modelle flexibler oder Preise differenzierter realisieren zu können.[12] Es können beispielsweise individuelle Präferenzprofile erhoben (reverse auction, demand collection system) oder eine gleichartige, aber unabhängige Nachfrage gebündelt werden. Eine Erweiterung der Funktionalität dieser Systeme in Richtung auf die Entdeckung innovativer Produkte oder Dienstleistungen, etwa im Sinne des reverse marketing[13] oder ein invertiertes collaborative filtering sind denkbar. Während beim collaborative filtering auf der Basis einer statistischen Analyse des Kaufverhaltens eines Kundenkollektivs dem Individuum Kaufvorschläge gemacht werden, ginge es bei der invertierten Variante darum, aus einer Fülle von Präferenzprofilen von Kunden, die sich nicht nur auf bereits realisierte Produkte, sondern auch auf mögliche Produktkonfigurationen beziehen können, ausreichend ähnliche Profile zu identifizieren und zu prüfen, ob diesen mit innovativen Produkten oder Dienstleistungen begegnet werden kann.

5.4 Ausblick

Die vorgestellten Geschäftsmodelle unterstreichen den Trend zu einer Ausdifferenzierung der Vertriebskanäle mit verschiedenen Leistungsangeboten für unterschiedliche Zielgruppen, zu einer Individualisierung von Angeboten auch im Endkundensegment und zu einer aktiveren Rolle des Konsumenten (Prosumer), die

---

[12] Vgl. Cortese/Stepanek, 1998.
[13] Vgl. Leenders/Blenkhorst, 1988.

diesen möglicherweise manchmal auch überfordert.[14] Aus Sicht der Kunden präsentiert sich ein zunehmend differenziertes Angebot an sekundären Dienstleistungen wie Produkt- und Preisvergleich, Suche nach Anbietern für spezifizierte Tourismusleistungen oder auch die Verwaltung von Kundenprofilen. Dabei führt die Differenzierung der Vertriebskanäle nicht nur zu einer entsprechenden Segmentierung von Kundengruppen, etwa nach preissensitiven oder primär auf Effizienz bedachten Kunden, sondern zusätzlich zu einer situativ differenzierten Wahl verschiedener Kanäle durch die einzelnen Kunden, etwa die Auktion als Instrument, um günstige Flüge für einen Wochenendurlaub oder als Geschenk zu erwerben.

Die Verbreitung des WWW hat etablierte Marktstrukturen aufgebrochen und zu einem andauernden Prozess von Marktstrukturänderungen im Sinne der Ausdifferenzierung und Innovation von Geschäftsmodellen, aber auch der Konsolidierung angesichts beträchtlicher Kosten für anspruchsvolle Web-Angebote geführt. Direktvertrieb, Webgestütztes Reisemanagement von Reisebüros, Reisesupermärkte und umgekehrte Auktionen werden auf absehbare Zeit nebeneinander bestehen, und es ist sogar mit dem Auftreten weiterer Geschäftsmodelle und neuer Intermediäre zu rechnen.

Im Zuge des globalen Wettbewerbs wird es zu Verschiebungen zwischen den Marktanteilen der verschiedenen Kanäle kommen. Dabei bestimmen vor allem zwei Faktoren die Erfolgspotenziale der Akteure:

- die Beherrschung technischer Infrastrukturen, insbesondere der Buchungssysteme und
- die Fähigkeit, spezifische und differenzierte Kundenbedürfnisse zu erkennen und auf effiziente Weise zu befriedigen.

Trotz der geschilderten Besonderheiten des Produkts Flugschein, lassen sich die beobachteten Trends im Grundsatz auch auf andere Branchen anwenden:[15] Selbst bei einer für die Produzenten günstigen Ausgangssituation (Marktregulierung, Kenntnis der wichtigsten Kunden) bieten die Kommunikationsstrukturen des WWW innovativen Dienstleistern Möglichkeiten, ausgewählten Kundengruppen Zusatzdienstleistungen, etwa in Bereichen wie Verwaltung von Kundenprofilen, Konfiguration von Leistungen verschiedener Anbieter, Preis- und Leistungsvergleiche, Preissenkungen durch Ausnutzung von Preisdifferenzierungsstrategien, anzubieten und sich im Vertriebskanal zu etablieren. Da die (Preis-)Strategien der Intermediäre den Produzenten zum Teil zuwiderlaufen, bietet sich den Produzenten häufig noch nicht einmal die Option einer Verteidigung durch Imitation.

Angesichts der Ausdifferenzierung der Vertriebskanäle bieten sich den etablierten Mittlern Möglichkeiten der bewussten Positionierung im Offline-Segment oder aber auch einer Hybridstrategie mit einer geschickten Kombination von Online- und Offline-Aktivitäten. Allerdings wächst der Druck auf diejenigen unter den etablierten Mittlern, denen es nicht gelingt, ihr Dienstleistungsangebot im sich ändernden Marktumfeld wirksam zu positionieren.

---

[14] Vgl. Heuser, 1999.
[15] Vgl. Giaglis et al., 1999.

Literaturverzeichnis

Benjamin, R./Wigand, R. (1995): Electronic Markets and Virtual Value Chains on the Information Superhighway, in: Sloan Management Review, Winter, S. 62-72.

Clemons, E. K./Weber, B. W. (1993): Using Information Technology to Manage Customer Relationships – Lessons for Marketing in Diverse Industries, in: Proceedings of the 26th HICSS, Vol. IV: Collaboration Technology and Organizational Systems & Technology, IEEE Computer Society Press, Los Alamitos, CA, S. 860-866.

Cortese, A./Stepanek, M. (1998): Special Report on E-Commerce: Goodbye to Fixed Pricing, in: Business Week, May 4.

Giaglis, G.M./Klein, S./O'Keefe, R. (1999): Disintermediation, Reintermediation, or Cybermediation? The Future of Intermediaries in Electronic Marketplaces, in: Klein, S./Gricar, J./Novak, J. (eds.): Proceedings of the 12th International Bled Electronic Commerce Conference, Kranj, S. 389-407.

Hagel III, J./Singer, M. (1999): Net Worth – Shaping Markets when Customers Make the Rules, Boston, MA., Harvard Business School Press.

Heuser, U.J. (1999): Armer Home Oeconomicus, in: Die ZEIT, 25.02.1999, Nr. 9, S. 47.

Hof, R.D. (1999): A New Era of Bright Hopes and Terrible Fears, in: Business Week International, October 4, S. 50-56.

Hopper, M.D. (1990): Rattling Sabre – New Ways to Compete on Information, in: Harvard Business Review, May-June, S. 118-125.

Leenders, M.R./Blenkhorn, D.L. (1988): Reverse Marketing – The New Buyer-Supplier Relationship, New York, Free Press.

Marcussen, C.H. (1999a): The Effects of Internet Distribution of Travel and Tourism Services on the Marketing Mix: No-frills, Fair Fares and Fare Wars in the Air, in: Information Technology & Tourism, 2/3.

Marcussen, C.H. (1999b): Internet Distribution of European Travel and Tourism Services – The Market, Transportation, Accommodation and Package Tours, Research Report 18, Research Centre of Bornholm, August.

Sarkar, M.B./Butler, B./Steinfield, C. (1995): Intermediaries and Cybermediaries: A Continuing Role for Mediating Players in the Electronic Marketplace, in: Journal of Computer Mediated Communication, 1/3 [http://jcmc.huji.ac.il/vol1/issue3/sarkar.html].

Werthner, H./Klein, S. (1999): Information Technology and Tourism – A Challenging Relationship, Wien.

6 Geschäftsmodelle in der Internet-Ökonomie

Karsten Schneider, Jena

6.1 Das Geschäftsmodell als Erfolgsfaktor im Electronic Commerce

Electronic Commerce (auch „E-Commerce") ist die technische und logistische Herausforderung der kommenden Jahre für nahezu alle Unternehmen. Ein zentraler Erfolgsfaktor bei der Bewältigung dieser Herausforderung ist die Gestaltung der Geschäftsmodelle. Ein Geschäftsmodell kann verstanden werden als ein Prozessmodell, das eine Geschäftsstrategie im Internet umsetzt. Grundsätzlich sind im E-Commerce diejenigen Unternehmen erfolgreich, denen es gelingt, immer wieder aktiv die neuen Technologien einzubeziehen und unverzüglich ihre Geschäftsmodelle daran anzupassen. Die weniger erfolgreichen Unternehmen versuchen lediglich, ihre existierende Geschäftsstrategie direkt auf das Internet zu übertragen. Ein solches Beispiel sind Direktversender, die lediglich ihren Print-Katalog im Internet bereitstellen. Die zweite Strategie ist wenig attraktiv für den Kunden und daher regelmäßig nicht erfolgreich. Ein zentraler Erfolgsfaktor im Electronic-Commerce-Wettbewerb ist daher die technologische Adaptionsfähigkeit des jeweiligen Geschäftsmodells.

Die Erfahrung der Intershop AG der letzten Jahre könnte man folgendermaßen zusammenfassen: Die Weiterentwicklung der Geschäftsmodelle wird vom amerikanischen Markt maßgeblich beeinflusst. Dort gewinnen immer mehr die elektronischen Produkte, die nicht mehr aus physischen Atomen, sondern aus digitalen Bits bestehen, an Bedeutung. Diese mit dem Begriff der Internetökonomie bezeichnete Entwicklung ist geprägt durch zahlreiche Besonderheiten, die im Folgenden im Zusammenhang mit den Oberthemen „Electronic Commerce" und „Internet" aufgezeigt werden sollen. Um die Bedeutung der Internetökonomie zu verdeutlichen, ist es zunächst jedoch notwendig, die wirtschaftliche und gesellschaftliche Bedeutung der beiden genannten Oberthemen aufzuzeigen.

6.2 Das Internet und seine ökonomische Relevanz

6.2.1 Das Internet als Change Technology

In der Geschichte der Menschheit gab es in unterschiedlichen Perioden immer wieder technologisch induzierte Revolutionen. Im Mittelalter waren es beispielsweise der Buchdruck und das Fernrohr, die revolutionäre Möglichkeiten boten. Beide hatten gravierende Veränderungen der realen Lebenswelt der Menschen zur Folge: Der Buchdruck ermöglichte die unkomplizierte Vervielfältigung des in Büchern gespeicherten Wissens. Dadurch wurde es möglich, z.B. die Bibel der einfachen Bevölkerung zugänglich zu machen. Dies wiederum machte sich dann

Jahrhunderte später Luther zu Nutze. Das Fernrohr ermöglichte den Aufbau eines überregionalen, sogar interkontinentalen Handels. Die Kenntnisse unterschiedlicher regionaler Märkte wurden so auch auf andere Märkte übertragen. Dies hatte häufig eine positive wirtschaftliche Entwicklung zur Folge.

Im Industriezeitalter des 19. Jahrhunderts waren es Innovationen wie die Dampfmaschine, der Telegraph und die Elektrizität, die neue Möglichkeiten zur Gestaltung der Realität boten. Von diesen Möglichkeiten wurde so intensiv Gebrauch gemacht, dass wir die Folgen – etwa die Massenproduktion oder das elektrische Licht – noch heute spüren.

Im Laufe des zwanzigsten Jahrhunderts erlebten wir wieder eine technologische Revolution, die mit Macht die Realität verändert: Durch die mit dem „Informationszeitalter" einhergehenden Entwicklungen der neuen Medien wie Rundfunk, Fernsehen und Computer wurde es möglich, eine zeitnahe Informationsverarbeitung vorzunehmen. Damit wurden auch die Voraussetzungen für die Vermarktung von Massenprodukten geschaffen. Die Folge ist die Entwicklung unserer Gesellschaft zu einer Konsumgesellschaft mit einem Grad an materiellem Wohlstand, der bisher unbekannt war.

Gemeinsam ist diesen Innovationen die Veränderung der Lebenswelt des Menschen. So brachte die Industrialisierung eine gänzlich neue „Klasse" von Arbeitern hervor: den Industriearbeiter. Die Navigation erlaubte den internationalen Handel, der neue Produkte auf die nationalen Märkte brachte.

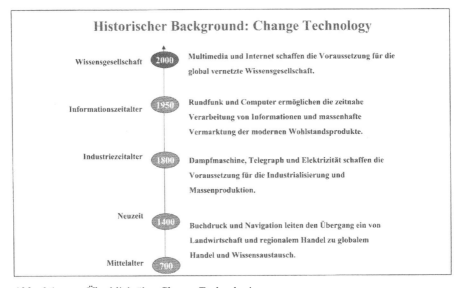

Abb. 6-1:   Überblick über Change Technologies

Nimmt man die Veränderungskraft einer Technologie als Indikator einer neuen Entwicklungsstufe der menschlichen Gesellschaft, so befinden wir uns am Ende des zwanzigsten Jahrhunderts an der Schwelle der Entwicklungsstufe „Wissensgesellschaft". Durch die neuen Informationstechnologien wird erstmalig eine global vernetzte Wissensgesellschaft entstehen. Die Veränderungskraft dieser Technologien zeigt sich darin, dass Wissensvorsprünge, sozusagen Privilegien an Wissen, heutzutage nicht mehr dauerhafte Vorteile sind. Ein Großteil des benötigten Wissens ist durch die Multimediatechnologien erreichbar, ein wesentlich größerer Teil der Menschheit hat somit Zugang zu diesen Informationen.

6.2.2 Ökonomische Konsequenzen des Internets

6.2.2.1 Veränderungen der Organisation von Unternehmensprozessen

Mit dem Internet sind aber auch für die Wirtschaft zahlreiche Veränderungen verbunden, da die neuen Geschäftsmodelle andere Geschäftsprozesse mit sich bringen. Insbesondere die Einbindung mehrerer Partner wird aufgrund der informationstechnologischen Infrastruktur zu globalen Netzwerken führen. Auch die kleinen und mittelständischen Unternehmen können global agieren, ohne in kostenintensive Maschinen oder Anlagen investieren zu müssen (Reduktion der Markteintrittsbarrieren).

6.2.2.2 Wechselwirkungen zwischen Content und Commerce

Content (was verkaufe ich?) und Commerce (wie verkaufe ich?) wachsen zusammen und bedingen sich gegenseitig. Die Internet-Ökonomie ist das ideale Medium zum Verkauf von elektronischen Produkten. Aber auch ausserhalb der Digital Economy kann der Absatz von Produkten mengenmäßig gesteigert werden: So kann der Käufer sich heutzutage im Internet rund um die Uhr Produkte bestellen, während er, würde er die gleichen Produkte in einer Zeitschrift entdecken, bis zum nächsten Tag warten müsste.

6.2.2.3 Wiederherstellung individueller Kundenbeziehungen

Durch das Internet wird eine direkte Rückkopplung vom Kunden zum Hersteller ermöglicht, die in der Supermarkt- und Massenkonsumgesellschaft des zwanzigsten Jahrhunderts verloren ging. Dadurch besteht für den Anbieter die Möglichkeit, den Kunden kennenzulernen, ihn individuell anzusprechen, seine Gewohnheiten zu entdecken und auf diese Gewohnheiten einzugehen. Eine Folge ist, dass die Marktmacht des Kunden wesentlich stärker wird. Bei ersten Versuchen im Bereich Banking und Finance werden individuell auf den Kunden abgestimmte Portfolios zusammengestellt. Ein anderes Beispiel für die Individualisierung des Commerce sind Portals, wo dem Kunden nicht nur Textempfehlungen bei einer Suche angegeben werden, sondern auch auf diese Suchkriterien abgestimmte Werbungen auf dem Bildschirm erscheinen.

6.2.2.4 Demokratisierung des Wissens

Eine vierte Veränderung der wirtschaftlichen Realität ist bereits angesprochen worden. Das Wissensprivileg wird in der bisher bekannten Form nicht weiter bestehen. Ein Großteil der Informationen ist Dank des Internets für die Allgemeinheit zugänglich. Dienstleister, die in der Vergangenheit gerade aus dem Wissensvorsprung ihre ökonomische Existenzberechtigung ableiteten, werden im Extremfall vollständig ersetzt werden können.

Die nachfolgende Abb. 6-2 gibt einen Überblick über die Veränderungen, die das Internet und der Einsatz von Multimedia mit sich bringen wird.

Change Faktoren von Multimedia und Internet

- Information ist sofort und überall für jeden verfügbar.
- Geschäftsprozesse können unternehmensübergreifend und global strukturiert werden.
- Content und Commerce wachsen zusammen, bzw. bedingen sich gegenseitig.
- Das interaktive, leicht bedienbare Medium bezieht den Nutzer mit ein und bietet ihm einen Rückkanal.
- Kunden werden wieder individuell statt massenhaft bedient.
- Wissen wird demokratisiert.

Abb. 6-2: Mit „Multimedia" und „Internet" verbundene Veränderungen

6.3 Die verschiedenen Marktphasen des Internets

Obwohl das Internet die ökonomische Realität in vielen Bereichen verändern wird, findet die Revolution nicht „über Nacht" statt. Vielmehr lassen sich verschiedene Phasen der Internet-Entwicklung unterscheiden. Diese Phasen ähneln grundsätzlich den „klassischen Phasen", die alle Change-Technologien durchlaufen müssen. Allerdings gibt es einen zentralen Unterschied: Die Phasen werden schneller durchlaufen, die Diffusionsgeschwindigkeit dieser Technologie ist extrem hoch.

6.3.1 Die erste Phase: Erfahrung vor Gewinn

In der ersten Entwicklungsphase sind solche Unternehmen angesiedelt, die aufgrund des technischen Interesses, weniger wegen der Gewinnchance, den Einstieg in das Internet wagen. Das Interesse bestand darin, frühzeitig an dem innovativen Markt des neuen Mediums teilzunehmen, auch mit dem Risiko, dass die Investitionen sich in diesem Bereich nicht lohnen könnten. Das Ziel lag in dieser Phase also im Sammeln von Erfahrungen.

6.3.2 Die zweite Phase: Die frühe Minderheit

In dieser Entwicklungsstufe befinden sich Unternehmen, die Internet-Technologien in ihre Unternehmenskonzepte einbeziehen. Momentan befindet sich der deutsche Markt in dieser Phase der Internet-Entwicklung. Es werden mit der Nutzung des Internets erste Umsätze erzielt. Die Unternehmen, die schon im Internet vertreten und aktiv sind, stellen in Deutschland noch eine Minderheit dar. Sie sind die Vorreiter eines wahrscheinlich bald übergreifenden Trends, wie er vorher bereits in den USA zu beobachten war.

6.3.3 Die dritte Phase: Die Phase der Mehrheit

In den USA sind die meisten Unternehmen bereits aktiv bei der Nutzung des Internets. Für ein US-amerikanisches Unternehmen ist es fast unmöglich, sich nicht mit den Themen „Internet" und „Electronic Commerce" zu befassen. Momentan kann diese Entwicklung zwar nicht überall beobachtet werden, da nicht jedes Unternehmen mit Applikationen im Internet vertreten ist. Aber fast alle Unternehmen verfügen über eine Strategie für den Eintritt in den Electronic Commerce.

6.3.4 Die vierte und fünfte Phase: Die erzwungene Mehrheit und die Nachzügler

Die letzten beiden Phasen sind dadurch gekennzeichnet, dass die kritische Masse erreicht wird. Hat man in dieser Phase eine gute Marktposition erreicht und hält große Marktanteile inne, so ist es sehr wahrscheinlich, dass man hohe Einnahmen erzielt. Der amerikanische Markt wird sich in den Jahren 2000-2004 voraussichtlich in diesen beiden Phasen befinden.

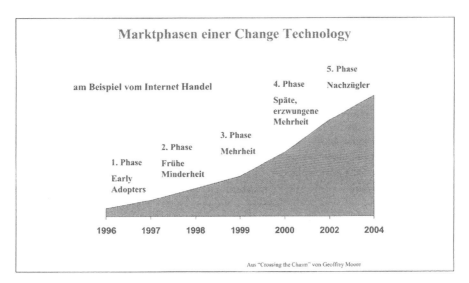

Abb. 6-3: Marktphasen der Change Technology „Internet"

6.4 USA – Vorreiter im Electronic Commerce

Aus einer Analyse der International Data Group (IDG) geht hervor, dass die wesentlichen Entwicklungen im Bereich des Electronic Commerce aus den USA kommen. Neuere Studien gehen davon aus, dass der Eintritt ins Internet Umsatz-Steigerungsraten von 150 bis 200 Prozent mit sich bringt (siehe Abb. 6-4). Vom geschätzten Gesamtumsatz des Internets im Jahre 2000 werden 65 Prozent von US-amerikanischen Firmen erwirtschaftet werden. Momentan ist der Anteil der USA aufgrund der frühzeitigen Adaption der neuen Internet-Technologien durch amerikanische Unternehmen noch höher.

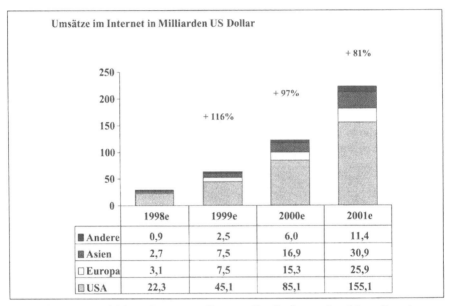

Abb. 6-4: Entwicklung der Internet-Umsätze (Quelle: International Data Group)

Dies hat beispielsweise für die Intershop AG als Anbieter von Standardsoftware im Electronic-Commerce-Bereich wesentliche Folgen. So wird das Unternehmen versuchen, mit dem Markt zu wachsen und sich verstärkt in den USA zu engagieren. Seit 1996 investiert die Intershop in den US-amerikanischen Markt. Um dort mitspielen zu können, müssen in den USA im Gegensatz zu Europa höhere Summen an Kapital eingesetzt werden. Ein Engagement im US-Markt ist daher regelmäßig mit hohen Investitionen verbunden, die sich bisweilen erst nach einigen Jahren amortisiert haben.

Momentan sind die wesentlichen Marktbestimmer große Unternehmen, die Umsätze generieren und Budgets ausgeben. Beispiele hierfür sind die Unternehmen Dell und Amazon: Dell kann die Investitionsausgaben aus den eigenen Gewinnen bezahlen. Aber selbst Amazon braucht vorrangig Venture Capital. So wurden bei Amazon beispielsweise individuelle Geschäftsprozesse installiert, individuelle Sofwareentwicklungen angestoßen und ein individuelles Redaktionssystem entwickelt. Die dafür notwendigen Aufwendungen können nur von wenigen Großunternehmen durchgeführt werden. Für ein mittelständisches Unternehmen sind diese Budgets derzeit nicht aufzubringen.

In den nächsten Jahren könnte sich diese Situation jedoch erheblich verändern. Bereits heute wird das stärkste Wachstum bei den mittelständischen Unternehmen verzeichnet, der Grund hierfür ist die Existenz von Electronic-Commerce-Standardsoftware. Durch die Standardisierung wird es möglich, mit sehr kurzen Entwicklungs- und Konfigurationszeiten und überschaubaren Budgets zu arbeiten und somit schnell erfolgreich im Internet zu agieren. Die Nachhaltigkeit dieser Entwicklung lässt sich daran erkennen, dass im Jahr 2000 schätzungsweise 3 Milliarden Dollar nur für Electronic-Commerce-Software ausgegeben wird.

Die neuen Electronic-Commerce-Systeme bieten zwar einen hohen Grad an Automatisierung, sind allerdings bei den bereits unternommenen Versuchen, Unternehmen miteinander zu vernetzen, nicht sehr erfolgreich gewesen. Die Systeme sind häufig auf die Abwicklung interner Prozesse konzipiert worden. Am Beispiel EDI kann man diese Entwicklung erkennen. In den letzten 20 Jahren ist EDI mit einer starken Lobby vorangetrieben worden. Die Akzeptanz in der Praxis war jedoch nicht so groß, wie durch Prognosen vorhergesagt. Der EDI-Einsatz liegt aktuell bei unter 3 Prozent. Zukünftig ist davon auszugehen, dass der EDI-Standard durch neue internetbasierte Technologien ganz abgelöst wird.

Eine wesentliche Ursache dafür liegt in der Entwicklung neuer, internetbasierter Systeme in der Digital Economy, die Firmen mit ihren Partnern und ihren Kunden direkt verbinden werden. Momentan ist der Software-Einsatz im Unternehmen intern abgeschlossen, die Produkte werden beim Hersteller produziert, aber was der Distributor mit diesen Artikeln macht, weiß der Hersteller nicht. Digital Economy bietet hier die Möglichkeit, die einzelnen Systeme zu verbinden, so dass ein Informationsrückfluss vom Konsumenten bis zum Hersteller ermöglicht wird.

Standardsysteme stellen eine Art Betriebssystem für den Electronic Commerce im Internet dar. Sie müssen nicht unbedingt im Unternehmen selbst, sondern können auch bei Internet-Service-Providern installiert sein. Momentan wird dies bereits bei einer Vielzahl von Telekommunikationsunternehmen durchgeführt. Diese installieren die Software und vermieten sie dann über ausgegliederte Töchter an ihre Kunden.

Die Transaktionsverarbeitung wird somit nicht mehr unternehmensintern im eigenen Rechenzentrum stattfinden, sondern auf den angesprochenen Servern, welche dann im Internet miteinander vernetzt sind. Im Prinzip wird so die Funktionalität vom Unternehmen in ein virtuelles Netzwerk verlegt.

Auf der Nachfragerseite stellt insbesondere der Telekommunikationsbereich eine große Kundschaft der Electronic-Commerce-Software-Anbieter dar. Mehr als 100 Telefongesellschaften und Internet-Service-Provider setzen im Moment Internet-Software ein. Der wesentliche Grund hierfür ist die weltweite Tendenz zur Deregulierung der Telekommunikationsmärkte. Der Anpassungsdruck an die unterschiedlichen Märkte ist vor allem bei der zunehmenden Konzentration extrem hoch.

Am Beispiel Deutschland ist zu erkennen, dass die Gesprächsgebühren im Fernbereich sehr stark gesunken sind, was die Telekommunikationsgesellschaften unter Druck setzt. Mit den vorhandenen Ressourcen muss wesentlich mehr Leistung zur Verfügung gestellt werden, um den gleichen Umsatz generieren zu können. Somit mussten die Telefongesellschaften Strategien entwickeln, um die Umsatzeinbußen im Gesprächsgeschäft über Multimedia und Datengeschäft auszugleichen. Dort ist der Electronic Commerce das wesentliche Standbein für eine Vielzahl von Unternehmen.

Diese Entwicklung wird dadurch positiv beeinflusst, dass die Akzeptanz des Mediums Internet bei den Endverbrauchern stetig steigt. Im letzten Weihnachtsgeschäft bestellten schon 58 Prozent der amerikanischen Verbraucher Artikel über das Internet. Dies ist ein Zeichen dafür, dass die anfängliche Skepsis gegenüber dem Internet als Einkaufsmedium abgebaut wird.

Auch in Deutschland ist diese Entwicklung erkennbar, wobei Deutschland im europäischen Markt die Vorreiterrolle einnimmt. Im Jahre 1998 haben von den 8,4 Millionen deutschen Internet-Nutzern bereits 2,2 Millionen eine elektronische Bestellung aufgegeben.

Mit steigender Akzeptanz wird deutlich, dass sich nicht mehr die Frage stellt, *ob*, sondern *wie* das Medium Internet *effizient* eingesetzt werden kann.

6.5 Die Online-Produkte

Von der Meta Group wurde eine Studie erstellt, um zu bestimmen, welche Produkte sich für den Online-Vertrieb eignen. Die Unterteilung wurde nach den Kriterien Komplexität und Kauferlebnis vorgenommen. In Abb. 6-5 sind die Ergebnisse der Studie dargestellt. Im Folgenden wird thesenartig skizziert, welche Eignung die einzelnen Produkte für den Handel im Internet besitzen sollen.

Beispielsweise wird der Studie der Meta Group entsprechend die Warengruppe Kosmetik als relativ ungeeignet für den Internet-Verkauf eingestuft. Allerdings existieren bereits Geschäftsmodelle, bei denen Kosmetika erfolgreich im Internet abgesetzt werden, wie der Online-Duty-Free-Shop des Schipol-Flughafens in den Niederlanden beweist.

Der Kauf eines Autos wurde ebenfalls als ein emotionales, beratungsintensives und komplexes Einkaufserlebnis und somit als relativ ungeeignet für den Online-Vertrieb eingestuft. Dennoch gibt es auch in dieser Branche erfolgreiche Online-Retailer. So ist zum Beispiel in den USA der Neuwagenabsatz über das Internet relativ hoch. Insbesondere spielen Bestellungen von gewerblichen Kunden eine bedeutende Rolle. Dies verwundert nicht, wenn man bedenkt, dass die Kaufentscheidungen gewerblicher Kunden wenig von emotionalen Aspekten beeinflusst wird. Der Anteil der Online-Retailer wurde 1998 auf etwa 15 Prozent geschätzt, ein beachtenswerter Marktanteil, der den stationären Handel erheblich belastet.

Geschäftsmodelle in der Internet-Ökonomie 117

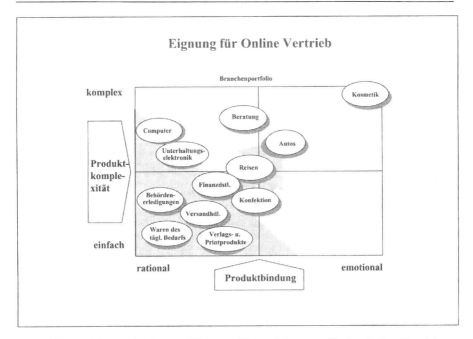

Abb. 6-5: Eignung bestimmter Waren und Dienstleistungen für den Online-Vertrieb

Waren des täglichen Bedarfs, wie etwa Lebensmittel, stellen ein großes Potenzial für den Internet-Verkauf dar. Den Endverbraucher könnte die Zustellung dieser Produkte wesentlich entlasten. Hier laufen bereits vielversprechende Pilotprojekte, beispielsweise bei der Kaufhof AG, an. Es ist jedoch anzumerken, dass die bisherigen Supermarktmodelle nicht direkt übertragen werden können, sondern die internen Abläufe bei den Einzelhändlern wesentlich an die neuen Ansprüche angepasst werden müssen.

6.6 Klassifikation von Geschäftsmodellen

6.6.1 Business-to-Consumer (B2C)

Der bedeutendste Vorreiter in der Entwicklung erfolgreicher Electronic-Commerce-Geschäftsmodelle ist das Unternehmen Amazon. Die verhältnismäßig hohe Bewertung des Unternehmens an der Börse von 25 Mrd. US-Dollar resultiert aus der diversifizierten Kundenbasis, die dieser Anbieter in kurzer Zeit aufbauen konnte. Ein wesentlicher Erfolgsfaktor bei Amazon ist das weitreichende Leistungsspektrum. Ausgehend von seiner ursprünglichen Branche, dem Buchhandel, trat Amazon mit Hilfe des Electronic Commerce auch in andere Märkte ein, wie CDs, Videoverkauf, Geschenke und Pharmazie. Mit der vorhandenen Kundenbasis und den aufgrund ihrer Kaufgewohnheiten mit Hilfe von Befragungen ermittelten Informationen über die individuellen Interessen und Gewohnheiten der Käufer, ist das Handelsunternehmen mittlerweile in der Lage, innerhalb von kürzester Zeit neue Geschäftsbereiche zu entwickeln.

Wie erfolgreich diese Strategie letztendlich ist, wurde deutlich, als Amazon innerhalb einer Woche die Marktführerposition im US-amerikanischen CD-Markt erobern konnte. Dies zeigt, dass ein Unternehmen mit einem umfassenden Kundenkreis die besten Voraussetzungen bietet, seinen Erfolg in kurzer Zeit zu multiplizieren.

Amazons hohe Bewertung an der Börse ist somit nicht auf den Buchverkauf zurückzuführen, sondern auf das Ansehen des Direkt-Vertreibers in der Electronic-Commerce-Branche.

6.6.2 Business-to-Business-Bereich (B2B)

Ein klassisches Beispiel für ein erfolgreiches B2B-Geschäftsmodell ist das Unternehmen Cisco. Bei einer näheren Betrachtung dieser Firma ist zu erkennen, dass dort die Digital Economy nicht nur nach aussen in externen Beziehungen bei der direkten Anbindung von Partnern und Kunden gelebt wird, sondern auch intern. So ist eine Vielzahl der Unternehmensabläufe vollständig automatisiert und über Internet-Technologien verfügbar.

Über 75 Prozent des Gesamtumsatzes des Unternehmens werden heute über das Internet realisiert. Der restliche Anteil wird über den ursprünglich in den letzten 20 Jahren aufgebauten Vertriebskanal erwirtschaftet.

Bei Cisco hat man erkannt, dass ein wesentlicher Erfolgsfaktor die Kundenorientierung ist. Die Angebote werden immer wieder in einer für den Endkunden verständlichen Form aufbereitet, sodass Endkunden die Möglichkeit haben, Produkte direkt zu bestellen. Der Fachhandel wird bei Cisco automatisch mit einbezogen. Der Verbraucher bestellt zwar bei Cisco, bekommt die Produkte aber direkt durch einen Cisco-Partner geliefert und installiert.

6.6.3 Consumer-to-Consumer (C2C)

Das neue Geschäftsmodell wurde sehr erfolgreich von dem Unternehmen eBay entwickelt. ebay ging 1998 an die Börse und wurde dort sofort mit über 5 Milliarden Dollar bewertet. Dieser hohe Wert, indem sich die Erwartungen der Kapitalgeber widerspiegeln, resultiert letztlich aus einer einfachen Idee: Man bietet den Kunden eine Schnittstelle an, mit Hilfe derer sie selbst anderen Kunden Angebote unterbreiten können. Die Idee ist aus einem Aktionsmodell hervorgegangen, letztendlich entstand jedoch eine Community mit vielen Anbietern. Diese Anbieter zeichnen sich alle durch eine hohe Vertrauenswürdigkeit aus. Und gerade auf das Vertrauen der Kunden kommt es im Internet-Wettbewerb an.

eBay bietet derzeit etwa 2 Millionen Artikel an. Dies ist das quantitativ umfangreichste Internet-Sortiment, das auf einer einzigen Portal-Site angeboten wird. Zahlreiche Firmen nutzen dieses Portal, um für bestimmte Produkte verschiedene Preis auszuprobieren, bevor das Produkt in den Markt eingeführt wird.

eBay hat, ausgehend von dieser einfachen Idee, die Marktführerposition in den USA innerhalb des Consumer-to-Consumer-Segments eingenommen. Es ist anzunehmen, dass dieses Unternehmen bald auch auf anderen Märkten, beispielsweise in Deutschland, aktiv werden wird.

6.6.4 Business-to-Business-to-Consumer (B2B2C)

Ein Beispiel für den B2B2C-Bereich stellt das von Libri initiierte Geschäftsmodell dar. Libri ist ein Buchgroßhändler, sodass vielfältige Kontakte zum Buch-Fachhandel bestehen. Der Datenaustausch erfolgt nach den klassischen EDI-Standards, sodass keine Notwendigkeit besteht, einen Fachhändler über ein Internet-System an Libri anzubinden. Libri hat ein Geschäftsmodell entwickelt und implementiert, um ein Direkt-Verkaufssystem vom Großhandel zum Endkunden unter Einbeziehung des Facheinzelhandels zu haben.

Der Prozess ist wie folgt organisiert: Bestellt der Verbraucher bei Libri ein Buch, wird ihm zunächst die am nächsten gelegene Buchhandlung als Lieferadresse vorgeschlagen. Falls diese den Auftrag nicht annehmen sollte, erfolgt die Zustellung durch eine alternative Buchhandlung. Die Lieferung kann im Postversand erfolgen; der Kunde hat aber auch die Möglichkeit, sich das Buch in der angegebenen Buchhandlung abzuholen.

Dieses Geschäftsmodell ist sehr interessant für diejenigen Anbieter, die eine Konfrontation mit anderen Absatzmittlern vermeiden wollen. Es kann aber auch als Übergangsform vom offline- zum online-Retailing genutzt werden. Libri ist es mit diesem Modell gelungen, die Fachhandelsorganisationen nicht gegen sich aufzubringen, sondern sie in den Verkaufsablauf einzubeziehen. Schon anhand der 3500 Händler, die mit Libri an diesem System arbeiten, ist zu erkennen, dass dieses Modell sehr erfolgversprechend ist. Die Teilnehmer sind auf allen Seiten zufriedengestellt: Der Endkunde erhält seine Produkte sehr schnell über das Großauslieferungslager und der Fachhändler erzielt weiterhin eine Provision und kann als Ansprechpartner beim Kunden vor Ort agieren.

6.6.5 Neue Geschäftsmodelle

6.6.5.1 Auktionen

Die Idee, Produkte mit Hilfe von Auktionen im Internet zu verkaufen, ist in Deutschland u.a. von Ricardo und Orlando realisiert worden. Das Auctioning hat momentan einen sehr großen Zulauf. Beispielsweise wurde bei Amazon aufgrund des Erfolges von eBay eine Auction-Site zusätzlich eingerichtet.

In den USA werden Auctioning-Systeme unter anderem dazu eingesetzt, bei Produktneueinführungen die Preisakzeptanz durch die Käufer zu testen und somit die spätere Preissetzung zu unterstützen. In diesem Bereich erleben die Anbieter oftmals Überraschungen, denn der von den Verbrauchern akzeptierte bzw. gebotene Preis muss nicht immer der niedrigere sein. Beispielsweise versteigerte Ricardo.de einen Audi TT, der mit einem Einstiegspreis von 20 TDM angeboten wurde; im Gegensatz dazu beträgt der Listenpreis 68 TDM. Der Anbieter konnte diesen Wagen letztendlich aber für 76 TDM verkaufen, wobei die „Auktion" über das Auctioning-System in 2 Stunden abgewickelt wurde. Vergleicht man diese Verkaufsform mit den klassischen Vorgehensweisen, beispielsweise dem Annoncieren in Zeitungen, wird deutlich, dass das Auctioning über das Internet den klassischen Methoden überlegen ist.

Die Intershop AG als Standardsoftware-Anbieter reagierte auf diese Entwicklung im Electronic Commerce und entwickelte einen eigenen Prototyp für das Auctioning, welcher an das Shopping System angekoppelt werden kann. So können verschiedene Artikel oder Warengruppen aktiviert und in Auktionen versteigert werden.

6.6.5.2 Communities

Unter einer Community versteht man den organisierten Zusammenschluss von Internet-Nutzern. Ein Beispiel für dieses Modell ist der Anbieter „Fortune City", der insbesondere auf dem US-amerikanischen und deutschen Markt sehr aktiv ist. Der Nutzer bekommt beim Eintritt in die Community kostenlos u.a. eine E-Mail-Adresse, um den E-Mail-Dienst nutzen zu können. Als Gegenleistung verlangt Fortune City, dass er seine Profil-Daten angibt. Den Anbietern ist es aufgrund dieser Daten möglich, kundenspezifische bzw. profilspezifische Angebote zu unterbreiten.

Communities sind insbesondere in den USA sehr populär und erfolgreich. „The Globe", ein in New York angesiedelter Anbieter, ist hier als weiteres Beispiel aufzuführen. Diese Community ist nach einem ähnlichen Modell wie die des Anbieters Fortune City aufgebaut. Auf der zentralen Homepage werden dem Nutzer aktuelle regionale Informationen geboten: die aktuellen Lotterie-Ergebnisse, Veranstaltungen, E-Mail-Adressen, Web- und Shopping-Space.

Bei beiden Anbietern werden Standards eingesetzt, die eine Anbindung vieler Anbieter und entsprechend vieler Produkte ermöglicht. Das Standardsoftware-Produkt „E-Pages" ermöglicht beispielsweise die Anbindung regionaler Anbieter vom Pizza-Bäcker bis zur Autoreparaturwerkstatt. Bei „The Globe" sind etwa 15.000 dieser Mini-Shops aktiviert.

Neben den regional organisierten und ein breites Themenspektrum offerierenden Communities existieren auch themenspezifische Communities, wie beispielsweise die Firma Disney, die als Medienkonzern gezielt Familien anspricht. Umfassende Angebote und die Einbeziehung von Electronic Commerce spielen im Marketing von Disney eine bedeutende Rolle. Der Nutzer wird nicht nur mit Informationen versorgt, sondern soll auch einzelne Artikel einkaufen. Der Aufbau dieses Community-Modells ist sehr unterhaltsam und wie ein Fernsehprogramm organisiert.

6.6.5.3 Portale

Portale bilden, wie der Name andeutet, ein Eingangstor in das Internet. Die im Internet vertretenen Portalanbieter versuchen, durch sowohl breitangelegte als auch - bei Bedarf -, inhaltsreiche Informationsangebote zu erreichen, dass der Nutzer immer über dieses Portal die Nutzung des Internets beginnt. Sie sollen die Orientierung des Nutzers im Internet erleichtern, sie übernehmen eine Art Gatekeeper-Funktion. Man geht aber davon aus, dass letztendlich nur eine geringe Anzahl von Portalen den Konkurrenzkampf überstehen wird. Die schon erfolgreichen, leistungsfähigen Systeme haben deshalb bereits gegenwärtig eine sehr hohe Bewertung an der Börse erlangt.

6.6.5.4 Lotterie

Ein besonders originelles Geschäftsmodell setzt im Internet die klassische Idee der Lotterie im „Netz der Netze" um. Das Internet bietet die Möglichkeit, das Lotterie-Spiel interaktiv erlebbar zu machen. In einer ansprechenden Form wird die Funktionsweise des Spiels dargestellt und alle zusätzlichen Komponenten dieses Modells erläutert. Die Spass-Komponente des Lotterie-Spiels wird somit durch diese Darreichungsform unterstützt.

6.6.6 Die Machtverlagerung durch neue Geschäftsmodelle

Die neuen, im Internet realisierten Geschäftsmodelle tragen dazu bei, dass sich bestehende Abläufe in einem Unternehmen und vor allem zwischen Unternehmen und Kunden verändern. Als besonders relevant wird hier die Zunahme der Konsumentensouveränität bewertet, die mit der in den letzten 50 Jahren gestiegenen Bedeutung des Einzelhandels (und damit des Kunden) vergleichbar ist.

6.6.7 Die erfolgreichsten Anbieter

Sofern der Börsenwert eines „Internet-Unternehmens" als Indikator für den Wert der dem Unternehmen zugrunde liegenden Geschäftsmodelle angesehen wird, so scheint Cisco mit ca. 160 Milliarden Dollar führend zu sein. Cisco ist im Business-to-Business-Bereich tätig, in dem der Umsatz normalerweise fünf bis acht Mal größer ist als im Consumer-Bereich. Die Prozesse im B2B-Bereich werden i.d.R. unter Teilnahme von mehreren Marktteilnehmern durchgeführt, sodass ein hoher Umsatz im Business-to-Business-Bereich erzielt werden kann.

AOL (American Online) als Medienkonzern, der vor allem Portale anbietet, wird mit ca. 85 Milliarden Dollar bewertet. Bevor dieser Provider profitabel wurde, vergingen fünfzehn Jahre. Seitdem zählt AOL zu den größten Medienunternehmen auf dem Markt, was auf die Profitabilität des „Portalgeschäftes" hindeutet.

Ähnlich ist es bei dem Provider Yahoo, bewertet mit 35 Milliarden Dollar: innerhalb von 5 Jahren hat das Unternehmen es geschafft, sich als Kundenschnittstelle zu etablieren. Bei Produktneueinführungen in den amerikanischen Markt müssen sich Unternehmen fast zwangsläufig mit Yahoo arrangieren. Der Provider arbeitet sehr innovativ und besitzt eine gute Technologiebasis. Auch hier lässt die entsprechend hohe Bewertung auf die positiven Zukunftserwartungen für dieses Unternehmen schließen.

Der Direktanbieter Amazon, ein universelles Versandhaus, hat sich stark etabliert. eBay mit dem Community- und Auction-Modell sowie The Globe sind andere Beispiele für hoch bewertete Unternehmen auf diesem Markt.

Auch in Deutschland lassen sich solche Entwicklungen bei Unternehmen mit den beschriebenen Geschäftsmodellen feststellen. Zwar sind diese Anbieter noch recht klein und erzielen relativ geringe Umsätze, im Moment werden jedoch die Marktanteile abgesteckt. Die hohe Bewertung dieser Unternehmen an der Börse spiegelt den großen Wert dieser Marktanteile besser wider als die momentanen Umsätze.

6.7 Umgehung der Absatzmittler durch E-Commerce?

Bei der Betrachtung der traditionellen Wertschöpfungskette (vgl. Abb. 6-6) drängt sich die Vermutung auf, dass durch Electronic Commerce die Absatzmittler, d.h. der Groß- und der Einzelhandel, einfach umgangen werden könnten. Diese Umgehungsthese beruht jedoch auf einer Fehleinschätzung:

Abb. 6-6: Traditionelle Wertschöpfungskette beim zweistufigen, indirekten Vertrieb

Zwar gibt es derzeit tatsächlich Bestrebungen seitens der Hersteller, direkt den Endverbraucher anzusprechen und damit eine bessere Endkundenkenntnis sowie Kostenreduktion durch Einsparung der Margen für Groß- und Einzelhändler zu erzielen. Levi´s hat beispielsweise den online-Retailern untersagt, die 501 übers Internet zu verkaufen. Für den Kunden besteht der Vorteil bei der Umgehung der Absatzmittler darin, dass der Bestellzyklus stark verkürzt wird. Er bekommt die Ware schneller als bei einer Auslieferung durch einen Einzelhändler (Abb. 6-7).

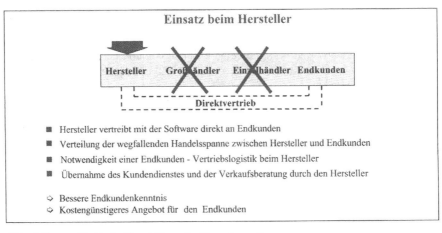

Abb. 6-7: Grafische Darstellung der Umgehungsthese

Andererseits müsste der Hersteller dann aber alle Funktionsbereiche der Groß- und Einzelhändler übernehmen. Dies würde neue kostenintensive Organisationsabläufe erfordern. Eine solche Reorganisation ist für viele Hersteller derzeit wohl ad hoc nicht denkbar. Bei einer genauen Betrachtung der einzelnen Funktionen des Herstellers wird daher deutlich, dass dieser sich auch im Electronic Commerce primär auf die Produktion beschränken wird.

Der Großhändler müsste, um den Einzelhändler umgehen zu können, als erstes seine Marke beim Endverbraucher etablieren und so das Vertrauen der Kunden gewinnen. Das wiederum würde erhebliche Marketinginvestitionen erforderlich machen. Allein hierfür sind zum Teil Investitionen in dreistelliger Millionenhöhe erforderlich. Die Wahrscheinlichkeit, dass der Einzelhandel durch den Großhandel umgangen werden kann, ist somit ebenfalls sehr gering. Der Großhändler wird seinen Funktionsbereich ebenfalls klar abgrenzen. Er unterhält als Logistik-Dienstleister das Warenlager und übernimmt für den Hersteller das Inkassowesen, da dieser meist nicht in der Lage ist, mit einer Vielzahl von Einzelkunden zu agieren. Der Einzelhändler übernimmt weiterhin die Funktionen Marketing und Warenpräsentation.

Insgesamt werden somit Kooperationsmodelle, wie z.B. das von Libri betriebene Geschäftsmodell des Business-to-Business-to-Consumer, für die traditionellen Branchen die größte Bedeutung haben.

Im Bereich der Digital Economy, d.h. dem Vertrieb elektronischer Produkte, ist der Direktvertrieb durch den Hersteller allerdings relativ einfach möglich und bietet einen großen Vorteil: Möchte man Informationen via Internet weitergeben, kann man diese ohne Medienbruch direkt anbieten. So erspart beispielsweise der Vertrieb von Software übers Internet das zeit- und kostenintensive Brennen auf CD's. Daraus ergibt sich ein hohes Einsparungspotenzial. Neben Industrie- und Handelsbetrieben gibt es aus diesem Grund viele branchenfremde Unternehmen, die bisher nicht als Anbieter von Produkten und Dienstleistungen in Erscheinung getreten sind, sich aber nun mit dem Direktvertrieb ihrer internetfähigen Produkte neu im Markt etablieren werden. Zu nennen wären hier die Banken, die Servicefunktionen übernehmen möchten sowie die Deutsche Post mit ihrem Angebot „Evita".

Die Internetökonomie wird letztendlich dann erfolgreich sein, wenn alle Marktteilnehmer zusammengeschaltet sind und sich jeder auf seine Kernkompetenzen konzentriert. Dann können auch Einkaufsorganisationen eingebunden werden, die zum Beispiel das Rohmaterial nur noch über das Internet bestellen. Erste Erfahrungen auf diesem Gebiet zeigten, dass insbesondere die Bestellkosten hierdurch deutlich verringert werden konnten.

6.8 Zusammenfassung: Die wesentlichen Prinzipien der Digital Economy

6.8.1 Das Phänomen der Produktdigitalisierung

Einen Spezialfall in der Internet-Ökonomie stellen sogenannte digitale Produkte dar. Es handelt sich um Informationsprodukte, die nicht zwangsläufig in der traditionellen Form materialisiert sein müssen. Sämtliche Informationsprodukte (z.B. CDs, Bücher) sind ein Beispiel für digitale Produkte.

Dadurch tendieren die Produktionskosten gegen Null, da digitale Güter beliebig vervielfältigt werden können, ohne dass dadurch hohe Kosten entstehen würden. Der Marktplatz ist durch das Internet global organisiert, der Anbieter kann auch als kleiner Marktteilnehmer seine Produkte weltweit vertreiben. Der wichtigste Erfolgsfaktor in der Digital Economy ist, Standards zu setzen und große Marktanteile einzuholen. Dies kann anfänglich auch auf Kosten der Profitabilität geschehen, solange die Marktpotenziale im zweiten Schritt erschlossen werden können.

6.8.2 Veränderung verlangt den Bruch mit alten Werten

Das Internet hat zu neuen Geschäftskulturen und -abläufen geführt, die eine entsprechende Änderung tradierter Strukturen und Abläufe in Unternehmen erfordern. Dies kann sogar dazu führen, dass bestehende Strategien durch neue Electronic-Commerce-Strategien „bewusst" gefährdet werden. Am Beispiel des Bertelsmann Konzerns kann dies erläutert werden. Im Buchgeschäft hat Bertelsmann mit seinem Buchclub bereits eine eigene Marktstrategie, trotzdem entwickelt man das BOL-Konzept für das Internet Shopping und scheut sich nicht, im Prinzip die eigenen Vertriebskanäle zu kannibalisieren. Die Umsätze würden sonst von den virtuellen Konkurrenten erzielt werden.

6.8.3 Spezialisierung und Globalisierung

Möchte ein Anbieter längerfristig im Internet agieren, muss er eine globale Strategie entwickeln. In der Regel sollte man sich im Electronic Commerce nicht auf lokale Märkte beschränken. Die Skalenerträge, die Investitionen rentabel machen, können auf globalen Märkten schneller realisiert werden; dabei werden gerade die schnellen Unternehmen im Electronic Commerce erfolgreich sein.

6.8.4 Produktdifferenzierung

Die Internetökonomie schafft die Möglichkeit, verschiedene Gruppen von Marktteilnehmern anzusprechen. Dies hat zur Folge, dass eine größere Produktpalette angeboten und abgesetzt werden kann. Softwarehersteller beispielsweise entwickeln eine Basistechnologie und passen sie dann an die Vorstellungen der einzelnen Zielgruppen an.

6.8.5 Individualisierung

Das Internet ermöglicht eine Lokalisierung der unterschiedlichsten Zielgruppen. Eine gezielte Ansprache der einzelnen Gruppen und eine Versorgung mit individuellen Informationen und Angeboten wird somit erleichtert. Die Massenansprache kann im Internet durch eine individualisierte Kundenansprache ersetzt werden; und das zu weitaus geringeren Kosten.

7 Neue Herausforderungen für das Marketing durch interaktive elektronische Medien – auf dem Weg zur Internet-Ökonomie

Heribert Meffert, Münster

7.1 Zur Ausgangssituation

Technische Innovationen einerseits und die steigende Nachfrage nach interaktiven, individualisierten und jederzeit verfügbaren Angeboten andererseits haben zu neuen interaktiven elektronischen Offline- und Onlinemedien geführt, die mittlerweile eine kritische Masse überwunden haben. Insbesondere das *Internet* mit seinen derzeit weltweit über 300 Mio. Nutzern (Deutschland: ca. 15 Mio.) befindet sich derzeit zweifellos im Übergang zu einem *Massenmedium*.[1] Der typische Internetnutzer zeichnet sich zwar weiterhin durch ein sehr spezifisches soziodemographisches Profil aus, aktuelle Studien deuten indes nachhaltig den Trend in Richtung einer breiteren Öffentlichkeit an.[2]

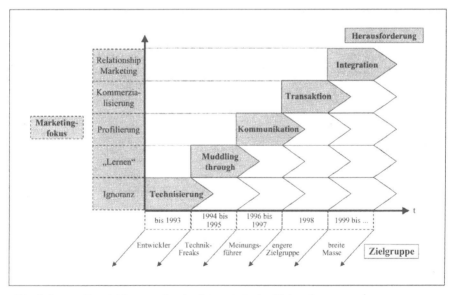

Abb. 7-1: Entwicklungsstufen des Internets in der Unternehmenspraxis

Aus *Sicht der Unternehmen* hat sich mit der Ausweitung der erreichbaren Zielgruppe im Internet ebenfalls eine Schwerpunktverlagerung bei der Nutzung des „Netzes der Netze" vollzogen: Während die unternehmerischen Aktivitäten in den

---

[1] Vgl. Nua, 2000.
[2] Vgl. Abb. 7-1 sowie Hartmann, 1999, S. 116.

ersten Jahren unter dem Zeichen eines ersten „Ausprobierens" bzw. „Lernens" standen und das Internet hauptsächlich als Werbeplattform zur Verbreitung von Informationen über Produkte und Unternehmen diente, ist seit Anfang des Jahres 1998 ein Trend zur Kommerzialisierung festzustellen. Die gestiegene Anzahl an Veröffentlichungen und Veranstaltungen zum Thema „Electronic Commerce" scheinen die wachsende Bedeutung der Internet-Ökonomie zu untermauern. Darüber hinaus wird das Internet nicht nur für die Kommunikation genutzt, sondern gewinnt zunehmend als Integrationsinstrument für die Teilaufgaben des Marketingmixes an Bedeutung, das zahlreiche Verbindungslinien zum „klassischen" Marketingmix aufweist.[3] Beispielsweise kann der Verweis auf Internetseiten in der klassischen Werbung als Indiz für diese Entwicklung angesehen werden.[4]

7.2 Neue Marktgesetze in der Internet-Ökonomie

Zur umfassenden Bestandsaufnahme der neuen Herausforderungen, die für das Marketing durch interaktive elektronische Medien bestehen, sind zunächst die Besonderheiten der Internet-Ökonomie bzw. deren „Spielregeln" aufzuzeigen.[5] Eine Analyse der *Anbietersituation* zeigt dabei die Vielfalt der in der „Marktarena Internet" agierenden Unternehmen auf. Neben Shopping Malls und Electronic-Commerce-Seiten einzelner Unternehmen sind in der Internet-Ökonomie Betreiber sog. Infrastrukturspezialisten, Virtueller Communities, Internet Access Betreiber, Auktionshäuser, Informationsbroker, Preisagenturen und Portalsites wie Suchmaschinen und Online-Magazine zu finden. Diese Liste ließe sich nicht zuletzt deshalb problemlos fortführen, da nahezu täglich neue Anbieter mit grundlegend neuen Geschäftskonzepten in den Internet-Markt eintreten.

Trotz der offenkundigen „Unordnung" der Anbieter im Internet lassen sich zur Systematisierung *drei Kategorien von Geschäftskonzepten* unterscheiden. *Infrastrukturanbieter* wie MCI Worldcom in den USA oder T-Online in Deutschland stellen die Netzwerke zur Verfügung und bilden damit die technische Grundlage für das weltweite Netz. Auf den Anschluss von Endkunden an das Internet haben sich indes *Internet Access Provider* spezialisiert, die ihre Kunden in Kundenklubs führen. Zu diesen zählen beispielsweise AOL und T-Online sowie eine Vielzahl regional und/oder lokal agierender Telekommunikationsdienstleister. Die meisten kommerziellen Internetseiten lassen sich der Kategorie „*Information und Transaktion*" zuordnen. Hierzu zählen die Webseiten der meisten Unternehmen der Konsumgüter- und Dienstleistungsindustrie, die Informationen über Produkte und Unternehmensstrukturen bereitstellen und/oder ihre Leistungen/Sachgüter im Internet zum Verkauf anbieten.

Unternehmen der drei skizzierten Kategorien agieren in der Internet-Ökonomie in einem Markt, dessen „*Spielregeln*" mit klassischen ökonomischen Gesetzmäßigkeiten zum Teil nur noch wenig gemeinsam haben, deren Beachtung jedoch wesentlich über Erfolg und Misserfolg von Internetaktivitäten entscheidet. Neue Spielregeln sind beispielsweise in sog. *Netzwerkeffekten* zu sehen. Diese liegen

---

[3] Vgl. Albers, 1998.
[4] Vgl. Meffert, 1999a.
[5] Vgl. Meffert, 1999c.

vor, wenn die Teilnahme einer Person an einem Netzwerk [dem Internet] positive und/oder negative Auswirkungen auf die übrigen Teilnehmer hat.

Netzwerkeffekte zeigen sich im Internet zum einen im *„Metcalfe's Gesetz positiver Feedbacks"*[6], das besagt, dass der Wert eines Netzwerkes exponentiell mit der Zahl ihrer Nutzer steigt: Wie beim Telefonnetz gewinnt das Internet aus Konsumentensicht exponentiell an Bedeutung, je mehr Personen und Institutionen Zugang zum Internet haben. Mit jedem weiteren Nutzer gewinnt das Netz für den Einzelnen an Attraktivität. Letztlich stiftet damit nicht das einzelne Telefon, sondern vielmehr das Netzwerk der einzelnen Anschlüsse an das Telefonnetz einen Nutzen für den Benutzer. Wenn es Anbietern gelingt, zu einem frühen Zeitpunkt eine bestimmte Kundenzahl gewonnen zu haben, werden die aus der Größe des Netzwerkes (des Kundenstammes) resultierenden Nutzenvorteile kaum oder gar nicht von anderen zu imitieren sein. Beispielsweise konnte Microsoft im Bereich der Betriebssysteme eine Monopolstellung erreichen, da sich nach kurzer Zeit ein international akzeptierter Standard etabliert hatte. Mit jedem weiteren Nutzer der Betriebssysteme von Microsoft steigerte sich der Nutzen für den einzelnen Kunden, da sich ein Standard weiter durchgesetzt hat und der Datenaustausch erleichtert wurde.

Zum anderen existieren im Internet *„indirekte Netzwerkeffekte"*, d.h. die Nutzungsmöglichkeit und der Wert eines Produktes [des Internets] hängen von der Verfügbarkeit von Komplementärleistungen ab. Das Internet hat sich im Vergleich zum BTX aufgrund dieser Effekte so schnell verbreitet. Mit dem Internetprotokoll, der Browsersoftware, Electronic Malls, Unternehmenswebseiten etc. waren nach kürzester Zeit eine Vielzahl sich ergänzender Leistungen vorhanden. Darüber hinaus existieren in virtuellen Netzwerken sog. *Lock-in-Situationen*. Diese liegen vor, wenn die Kosten für den Wechsel zu einem anderen Anbieter aus Anwendersicht höher als der daraus resultierende Nutzen empfunden werden. Beispielsweise führt die Nutzung einer neuen Suchmaschine im Internet zu Kosten in Form von zusätzlicher Einarbeitungszeit in die Bedienung bzw. Nutzerführung. Ebenso ist der Verlust der E-Mail-Adresse beim Wechsel eines Internet-Providers als Beispiel für eine Lock-in-Situation anzusehen.

Als weitere Besonderheit in der Internet-Ökonomie ist die *veränderte Kostenstruktur* zu nennen (vgl. Abb. 7-2). So zeichnet sich die Verbreitung von Inhalten im Internet durch eine Dominanz der fixen gegenüber variablen Kosten aus. Beispielsweise entfallen bei der Verbreitung von Medieninhalten über das Internet in der Regel Fixkosten von mehr als 90% der Gesamtkosten an, während in der Zeitschriftenbranche ca. 65% der Gesamtkosten auf Fixkosten (first-copy-costs) und nur 35% auf variable Kosten durch Vervielfältigung und Distribution entfallen. Bei der Abwicklung von Banktransaktionen über das Internet ist eine Einsparung der variablen Kosten um 89% und bei der Softwaredistribution sogar um 97 - 98% möglich. Der Grund für die veränderte Kostenstruktur liegt in der Automatisierung von Prozessen und dem Selbstbedienungscharakter bei der Abwicklung von Geschäften über das Internet. Eine Studie von Frost und Sullivan aus dem Jahr 1998 deutet in diesem Zusammenhang an, dass die gesamtwirtschaftlichen Kosten des Güterhandels als Folge des Electronic Commerce um rund 5% sinken

---

[6] Vgl. Zerdick et al., 1999, S. 155 f.

können – verbunden mit signifikanten Produktivitätssteigerungen. Aufgrund der Fixkostendominanz im Internethandel stehen Anbieter deshalb vor der zentralen Herausforderung, durch die Ausschöpfung von Größenvorteilen eine dominante Wettbewerbsposition aufzubauen.

	Distributionskosten der traditionellen Abwicklung	Distributionskosten der Internet-Abwicklung	Einsparung
Flugtickets	8 $	1 $	87 %
Banktransaktionen	1,08 $	0,13 $	89 %
Rechnungsabwicklung	2,22 $	0,65 $	71 %
Lebensversicherung	400 - 700 $	200 - 300 $	50 %
Softwaredistribution	15 $	0,2 - 0,5 $	97 - 99 %

Abb. 7-2: Verändertes Kostenmanagement in der Internet-Ökonomie (Quelle: OECD, 1998)

Aus der Fixkostendominanz und den hohen Anfangsinvestitionen von Geschäftskonzepten im Internet resultieren eine im Vergleich zu traditionellen Märkten lange Zeitspanne sowie hohe Investitionssummen bis zum Erreichen der Gewinnzone (vgl. Abb. 7-3). Der Lohn für die hohen Marketinginvestitionen in den ersten Jahren ist allerdings die *Überwindung des klassischen Ertragsgesetzes*, wonach in traditionellen Märkten die Erträge zunächst recht schnell ansteigen, ihren Scheitelpunkt erreichen und schließlich wieder sinken.[7] Im Internet hingegen wächst der Ertrag - nach Erreichen einer „kritischen Masse" - überproportional an. Ein Abflachen der Kurve ist nach bisher gemachten Erfahrungen nicht zu erkennen. Aus diesem neuen „Gesetz" lässt sich die hohe Börsenkapitalisierung einzelner Internetanbieter erklären: Die Anleger gehen davon aus, dass sich diese Anbieter kurz vor dem Erreichen der Gewinnzone befinden (bzw. diese erreicht haben) und dass eine Stagnation des Umsatzwachstums nicht zu erwarten ist. Darüber hinaus geht man an der Börse von sukzessiven Steigerungen des Return on Investment im Zeitablauf aus.

Aufgrund der Überwindung des klassischen Ertragsgesetzes stehen Internetanbieter vor der *Herausforderung*, in kürzester Zeit (als *Pionier*) in den Markt einzutreten und einen hohen *Marktanteil* aufzubauen. Die Notwendigkeit, in der Internet-Ökonomie in kürzester Zeit einen hohen Marktanteil zum Erreichen der

---
[7] Vgl. o.V., 1998.

minimalen Effizienz aufbauen zu müssen, erklärt in diesem Zusammenhang das Zustandekommen der Vielzahl *strategischer Allianzen* im Internetmarkt: Durch unternehmensübergreifende Kooperationen werden die hohen Anfangsinvestitionen geteilt und dass damit Unternehmensverbünde mit relativ hohen finanziellen Reserven aufgebaut.

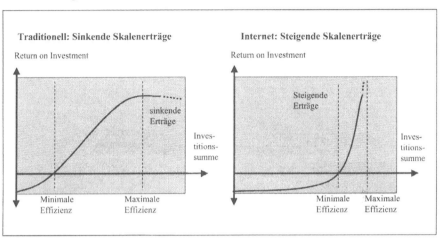

Abb. 7-3: Skalenerträge in der Internet-Ökonomie (Quelle: Andersen Consulting, 1998)

Eine weitere Besonderheit in der Internet-Ökonomie ist in der Bedeutung des *Kommissionsgeschäftes als Erlösform* zu sehen.[8] Erlöse aus Kommissionen besitzen im Internet eine völlig neue Dimension. So erhielten die über 8.000 Partner des Buchhändlers Amazon jeweils 15% des Umsatzes bei der Vermittlung von Buchkäufen. Amazon hat durch die Kommissionen viele Partner an sich gebunden, seine Bekanntheit durch die breite Präsenz gesteigert und letztlich zusätzliche Erlöse generiert. Zu den weiteren Erlösformen im Internet zählen Erlöse aus Werbung durch die Generierung von Reichweiten, der Internethandel (Electronic Commerce), das Informationsbroking sowie Erlöse durch Abonnementgebühren.

Schließlich ist als letzte Besonderheit in der Internet-Ökonomie anzuführen, dass traditionelle Wertschöpfungsketten teilweise erodieren und durch *Multimedia-Wertschöpfungsnetze* abgelöst werden.[9] So werden der klassische Buch- und Musikhandel zunehmend durch den Internethandel substituiert, Banktransaktionen vermehrt über das Internet abgewickelt und Informationen über Produkte und Preise verstärkt über das Internet abgefragt. Die Geschwindigkeit des Erosionsprozesses hängt dabei in erster Linie von den mit den neuen Möglichkeiten verbundenen Nutzenvorteilen ab (Attraktivität des Inhalts, Qualität der Darbietung, Kosten und Bequemlichkeit der Nutzung).

---

[8] Vgl. Zerdick et al., 1999, S. 167.
[9] Vgl. Zerdick et al., 1999, S. 172 ff.

Fasst man an dieser Stelle die aufgeführten Besonderheiten in der Internet-Ökonomie zusammen, so zeigt sich in der Summe ein Marktplatz, dem nahezu der *Status eines vollkommenen Marktes* zuzusprechen ist (vgl. Abb. 7-4). Aufgrund der höheren Markttransparenz verringert sich die Informationsasymmetrie zwischen Anbieter und Nachfrager. Die globale Verfügbarkeit von Informationen und die Möglichkeit, auf elektronischem Wege von jedem Ort zu jeder Zeit Transaktionen abzuwickeln, senken die Transaktionskosten. Darüber hinaus resultiert aus der elektronischen Abwicklung von Geschäften und der Unabhängigkeit von Raum und Zeit eine im Vergleich zu traditionellen Märkten erhöhte Reaktionsgeschwindigkeit der Marktteilnehmer. Aus Unternehmenssicht ist deshalb eine geringere Abschöpfung der Konsumentenrente möglich.

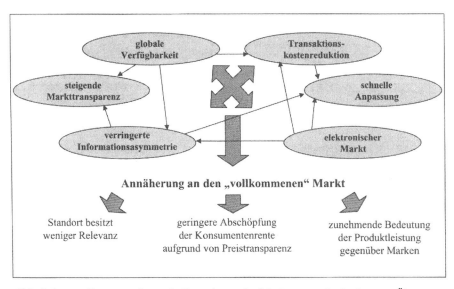

Abb. 7-4: Zusammenfassende Betrachtung der Marktgesetze in der Internet-Ökonomie

7.3 Herausforderungen an das strategische Marketing

Die skizzierten Marktgesetze in der Internet-Ökonomie bedingen ein Marketing, das sich an den veränderten Rahmenbedingungen zu orientieren hat und einige zentrale *Unterschiede zum „klassischen" Marketing* aufweist. In der Literatur zum Thema Internet wird deshalb regelmäßig zwischen dem Marketing im „Marketplace" (als Synonym für das „klassische" Marketing) und dem Marketing im „Marketspace" (Internet-Marketing) unterschieden.

Zur Erläuterung der zentralen Herausforderungen im strategischen Marketing des Marketspace sind zunächst diejenigen *Branchen* zu charakterisieren, deren Marktstrukturen aufgrund der Entwicklungen in der Internet-Ökonomie den größten Veränderungen unterworfen sind.[10] Aussagekräftige Kriterien zur Spezifikation dieser Branchen sind dabei das Transaktionskostensenkungspotenzial sowie die Autonomie des Käufers (vgl. Abb. 7-5). Tendenziell gilt, je größer das Einsparungspotenzial bei der Durchführung von Transaktionen über das Internet (insbesondere bei digitalisierbaren Leistungen) und je größer die Autonomie des Käufers bzw. das Selbstbedienungspotenzial sind[11], desto mehr sind diese Branchen Veränderungen durch das Internet unterworfen (beispielsweise in Form des Markteintritts von neuen Konkurrenten und/oder neuen Händlern, einer Erosion klassischer Wertschöpfungsprozesse oder der Ausschaltung von Absatzstufen). Allerdings ist festzustellen, dass die Zahl der betroffenen Branchen im Zeitablauf sukzessive zunimmt.

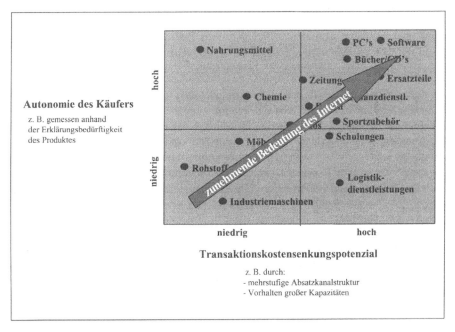

Abb. 7-5: Branchenspezifische Bedeutung des Internets (Quelle: in Anlehung an McKinsey Quarterly, 1/1998)

Eine erste Herausforderung im strategischen Marketing des Marketspace ist in der Notwendigkeit von Kooperationen zu sehen, denn attraktive Systemangebote und ein konkurrenzfähiges Preis-Leistungs-Verhältnis sind im Internet in der Regel nur durch die Bildung von *Wertschöpfungspartnerschaften* in strategischen Allianzen (sog. Business Webs) zu erreichen.[12] Durch die Konzentration auf die eigenen Kernkompetenzen und die damit einhergehende Spezialisierung können die Skalenerträge zur Erreichung der notwendigen Effizienz erzielt werden. Dies

---

[10] Vgl. Berryman et al., 1998, S. 156.
[11] Vgl. Meffert, 1999b, S. 50 ff.
[12] Vgl. Hagel III, 1996; Zerdick et al., 1999, S. 179 ff.

ist insbesondere vor dem Hintergrund der aufgeführten Kostenstruktur in der Internet-Ökonomie von besonderer Bedeutung. Darüber hinaus ermöglicht die Bildung von Business Webs den Zugriff auf Ressourcen der Marktpartner, sodass dem einzelnen Unternehmen eine größere Know-how-Basis zur Verfügung steht, ohne dabei an Flexibilität einbüßen zu müssen. Letztlich wird hierdurch auch das unternehmerische Risiko verringert.

Ebenso bedeutsam im strategischen Marketing des Marketspace ist der Faktor Zeit. Es scheint von erfolgsentscheidender Wichtigkeit zu sein, als Pionier in den Internetmarkt einzutreten. Zum einen ist es durch den Markteintritt als Pionier möglich, in kurzer Zeit eine hohe Bekanntheit bzw. einen hohen Marktanteil zu erreichen. Zum anderen liegt ein Vorteil der Pionierstrategie im Erfahrungsvorsprung durch konsequente Auswertung von Nutzungsprotokollen. Jeder Zugriff von Kunden kann letztlich als Chance interpretiert werden, Bedürfnisse von Konsumenten zu erkennen und vom Kunden zu lernen. Die gute Marktkenntnis kann in die Entwicklung bedarfsgerechterer Leistungen fließen und damit die Basis zur langfristigen Differenzierung von Konkurrenten durch Qualitätsvorsprünge darstellen.

Eine weitere Herausforderung im strategischen Marketing besteht in der Notwendigkeit, sog. *virtuelle Communities* aufzubauen.[13] In diesen „Communities of interest" findet ein Gedankenaustausch mit bzw. zwischen Teilnehmern zu einem bestimmten Thema (z.B. zu Reisen, Online-Marketing, Computer-Hardware oder Büchern) statt. Dem Betreiber einer Community obliegt die Aufgabe, erste Inhalte in einer Weise bereitzustellen, welche die Kommunikation zwischen den Teilnehmern ermöglicht. Ein Beispiel für eine virtuelle Community ist „Toms Hardware". Auf dieser Webseite veröffentlichen Computernutzer ihre eigenen Erfahrungen mit Hardware-Komponenten und helfen sich gegenseitig bei Problemen. Der Anbieter kann auf diese Weise Präferenzen der Kunden erkennen und bietet entsprechende Produkte für die Teilnehmer an. Der Buchversender Amazon fördert die Communitybildung, indem jeder Besucher der Webseiten Rezensionen zu Büchern abrufen bzw. selbst veröffentlichen kann. Durch die Communitybildung werden Konsumenten emotional an die Webseiten gebunden und werden so zu „Stammkunden".

Die Möglichkeit zum *„Mass Customization"* ist darüber hinaus als Besonderheit des Internet-Marketing zu sehen:[14] *Im Marketplace* sieht sich ein an individuellen Bedürfnissen ausgerichtetes Marketing grundsätzlich dem Spannungsfeld zwischen höherem Umsatz einerseits und steigenden Kosten (insbesondere Komplexitätskosten) andererseits ausgesetzt. Aufgrund der hohen Kosten erscheint ein am einzelnen Kunden orientiertes One-to-one-Marketing aus wirtschaftlichen Gründen somit in der Regel kaum vorteilhaft.[15] Insbesondere die Erfassung individueller Bedürfnisse und die Entwicklung maßgeschneiderter Problemlösungen gehen häufig mit einem kaum vertretbaren Aufwand einher. *Im Marketspace* können hingegen sowohl die Erfassung individueller Bedürfnisse durch Protokollierungstechniken als auch die Zusammenstellung individueller Angebote

---

[13] Vgl. Hagel III/Armstrong, 1997.
[14] Vgl. Röder, 1999.
[15] Vgl. Schnäbele, 1997.

automatisiert erfolgen und damit Kosten gesenkt werden.[16] Damit besteht in diesem Medium die Möglichkeit, durch „Massenindividualisierung" des Leistungsangebotes die Kundenloyalität und die Kundenwerte zu erhöhen bzw. zusätzliche Umsätze zu generieren (vgl. Abb. 7-6). Beispielsweise bieten einige Suchmaschinen im Internet den Nutzern die Möglichkeit einer individuellen Gestaltung der Portalseite an. Der Nutzer gibt lediglich seine Präferenzen per Internetfragebogen bekannt und erhält anschließend bei jedem Aufruf der Internetseite die auf seine individuellen Präferenzen zugeschnittenen aktuellen Informationen (Nachrichten aus bestimmten Kategorien, Surftips, Buchtips etc.). Buchhändler im Internet bieten ihren Kunden ebenfalls einen auf die individuellen Präferenzen zugeschnittenen Service an: Interessiert sich ein Besucher der Webseite für ein bestimmtes Buch, werden ihm automatisch weitere Bücher angeboten, die von anderen Kunden mit gleichen Interessen bereits bestellt wurden.

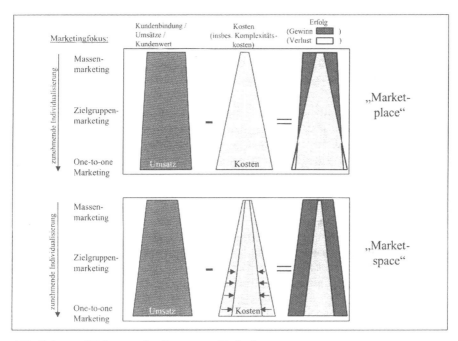

Abb. 7-6: Wirkungen des One-to-one-Marketing

In der Internet-Ökonomie zeigen sich auch *einige Besonderheiten in der Handelsstruktur*.[17] Aufgrund der Unabhängigkeit des Mediums von Raum und Zeit und der geringen Transaktionskosten sind eine Vielzahl *neuer Intermediäre* in den Internet-Markt eingetreten. Diese übernehmen im Marketspace Vermittlungsfunktionen zwischen dem klassischen Handel und dem Endkunden und haben teilweise traditionelle Handelsketten durchbrochen. So ist beispielsweise auf die Vielzahl

---

[16] Vgl. Meffert, 1998, S. 489.
[17] Vgl. Gerth, 1998, S. 150-156.

der Preisagenturen zu verweisen, die Handelsfunktionen übernehmen. Einige neue Intermediäre haben bereits eine beachtliche Größe erreicht, sodass der klassische Handel an der einen oder anderen Stelle substituiert wird.

Ferner ist eine Zunahme der *Dis-Intermediation durch das Internet* (d.h. die Ausschaltung von Handelsstufen z.B. in Form des Direktvertriebs) festzustellen.[18] Welches Ausmaß die Dis-Intermediation erreichen kann, zeigt sich aktuell beispielsweise in der Musikindustrie. Dort findet nicht nur eine Substitution des stationären Einzelhandels durch den Verkauf von CDs über das Internet statt. Durch den digitalen Vertrieb von einzelnen Musiktiteln über das Internet im sog. MP3-Format, das eine Komprimierung der Datenmenge um den Faktor 10 ermöglicht, entwickelt sich derzeit vielmehr ein gänzlich neuer Markt, in dem aktuelle Key Player der Musikindustrie mehr und mehr eine untergeordnete Rolle spielen. Bei der Diffusion erweist sich allerdings der Schutz der Urheberrechte als größte Barriere: Rund 90% der Internetseiten, auf denen Musik im MP3-Format angeboten wird, sind illegal bzw. verweisen auf illegale Server.

7.4 Implikationen für den Einsatz der Marketinginstrumente

Einen erheblichen Einfluss auf die Gestaltung aller Marketinginstrumente besitzt die bereits beschriebene Möglichkeit zur Individualisierung in der Internet-Ökonomie.[19] Im Rahmen der *Produktpolitik* wird die Individualisierung im Internet beispielsweise durch individuelle Komponentenbündelung oder durch individuell mit Kundenbeteiligung gefertigte Produkte möglich („the customer as coproducer"). Eine sehr professionelle Umsetzung dieser Möglichkeiten ist beispielsweise auf der Internetseite eat.com zu finden. Das Unternehmen Lipton Inc. hat mit eat.com eine Webseite aufgebaut, die sich mit dem Thema „Essen und Trinken" befasst. Basis der Individualisierung bildet eine detaillierte Abfrage von Präferenzen der Nutzer hinsichtlich ihrer Essgewohnheiten. Durch die so gewonnenen Nutzerprofile werden individuelle Mahlzeitenplanungen und Rezeptvorschläge mit den zugehörigen Einkaufslisten erstellt. Die Nutzer werden nicht zuletzt deshalb langfristig an das Unternehmen gebunden, da in den Einkaufslisten primär Produkte von Lipton angeboten werden.

Über die individualisierte Leistungserstellung hinaus kann das Internet im Rahmen der Produktpolitik ferner zu *Servicezwecken* genutzt werden.[20] Neben der Beratung von Kunden über E-Mail bzw. durch das Angebot von FAQ-Listen (Frequently asked questions) können auch im Rahmen eines elektronischen Beschwerdemanagements durch die Installation von „E-Mail-Meckerkästen" Beschwerdeinformationen gesammelt werden. Das Angebot, Transaktionen über das Internet initiieren zu können, kann schließlich als ein Value Added Service interpretiert werden, da die jederzeitige Durchführbarkeit (beispielsweise von

---

[18] Vgl. Tomczak/Schögel/Birkhöfer, 1999, S. 109.
[19] Vgl. Meffert, 1998, S. 489.
[20] Vgl. Theobald, 1999.

Überweisungen) zu einem die Hauptleistung ergänzenden Leistungsbestandteil wird.

Der Einsatz des Internets als Werbemedium im Rahmen der *Kommunikation* ist vereinfacht durch drei Formen realisierbar. Zum einen ist es möglich, Konsumenten direkt und individuell per E-Mail zu kontaktieren. Dies setzt einerseits die Sammlung von E-Mail-Adressen und andererseits die Akzeptanz des Konsumenten voraus. Zum anderen kann durch Banner Ads auf stark frequentierten Inter-netseiten (sog. Portalseiten) für die eigene Webseite geworben werden. E-Mail und Banner Ads zählen zu den Werbeformen der Push-Werbung, da sie auf Initiative des werbetreibenden Unternehmens erfolgen und nicht explizit vom Konsumenten angefordert werden. Demgegenüber zählt Werbung durch eine unternehmenseigene Homepage – die dritte hier anzusprechende Form der Werbung im Internet – zum Bereich der Pull-Werbung, da werbliche Informationen lediglich zur Verfügung gestellt werden. Die Initiative für den Abruf von Informationen geht allein vom Nutzer aus, weshalb diese Werbeform auch als „Advertising on demand" bezeichnet wird. Werbung wird hier zu einer angeforderten, statt zu einer gesendeten Botschaft.

Aufgrund des Pull-Charakters und der exponentiell steigenden Masse abrufbarer Informationen im Internet stellt es eine zunehmend schwierige Aufgabe dar, Konsumenten erstmals zum Besuch der eigenen Internetseiten zu bewegen. Insofern existiert im Internet eine neue Dimension der *„klassischen Aktivierungsproblematik"*. Von zentraler Wichtigkeit ist deshalb die Abstimmung aller Kommunikationsmaßnahmen im Sinne einer integrierten Kommunikation. Die Angabe der Internetadresse in allen Medien und bei jeder Gelegenheit, der Verweis auf bestimmte Events im Internet usw. sollten Ausdruck dieses Prinzips sein.

Im Vergleich zu klassischen Medien (TV, Print) besitzt die Internet-Werbung eine verhältnismäßig geringe Reichweite und kann deshalb nur einen geringen Beitrag zur Erhöhung der *Markenbekanntheit* oder der *Markenaktualität* beitragen. Des weiteren besitzen klassische Medien gegenüber der Internet-Werbung Vorteile durch die markenadäquatere Botschaftsgestaltung und die geringeren Kontaktkosten (größere Breitenwirkung). Internet-Werbung zeichnet sich demgegenüber durch die (additive) Erreichbarkeit spezieller Zielgruppen (Special-Interest-Groups, Meinungsführer) mit hohem Produktinteresse und -involvement bei jederzeitiger Verfügbarkeit und hohem Dialogpotenzial aus (größere Tiefenwirkung). Kontakte von Konsumenten zu eigenen Webseiten können deshalb – wie kein anderes Medium – zur *Stärkung der Markenpersönlichkeit* beitragen.

Eine besondere Herausforderung in der Internet-Werbung besteht darin, dem Nutzer auf Dauer interessante Inhalte zur Verfügung zu stellen, um ihn zum wiederholten Besuch einer Internetseite zu bewegen. Die Generierung innovativer Inhalte stellt sich jedoch für eine Vielzahl von Unternehmen als durchaus schwierig dar. Darüber hinaus stoßen „Innovationen" wie Werbespiele oder Downloadmöglichkeiten von Bildschirmschonern u. Ä. auf ein abnehmendes Interesse seitens der Internetnutzer. Vor diesem Hintergrund tendieren einige Unternehmen mittlerweile dazu, nicht unter dem Markennamen Inhalte im Internet zu publizieren, sondern ein bestimmtes *Thema in den Mittelpunkt der Internet-Werbung* zu stellen, um eine *virtuelle Community* zu formen. Beispielsweise sind auf der Seite www.katzen-online.de viele Informationen rund um das Thema „Katze und

Katzenhaltung" zu finden. Die Seite wurde von der Effem GmbH (Hersteller von whiskas, Sheba, Catsan etc.) entwickelt. Werbung für die Produkte erfolgt hier lediglich auf indirektem Weg in einer wenig aufdringlichen Form.

Als Instrument im Rahmen der *Distributionspolitik* kann das Internet sowohl der Anbahnung und Abwicklung von Transaktionen als auch als logistischer Absatzweg fungieren (bei digitalisierbaren Produkten wie Informationen oder Software). Dabei bieten sich auf Nachfrager- und Anbieterseite Vorteile.[21] Aus *Nachfragersicht* ergeben sich beim Shopping über das Internet Vorteile durch den Wegfall räumlicher und zeitlicher Grenzen. Durch Suchfunktionen und detaillierte Produktinformationen erhöht sich die Markttransparenz, und der Such- und Vergleichsaufwand ist gering. Aus *Anbietersicht* ergeben sich durch den *Electronic Commerce* (definiert als die Anbahnung, Aushandlung und/oder Abwicklung von Transaktionen zwischen Wirtschaftssubjekten über das Internet) Vorteile durch die Automatisierung von Teilprozessen bzw. die Integration des Kunden in die Auftragserfassung, so dass Medienbrüche vermieden und damit Kosten eingespart werden können.

Der Einsatz des Internets als Absatzkanal bietet neben den genannten Effizienz- auch *Effektivitätsvorteile*: Der Electronic Commerce kann zu Umsatzsteigerungen vor allem durch die Ansprache bisher nicht erreichter Zielgruppen führen. Darüber hinaus kann der Hersteller die Struktur des Absatzkanals selbst bestimmen und alle Marketingmaßnahmen aufeinander abstimmen. Schließlich besteht die Möglichkeit, direkt mit dem Endkunden zu kommunizieren, durch Protokollierungsfunktionen seine individuellen Informations- und Kaufpräferenzen kennenzulernen und gezielte Marketingmaßnahmen im Sinne des Segment-of-one-Marketing zu ergreifen und damit Kundenbindung und Kundenwert zu steigern. Einschränkend ist indes zu vermerken, dass es nur wenigen Anbietern bisher gelungen ist, im Electronic Commerce rentabel zu arbeiten. Eine Studie der Giga-Information-Group geht von lediglich 5% rentabel agierender Unternehmen im Internethandel aus. Darüber hinaus ist beim Übergang zum Electronic Commerce in Mehrkanalsystemen mit wachsendem Konfliktpotenzial mit Intermediären zu rechnen.

Zur Bewertung der *Preispolitik in der Internet-Ökonomie* ist zunächst darauf zu verweisen, dass nahezu alle Studien über Internetnutzer zeigen, dass sich diese durch eine geringe Zahlungsbereitschaft für Informationen auszeichnen. Entsprechend ist eine Abschöpfungspreisstrategie im Electronic Commerce mit hohen Preisen beim Markteintritt i. d. R. wenig erfolgversprechend (vgl. Abb. 7-7). Die notwendige Größe zur Realisierung von angemessenen Skaleneffekten wird durch die Preisstrategie der Abschöpfung meist nicht erreicht. Statt dessen finden sich viele Beispiele von Anbietern im Internet, die durch *wirksame Preisstrategien der Marktpenetration* schnell einen großen Marktanteil erreichen konnten. Insbesondere die Strategie des „Follow-the-free" – die kostenlose Produktabgabe, die als Extremform der Penetrationsstrategie interpretiert werden kann – stimuliert die Nachfrage in einzigartiger Weise.[22] So vertrieb das Unternehmen Network Associates seine Antivirensoftware McAfee zunächst kostenlos und erreichte

---

[21] Vgl. Loos, 1998.
[22] Vgl. Zerdick et al., 1999, S. 190 ff.

einen Marktanteil von 75%. Durch kostenpflichtige Upgrades konnten sodann erhebliche Umsätze generiert werden. Der Marktanteil sichert dem Unternehmen eine einzigartige finanzielle Basis zur Weiterentwicklung des Produktes. Die Software gilt hinsichtlich der Qualität als Marktführer, weshalb die Nutzer des Produktes sich in einer Lock-in-Situation befinden.

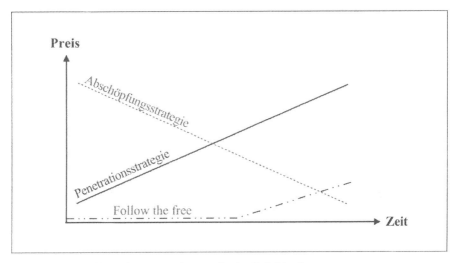

Abb. 7-7: Illustration von Preisstrategien im Zeitablauf

Darüber hinaus wird die Preispolitik in der Internet-Ökonomie zunehmend von spezialisierten *Preisagenturen* beeinflusst, die Konsumenten zu mittlerweile allen Bereichen und Branchen detaillierte Informationen über Preishöhe, Zahlungsbedingungen, Lieferzeiten, Service usw. liefern. Aufgrund der daraus resultierenden erhöhten *Markt- bzw. Preistransparenz* ist tendenziell nur noch eine geringere Abschöpfung der Konsumentenrente seitens der Anbieter möglich. Eine Möglichkeit für Unternehmen zur Umgehung der erhöhten Preistransparenz stellen *Auktionen* dar. Beispielsweise versteigert die Deutsche Lufthansa AG Flugtickets im Internet und kann so individuelle Preisbereitschaften abschöpfen bzw. den Auslastungsgrad kurzfristig im Sinne eines Yield-Management erhöhen. Eine weitere Möglichkeit, trotz der erhöhten Preistransparenz die Abschöpfung von Konsumentenrente zu ermöglichen, stellt *das Angebot differenzierter Preise bzw. Leistungen* dar. Beispielsweise verschickt das Unternehmen PAWWS Financial Network professionellen Nutzern für monatlich 50 $ in Echtzeit Finanzinformationen über das Internet. Für monatlich 8,95 $ werden die gleichen Informationen mit 20-minütiger Verspätung zur Verfügung gestellt.

7.5 Herausforderungen an Marketingforschung und Informationsmanagement

Die *Bedeutung des Informationsmanagements* wird durch eine aktuelle Studie der Reuters AG aus dem Jahr 1999 deutlich. Von 1000 befragten Führungskräften aus Europa, USA und Asien sehen 50% die Information als ihr wichtigstes Werkzeug an. Allerdings beklagen 42% der befragten Personen, dass die Menge relevanter Informationen stetig zunimmt, und angesichts der „Informationsflut" die Auswahl und Verarbeitung relevanter Informationen eine zunehmend schwierige Aufgabe darstellt. Darüber hinaus gaben 59% der Führungskräfte an, aus Zeitgründen nicht die benötigten Informationen zu erhalten, und 60% beklagen die fehlenden technischen Kenntnisse beim Zugriff auf die Informationen. Zusammenfassend verdeutlicht die Studie, dass die zentralen Herausforderungen in der Marktforschung sowohl in der Informationsbeschaffung als auch in der zielgerichteten Informationsauswertung liegen. Ein effektives Informationsmanagement kann als Erfolgsfaktor angesehen werden.

Die Marktforschung und das Informationsmanagement besitzen in der Internet-Ökonomie einen besonderen Stellenwert, da den verantwortlichen Managern nie dagewesene *Mengen von Informationen in Form von Nutzungsdaten* zur Verfügung stehen. Die Datenmengen im Internet-Marketing entstehen durch die automatisierte Protokollierung jedes Nutzungsvorganges, die grundsätzlich eine *Kontrolle des Internetangebotes* ermöglicht. Die Protokollierung erfolgt durch sog. Logfiles, die Nutzungsvorgänge in Echtzeit und sekundengenau in digitaler Form festhalten. Zu den wichtigsten protokollierten Informationen eines Logfiles gehören neben dem Zeitpunkt einer Abfrage und der vom Nutzer abgefragte Adresse des Internetangebotes (sog. URL) auch diejenige Webseite, die ein Nutzer zuvor besucht hat („Referrer URL"). Somit kann auf die Nutzungshäufigkeit (Quantität) und ansatzweise auch auf die Qualität einer Internetseite geschlossen werden. Die Auswertung von Logfiles gibt einen ersten Aufschluss sowohl über den quantitativen Erfolg einer Webseite als auch über die Notwendigkeit von Anpassungen der Inhalte an die Wünsche der Onlinenutzer. Für die effiziente Auswertung der Protokollierungsdaten stehen mittlerweile einige Softwarelösungen zur Verfügung, welche die Analyse der Logfiles übernehmen.

Es ist jedoch festzuhalten, dass nicht nur der quantitative Erfolg von Internetseiten von Bedeutung ist, sondern auch und insbesondere deren *qualitative Wirkungen auf den Onlinenutzer* detailliert zu erforschen sind. Es müssen Einstellungen und der Aufbau von Markenpräferenz oder Markenbekanntheit durch das Internet erfasst werden, um Aussagen über den kommunikativen Erfolg des Internetengagements machen zu können. Zur Ermittlung der Wirkungen der Internetwerbung (qualitative Erfolgsmessung) müssen deshalb auch traditionelle Verfahren der Werbewirkungskontrolle eingesetzt werden, bei denen eine Messung anhand der Informationsverarbeitung, der Produktbeurteilung und des Kaufverhaltens erfolgen kann. Dies kann auch durch Erhebungen im Internet geschehen, wenngleich einige Zweifel an der Repräsentativität von Internet-Befragungen bestehen.

Die Probleme, die mit der Protokollierung der Nutzungsvorgänge und den Datenmengen einhergehen, lassen sich sehr illustrativ anhand eines Zitates von Craig Donata (Marketingmanager bei Excite) aus dem Jahr 1998 aufzeigen:

"Excite has had enough trouble just keeping up with its phenomenal growth: In February [1998] the company served 28 million pageviews each day, up from 4 million per day a year earlier. At this place, Excite collects 40 gigabyte of data in its log files every day. If we tried to look at things at that level, we'd go insane - we'd drown in information."

Das Marketingmanagement muss sich aufgrund der beschriebenen Problemfelder gezielt neuer *Techniken der Datenselektion und Informationsgenerierung* bedienen. Da das Datenvolumen „klassische" statistische Programme i.d.R. überfordert, sind neue Analyse-Tools einzusetzen. Die Weiterentwicklung bestehender Informationsgewinnungs- und Verarbeitungssysteme im Sinne einer *Internet Marketing Intelligence* soll die Effektivität und Effizienz von unternehmensinternen Prozessen erhöhen und die Basis zur Schaffung von maßgeschneiderten Nutzen in Form von Segment-of-one Leistungsangeboten für die Kunden sein (vgl. Abb. 7-8).

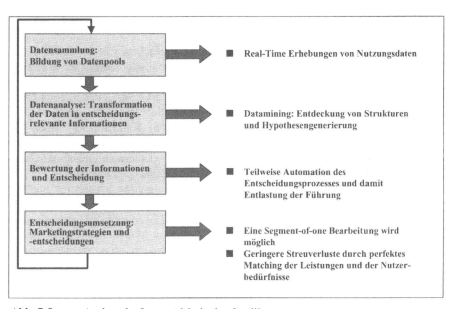

Abb. 7-8: Ausbau der Internet Marketing Intelligence

Die *Datensammlung* kann einerseits auf den protokollierten Nutzungsvorgängen beruhen. Andererseits bedarf es zur Schaffung von individuellen Nutzerprofilen der zusätzlichen Integration von persönlichen Daten. Diese können im Electronic Commerce beispielsweise durch die zur Rechnungsstellung notwendige Registrierung der Kunden erfasst werden. Informationsanbieter (z.B. Paperball und Lycos) bieten ihren Nutzern ebenfalls die Möglichkeit zur Registrierung ihrer Präferenzen und persönlichen Daten. Im Rahmen der *Datenanalyse* werden zunehmend innovative Anwendungen eingesetzt. Ziel der neueren Verfahren (insbesondere der Data Mining Software) ist das Aufdecken von Strukturen in den Daten mittels neuerer Algorithmen (z.B. neuronale Netze) sowie die Hypothesengenerierung und -prüfung. Darüber hinaus wird in Ansätzen eine automatische *Bewertung und Entscheidungsfindung* möglich, beispielsweise wenn bestimmte Gütemaße bei der Hypothesenprüfung erreicht werden.

Das Bestreben vieler Anbieter, individuelle Informationen bis hin zu exakten Konsumprofilen ihrer Kunden zu generieren, führt allerdings dazu, dass sich diese des Wertes von Informationen über ihr Kaufverhalten zunehmend bewusst werden. Es entstehen sog. *Infomediäre*, die diese Entwicklung aufgreifen und für den Kunden einen Mehrwert schaffen, indem sie seine Informationen gezielt vermarkten und den Anbietern somit ein maßgeschneidertes Ein-Personen-Marketing ermöglichen.[23] Der Kunde erhält durch die neuen Infomediäre maßgeschneiderte Leistungen von unterschiedlichsten Anbietern, ohne sich bei jedem individuell registrieren lassen zu müssen. Ebenso entfällt für Anbieter durch das Leistungsangebot der „Information-Broker" der aufwendige Prozess der Datengenerierung.

7.6 Ausblick

Es besteht wohl kein Zweifel, dass mit dem Durchbruch des Internets ein neues Marketingzeitalter eingeläutet wird. Mit der Überwindung räumlicher und zeitlicher Grenzen wird sich das Gesicht der marktorientierten Führung in vielen Märkten verändern. Festzuhalten ist, dass sich das Marketing in der Internet-Ökonomie in einem Umfeld bewegt, in dem traditionelle Strategiemuster z. T. nur noch wenig greifen. Die Möglichkeiten des direkten Kundendialogs über das Internet wird dabei den Wandel vom Transaktions- zum Relationship-Marketing beschleunigen und eine neue Generation virtueller Unternehmungen schaffen. Insbesondere aufgrund der Personalisierung von Leistungsangeboten erfährt in der Internet-Ökonomie die Maxime der Kundenorientierung einen besonderen Stellenwert und wird durch eine neue Dimension – den Segment-of-One-Gedanken - ergänzt. Die Geschwindigkeit der Technologie- und Marktentwicklung erfordert eine drastische Verkürzung des Planungshorizontes im Management, sodass nicht nur eine Dynamisierung der strategischen Planung erfolgen muss. Vielmehr bedarf es auch einer Anpassung der Kommunikationsstrukturen in den Unternehmen sowie der verstärkten unternehmensübergreifenden Zusammenarbeit, um Ressourcen bündeln und die sich entwickelnden Geschäftsfelder aktiv mitgestalten zu können.

Es existieren zahlreiche Erfolgsbeispiele von Internet-Startup-Unternehmen aus einigen Branchen, die eindrucksvoll die Möglichkeiten des Internets demonstrieren, mit welcher Intensität und Geschwindigkeit klassische Wertschöpfungsstrukturen erodieren und welche Potenziale in der Zukunft erschlossen werden können. Abstrahiert wird hierbei allerdings immer von der Übertragbarkeit

---

[23] Vgl. Hagel III/Rayport, 1997.

auf andere Geschäftstypen. Ebenso bleibt häufig die Frage unbeantwortet, inwieweit durch den Auf- und Ausbau des Electronic Commerce bestehende Beziehungen zu Intermediären gefährdet werden, und ob das Geschäft im Internet langfristig das Potenzial besitzt, die Konflikte im vertikalen Marketing bewusst eingehen zu können. Insbesondere aufgrund des langen Zeitraums bis zum Erreichen des Break-Even-Zeitpunktes und den Unsicherheiten aufgrund von Technologiesprüngen und des Aufkommens neuer Wettbewerber besteht ein nicht unerhebliches betriebswirtschaftliches Risiko beim Markteintritt in den Electronic Commerce.

Wenngleich die Börsenkurse von Internet-Unternehmungen eine verheißungsvolle Zukunft versprechen, so werden auch hier „die Bäume nicht in den Himmel wachsen". Insofern ist bei Verwirklichung der Formel „Kannibalisiere Dich selbst zu einem frühen Zeitpunkt" Vorsicht geboten. Es sind nicht nur die betriebswirtschaftlichen Voraussetzungen für einen erfolgreichen Aufbau von Electronic Commerce zu klären. Vielmehr ist zu bedenken, dass Einkaufen mehr als ein Mausklick ist. Die reale Warenwelt mit echten Einkaufserlebnissen und persönlicher Kommunikation ist doch vielerorts nicht zu ersetzen.

Literaturverzeichnis

Albers, S. et al. (1998): Marketing mit interaktiven elektronischen Medien, Frankfurt a.M.
Berryman, K. et al. (1998): Electronic-Commerce: Three emerging strategies, in: The McKinsey Quarterly, Heft 1, S. 152-159.
Gerth, N. (1998): Bedeutung des Online Marketing für die Distributionspolitik, in: Link, J. (Hrsg.): Wettbewerbsvorteile durch Online Marketing: die strategischen Perpektiven elektronischer Märkte, Berlin u.a., S. 107-134.
Hagel III, J. (1996): Spider versus Spider, in: The McKinsey Quarterly, Heft 1, S. 4-18.
Hagel III, J./Armstrong J.G. (1997): Net gain: Expanding markets through virtual communities, in: The McKinsey Quarterly, Heft 2, S. 140-153.
Hagel III, J./Rayport, J.F. (1997): The new infomediaries, in: The McKinsey Quarterly, Heft 4, S. 54-70.
Hartmann, A. (1999): Fast zehn Millionen Online, in: W&V, Heft 33, S. 116-117.
Loos, C. (1998): Online-Vertrieb von Konsumgütern, Wiesbaden.
Meffert, H. (1998): Auswirkungen der Multimedia-Kommunikation auf das Marketing, in: Spoun, S./Müller-Möhl, E./Jann, R. (Hrsg.): Universität und Praxis, S. 469-495.
Meffert, H. (1999a): Dienstleistungsmarketing, 3. Aufl. (im Druck), Wiesbaden.
Meffert, H. (1999b): Direct-Banking – Bestandsaufnahme und Perspektiven, in: Ceyp, M. (Hrsg.): Handbuch Direktvertrieb von Finanzdienstleistungen, Hamburg, S. 35-66.
Meffert, H. (1999c): E-Commerce - Potentiale ohne Grenzen?, in: DBW, Heft 5, S. 577-579.
Nua (2000): http://www.nua.ie/surveys/how_many_online/index.html.
O. V. (1998): Marktanteil und Innovation sind die Erfolgsfaktoren im Internet, in: FAZ vom 14.12.1998, S. 23.
OECD (1998), zitiert in: FAZ vom 16.11.1998, S. 32.
Röder, H. (1999): Electronic-Commerce und One to One-Marketing, in: Bliemel, F./Fassott, G./Theobald, A. (Hrsg.): Electronic-Commerce: Herausforderungen, Anwendungen, Perspektiven, Wiesbaden, S. 213-225.
Schnäbele, P. (1997): Mass Customized Marketing: Effiziente Individualisierung von Vermarktungsobjekten und -prozessen, Wiesbaden.
Theobald, A. (1999): Dienstleistungen im Internet, in: Bliemel, F./Fassott, G./Theobald, A. (Hrsg.): Electronic-Commerce: Herausforderungen, Anwendungen, Perspektiven, Wiesbaden, S. 311-328.
Tomczak, T./Schögel, M./Birkhofer, B. (1999): Online-Distribution als innovativer Absatzkanal, in: Bliemel, F./Fassott, G./Theobald, A. (Hrsg.): Electronic-Commerce: Herausforderungen, Anwendungen, Perspektiven, Wiesbaden, S. 105-122.
Zerdick, A. et al. (1999): Die Internet-Ökonomie – Strategien für die digitale Wirtschaft, Berlin u.a.

Teil 3: Erfahrungen mit Electronic-Commerce-Lösungen

8 Das Internet – Eine Bedrohung für den stationären Einzelhandel?

Lovro Mandac, Köln

8.1 Einleitung

Der deutsche Einzelhandel wird bereits seit dem Ende des zweiten Weltkriegs ununterbrochen mit „Bedrohungen" konfrontiert. Fortlaufend muss er theoretisch, vor allem aber praktisch seine Existenzberechtigung legitimieren. Derzeit werden die neuen Medien auf ihr Bedrohungspotenzial gegenüber dem stationären Handel untersucht. Die Ergebnisse dieser Untersuchungen sind zwar in weiten Teilen unterschiedlich, unabhängig davon sollte man angesichts dieser neuen Technologie nicht übersehen, dass die Handelslandschaft auch von anderen Entwicklungen zum Teil gravierend verändert wird. Bevor im Folgenden auf die Frage nach dem Bedrohungspotenzial der neuen Medien – und hier insbesondere des Internets – eingegangen wird, soll daher zunächst ein Überblick über andere wichtige Entwicklungstendenzen in der deutschen Distributionswirtschaft gegeben werden.

8.2 Der doppelte Kaufkraftverlust als Kernproblem des stationären Einzelhandels in Deutschland

Ein aktuelles Problem des deutschen Einzelhandels ist *der starke Kaufkraftverlust*. Dabei sind zwei Teilprobleme zu identifizieren. Erstens steigt die Kaufkraft in der Bundesrepublik nur sehr gering an, und zweitens wird dem Handel von anderen Wirtschaftszweigen erheblich Kaufkraft entzogen. Die geringen Kaufkraftsteigerungen werden somit durch andere Konsumausgaben kompensiert. Dies wird besonders deutlich, wenn man sich einen Überblick über die Wachstumsträger des privaten Verbrauchs verschafft. Noch 1982 betrugen beispielsweise die Ausgaben für die *Wohnungsmiete* nur knapp 12% des privaten Verbrauchs, 1997 sind sie auf 20% gestiegen. Allein zwischen 1994 und 1997 ist diese Position um fast 24% gewachsen. Setzt sich dieser Trend fort, wird im Jahre 2010 jede dritte Mark, die den privaten Haushalten am Monatsanfang zur Verfügung steht, am gleichen Tag auf die Konten der Immobilienbesitzer überwiesen. Eine ähnliche hohe Zuwachsrate (18%) konnte der Bereich *Gesundheitspflege* verzeichnen. Die Expansion der Fitness-Studios beispielsweise macht diese Tendenz deutlich.

Die *Nachrichtenübermittlung* ist ebenfalls stark auf Wachstumskurs. Der immer noch kostspielige Mobilfunk entzieht dem Kunden erhebliche Kaufkraft, die in den Jahren zuvor noch für die Bereiche Lebensmittel oder Bekleidung, also für den handelsnahen Konsum, ausgegeben wurde. Die handelsnahen Bereiche, wie beispielsweise Schuhe, Bekleidung, Nahrungsmittel, Getränke und Tabakwaren, sind vergleichsweise gering gewachsen.

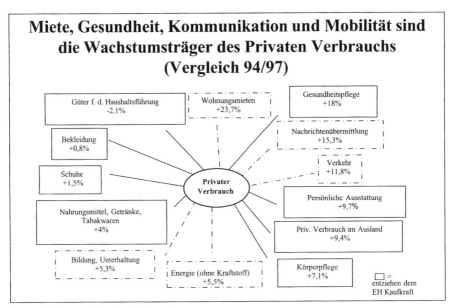

Abb. 8-1: Wachstumsträger des Privaten Verbrauchs im Zeitraum 1994-1997 (Quelle: Statistisches Bundesamt)

Neben diesen Verschiebungen zwischen den verschiedenen Sektoren des privaten Konsums hat sich auch im Bereich der sogenannten Freizeitgüter die Umsatzverteilung erheblich verändert. Die deutschen Konsumenten geben ihr Geld verstärkt für *Urlaubsreisen* ins Ausland aus. Über 80 Milliarden DM Umsatz konnte dieser Sektor 1998 erwirtschaften. 1990 lag dieser Wert noch bei 54,6 Milliarden DM. Die Tendenz ist weiter steigend. Die LTU plant in diesem Zusammenhang beispielsweise die Organisation von Flügen für Urlauber direkt in ein Outlet-Center im Urlaubsland. Daneben werden monatlich durchschnittlich weit über 100 DM für das Auto sowie Sport und Camping ausgegeben.

Erst an vierter Stelle der Rangfolge monatlicher Ausgaben taucht mit dem Bereich *Computer und Elektronik* ein Posten auf, der unmittelbar den Einzelhandel berührt. Aber gerade in diesem Bereich finden die Verkäufe im Augenblick hauptsächlich über das Internet statt. Auch die Ausgaben für Radio und TV werden sicherlich zukünftig in zunehmendem Maße über das Internet abgewickelt werden. Schließlich ist auch der Bereich „Bücher, Zeitungen", für die der Bundesbürger durchschnittlich pro Monat 66,- bzw. 50,- DM in den neuen Bundesländern ausgibt, hochgradig durch das Internet gefährdet.

Zieht man ein Zwischenfazit, so sind zwei Dinge bemerkenswert.
- Erstens wandert immer mehr Kaufkraft vom Handel in andere Branchen (z.B. Wohnen und Fitness) ab.
- Zweitens ist das Internet gerade in den Branchen stark, in denen der Handel die höchsten Kaufkraftpotenziale aufweisen kann.

Es erscheint damit höchstwahrscheinlich, *dass das Internet einen weiteren Beitrag zur Kaufkrafterosion im deutschen Einzelhandel leisten wird.*

Abb. 8-2: Deutschlands Weg zur Freizeitgesellschaft geht über Urlaub und Auto (Quelle: Statistisches Bundesamt)

8.3 Handel in Bewegung

Neben den sektoralen Kaufkraftverlusten zugunsten anderer Wirtschaftsbereiche, wird der deutsche Einzelhandel derzeit aber auch von anderen Entwicklungen in Bewegung gehalten. Diese Entwicklungen werden die Umsatzstruktur der Handelslandschaft dramatisch verändern. Die Kaufhof Warenhaus AG rechnet damit, dass 40% des Gesamtumsatzes neu verteilt werden. Dabei ist im Moment noch völlig offen, welche Branchen und Unternehmen von dieser Umverteilung betroffen werden.

Eine erste Entwicklung, die auf den deutschen stationären Handel einwirkt, ist die passive Internationalisierung. Amerikanische, französische und britische Händler haben in der jüngsten Vergangenheit ihre Konzepte in Deutschland eingeführt. Und auch der ausländische Versandhandel ist – wie z.B. „Eddie Bauer" und „Lands End" zeigen – in Deutschland schon etabliert.

Daneben ist zu beobachten, dass die Flächenexpansion nach wie vor anhält. *Outlet-Center* sind ein gutes Beispiel hierfür. Sie haben für die deutsche Distributionswirtschaft eine völlig andere Bedeutung als beispielsweise in Amerika und England. Dort erwirbt der Händler nicht das Eigentum an der Ware und übernimmt daher auch nicht das volle Absatzrisiko. Vielmehr hat er das Recht, schwer verkäufliche Ware innerhalb von 4 oder 6 Wochen bei voller Gutschrift an den Hersteller zurückzugeben. Wäre das in Deutschland der Fall, käme ein völlig anderes Verhältnis im vertikalen Marketing zustande. Hier sind aber die Händler die Vermarkter der Ware und übernehmen bis zum tatsächlichen Abverkauf der Ware das Absatzrisiko. Dadurch konkurrieren FOC und Einzelhandel unmittelbar um den Kunden. Der Aufbau von FOC wird daher letztlich den Wettbewerb weiter verschärfen und dazu führen, dass die Renditen weiter niedrig bleiben oder sogar noch sinken werden.

Neue Raststättenkonzepte gewinnen ebenfalls an Bedeutung. Der entscheidende Vorteil dieser Konzepte ist die 24-stündige Öffnungszeit an 365 Tagen im Jahr. Der Einzelhandel dagegen kann den Kundenwünschen nach verlängerten Öffnungszeiten in diesem Maße nicht nachkommen. Dabei wäre die völlige Liberalisierung der Ladenöffnungszeiten, des Rabattgesetzes und der Zugabeverordnung im Sinne der Verbraucher, da sich hierdurch der Wettbewerb freier entfalten könnte.

Ein wichtiger Ansatzpunkt für den stationären Einzelhandel - um dem Internet Paroli zu bieten - ist das *Entertainment* in der Stadt. Ein gutes Beispiel hierfür ist der Event der Kaufhof Filiale München-Stachus mit der Radiostation „RadioEnergy". „RadioEnergy" hat wochenlang das Studio in einem leergeräumten Schaufenster der Filiale aufgebaut und von dort aus gesendet.

Eine weitere Tendenz, die den Handel derzeit bewegt, ist der sogenannte *Shopping-Tourismus*. Shopping-Tourismus bedeutet, dass ausländische Kunden in Deutschland einkaufen. Der Grund hierfür liegt darin, dass die Preise im deutschen Einzelhandel extrem niedrig sind. Ein erst kürzlich veröffentlichter Artikel der Financial Times besagt, dass Deutschland im Preisvergleich zu allen anderen europäischen Ländern 20 – 35% preiswerter sei. Eine klassische CD, z.B. eine Aufnahme der Sechsten Symphonie von Beethoven, die „schöne Pastorale" von den Berliner Philharmonikern mit Claudio Abbado von der Deutschen Grammophon kostet sowohl in London als auch in Paris 42,- DM. Bei Saturn kostet diese CD jedoch nur 28,- DM. Pro CD beträgt die Ersparnis also 14,- DM. Durch die Einführung des EURO und die weltweite informationstechnologische Möglichkeit zum Preisvergleich via Internet werden solche Preisgefälle schlagartig transparent. Da ein Flug von London nach Köln lediglich 198,-DM kostet, entsteht eine Chance für den deutschen Einzelhandel, in Kooperation mit Transportunternehmen wie British Airways das Potenzial im Shopping-Tourismus zu nutzen.

Bahnhofs- und Flughafenzentren besitzen durch die verlängerten Öffnungszeiten einen Wettbewerbsvorteil. Convenience erleben die Kunden bei Tankstellen und Postshops. Beispielhaft sind die Shell-Shops, die rund um die Uhr geöffnet sind und Benzin nur noch „nebenher" verkaufen. Hierbei handelt es sich prinzipiell um Einzelhandelsgeschäfte, die jedoch nicht den Regelungen der Ladenöffnungszeiten unterworfen sind. Für die Betreiber dieser Zentren ist zudem vorteilhaft, dass die Preissensibilität der Kunden bei Convenience-Artikeln, die hier häufig einen wesentlichen Bestandteil des Sortiments darstellen, extrem gering ist.

Neben diesen angebotsseitig intendierten Entwicklungen und Phänomenen haben sich aber auch auf der Nachfrageseite einige Veränderungen ergeben. Ganz zentral ist hierbei die enorme Geschwindigkeit, mit der heute Trends entstehen und verschwinden. Die Theorie der Produktlebenszyklen, nach der ein Produkt sich zunächst langsam entwickelt, dann starke Zuwächse verzeichnet, um dann wieder abzuflachen, greift heutzutage nicht mehr. Die Lebenszyklen von heute sind miteinander verwoben und im Ablauf erheblich schneller geworden. Dies wurde besonders deutlich am Siegeszug des roten „adidas-T-Shirts" mit den „black stripes". Dadurch, dass Madonna dieses T-Shirt für ungefähr eine Viertelstunde im Fernsehen getragen hat, wurde die Firma adidas über Nacht zur Kultmarke. Dieser Prozess ist zwar rational nicht mehr nachvollziehbar, hat aber gezeigt, dass Moden von morgen im Grunde genommen nicht mehr genau erkannt und antizipiert werden können. Dem Handel fehlt damit eine wesentliche Planungssicherheit. Als Händler hat man dann zwei Möglichkeiten. Entweder man versucht, die Rolle des Trendsetters zu übernehmen und die Trends zu bestimmen („inside-out"), oder aber, z.B. durch Quick-Response und ECR-Konzepte, die eigene Reaktionsgeschwindigkeit zu erhöhen („outside-in"). Die Notwendigkeit, entweder mächtiger und/oder schneller zu werden, wird letztlich dazu beitragen, dass auch das Thema *Kooperation/Übernahmen* in der Zukunft aktuell bleiben wird.

Abb. 8-3: Das Internet als ein Teil der Handelslandschaft

Das Online Shopping ist ein noch neuer Aspekt in der Handelslandschaft. Erste Prognosen besagen, dass auch dieses Phänomen den Einzelhandel beeinflussen wird. Die meisten Aussagen beziehen sich jedoch auf Prognosen, die die Internetnutzung als Indikator der Online-Shopping-Entwicklung zugrunde legen. Neben der Unsicherheit, die jeder Prognose der zukünftigen Entwicklung des Internets anhaftet, stellt sich hierbei auch die Frage, welcher Zusammenhang zwischen dem Internet als Technologie und dem Online Shopping als Kaufakt besteht.

8.4 Struktur der Internetnutzung und Integration der neuen Medien in die Vertriebskonzepte der Kaufhof Warenhaus AG

Im Folgenden soll konkret gezeigt werden, welcher Zusammenhang zwischen dem Online Shopping und der Internettechnologie besteht. Dazu soll zunächst gezeigt werden, aus welchen Gründen Menschen das Internet nutzen. Im Anschluss daran werden die Gründe genannt, die den Kunden theoretisch und praktisch ins Netz treiben. Schließlich soll dann konkret am Beispiel der Kaufhof Warenhaus AG gezeigt werden, wie man im Handel die neuen Medien und damit auch die Internettechnologie sinnvoll in die bestehenden Vertriebskonzepte integrieren kann.

Der Zusammenhang zwischen dem Online Shopping und der Internettechnologie lässt sich am besten durch die Darlegung beschreiben, aus welchen Gründen das Internet derzeit genutzt wird. Befragt man vor diesem Hintergrund die Internet-Nutzer nach den Motiven für die Internetnutzung (vgl. Abb. 8-4), so erhält man von gut jedem zweiten User die Antwort, dass er das Netz zum Versenden von E-Mails nutzt (56%). Als zweitwichtigster Zweck wird von den Befragten die Informationsbeschaffung über die Leistungsangebote von Firmen bzw. allgemeiner Wirtschaftsdaten via Internet angegeben. Das Downloaden von Software motiviert knapp jeden dritten Nutzer, ins Netz zu gehen. Informationen über Fahrpläne und Flugzeiten suchen 30% der Befragten im Netz. Homebanking (28%), Clubs und Newsgroups (24%) sowie Reisebuchungen (23%) spielen nur noch bei ungefähr einem Viertel der Nutzer eine Rolle. Lediglich 17%, also nicht einmal jeder fünfte Befragte, kaufen über das Internet ein.

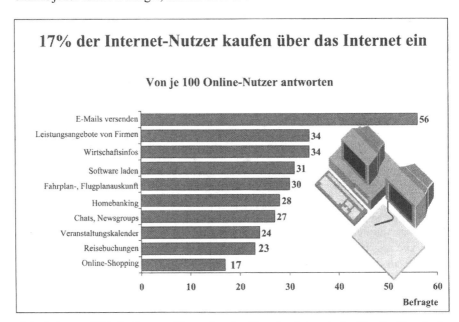

Abb. 8-4: 17% der Internet-Nutzer kaufen über das Internet ein (Quelle: Typologie der Wünsche, Internet-Umfrage 1998)

Die Nutzung der Online-Shopping-Funktion ist daher noch relativ unbedeutsam im Internet. Insgesamt wird deutlich, dass das Internet derzeit in erster Linie als Informationsmedium genutzt wird, weniger aber als Einkaufsquelle. Dies ist zu berücksichtigen, wenn in den aktuellen Publikationen die exponentielle Entwicklung der Nutzerzahlen herausgestellt wird.

Gleichwohl sollte der Handel beachten, dass die Tendenz zum Online Shopping zunehmen wird. Die erwartete Entwicklung der Pro-Kopf-Ausgaben p.a. für Online Shopping in Deutschland beläuft sich im Jahre 2003 ceteris paribus auf 331,- DM. Dies setzt aber voraus, dass es dem Handel nicht gelingt, in den nächsten Jahren die Dinge zu verändern, die die positive Entwicklung des Online Shopping vorantreiben. Wenn das Medium Internet wesentlich mehr Umsatz tätigen wird, liegen die Gründe hierfür jedoch auch im stationären Einzelhandel, der nicht in der Lage ist, dem Kunden die Leistungen zu bieten, die dieser wünscht.

8.4.1 Gründe für das Online-Shopping

Um herauszufinden, welche Leistungslücken im Handel bestehen, die den Kunden eventuell zum virtuellen Einkauf bewegen könnten, erscheint eine genauere Analyse der Gründe für das Online Shopping zweckmäßig. Dadurch werden die Ansatzpunkte deutlich, die sich dem stationären Einzelhandel bieten, um auf dieses Phänomen reagieren zu können.

Im Rahmen einer ersten Plausibilitätsüberlegung fallen unmittelbar zwei Aspekte auf, die den Kunden „ins Netz treiben" (vgl. auch Abb. 8-5). Zum einen ist dies die mit dem Online Shopping verbundene hohe Bequemlichkeit und zum anderen die hohe Zeitersparnis, die mit dieser Art der Bedarfsdeckung verbunden ist.

- **Bequemlichkeit, Zeitersparnis, keine Parkplatzprobleme**

- **Vorteile des Versandhandels:**
  Keine Einschränkungen durch Ladenöffnungszeiten, Zustellung, Zurückgabe bei Nichtgefallen

- **Gute Vergleichsmöglichkeiten, z.B. Preis**

- **Hoher Aktualitätsgrad, bargeldloser Zahlungsverkehr**

- **Personifizierte Angebote, z.B. Buch**
  - Amazon (www.amazon.com),
  - Bertelsmann (www.bol.de)

Abb. 8-5: Electronic-Commerce-Verlockungen

Bei beiden Punkten hat der stationäre Einzelhandel jedoch nur sehr begrenzte Reaktionsmöglichkeiten. So ist zum Beispiel für den Faktor Bequemlichkeit die

Erreichbarkeit der Einkaufsstätte von zentraler Bedeutung. Die *eingeschränkte Erreichbarkeit* stellt daher eine Gefahr für den stationären Einzelhandel dar. Dieser Parameter kann aber vom Handel nur sehr indirekt beeinflusst werden. Der Händler vor Ort sieht sich in diesem Zusammenhang vielmehr mit einem primär politisch intendierten Problem konfrontiert. In Münster beispielsweise möchte man Parkplätze in Fahrradparkhäuser umwandeln. In Aachen musste die Kaufhof Warenhaus AG ein Parkhaus bauen. In einer anderen Stadt war dies nicht erlaubt. Dort musste die Kaufhof Warenhaus AG eine Ablösesumme von 18.000,- DM pro Parkplatz zahlen. Danach aber wurde die gesamte Innenstadt zur autofreien Zone erklärt. Das Endergebnis war, dass der Kunde aus der Innenstadt fernblieb. Die Kommune öffnete nach dieser Erkenntnis die Stadt wieder für den Verkehr. Die Politik verkennt oft, dass der Kunde in der automobilen Gesellschaft am Samstag mit seinem Auto in die Innenstadt fahren möchte. Für die Händler ist es daher wichtig, ihm Parkmöglichkeiten zu bieten. Geschieht dies nicht, werden die Kundenströme auf die grüne Wiese umgelenkt.

Mit dem Parkplatzproblem verbunden ist auch der Aspekt der Zeitersparnis. Wenn der Kunde für die Parkplatzsuche mehr Zeit aufwenden muss als für den Einkauf, wird dies auf Dauer vor allem dem Online Shopping förderlich sein.

Der Versandhandel hat diesbezüglich große strukturelle Vorteile, da er unbegrenzte Ladenöffnungszeiten hat. Der stationäre Einzelhandel hat diesbezüglich erhebliche Probleme auf der Arbeitnehmerseite. Die DAG argumentiert dem Einzelhandel gegenüber damit, dass die Mitarbeiter die Leittragenden seien. In vielen anderen Branchen ist eine flexible Arbeitszeit bis spät in die Abendstunden hinein aber eine akzeptierte Notwendigkeit.

Neben den Aspekten „Erreichbarkeit" und „Zeitersparnis" bietet das Internet auch gute Vergleichsmöglichkeiten zwischen den Angeboten und Preisen der Wettbewerber. Vorteilhaft ist zudem die hohe Aktualität der angebotenen Ware, da die zeitintensive Umsortierung von Waren vollständig entfällt.

Befragt man nach diesen Plausibiltätsüberlegungen den Kunden weiterführend nach den konkreten Gründen für das Online-Shopping, so ist es ganz überwiegend der Preis, der das Motiv für das Online Shopping darstellt (vgl. Abb. 8-6).

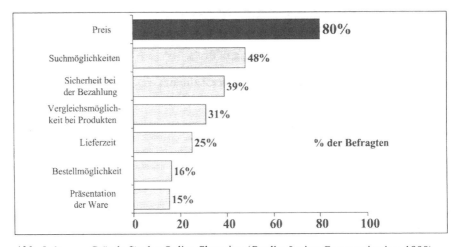

Abb. 8-6: Gründe für das Online Shopping (Quelle: Jupiter Communication, 1998)

80% der Befragten kaufen deswegen im Netz, weil der Preis besser ist. Bei fast jedem zweiten Online-Shopper spielen die Suchmöglichkeiten eine Rolle. Die Sicherheit bei der Bezahlung, lange Zeit ein Hemmschuh des Online-Shoppings, ist heute ebenfalls offensichtlich unproblematisch. Als weitere Gründe für das Online Shopping wurden die Vergleichsmöglichkeiten bei den Produkten, die Lieferzeit, die komfortable Bestellmöglichkeit und die Warenpräsentation genannt.

8.4.2 Wachstumsbarrieren des Electronic Commerce

Neben den genannten Vorteilen des Electronic Commerce lassen sich aber auch einige Grenzen des Electronic Commerce aufzeigen (vgl. Abb. 8-7).

So besteht nach wie vor bei vielen Kunden ein grundsätzlicher Vorbehalt gegenüber dem Distanzprinzip, das eine unmittelbare Qualitätskontrolle erschwert. Daneben wollen die Kunden gerade bei Spontankäufen nicht lange auf die Ware warten.

Ein weiteres Problem des E-Shopping ist, dass der persönliche Kontakt zum Verkäufer fehlt. Der Kauf über das Netz erfolgt weitgehend anonym, sodass beispielsweise der über das normale Verkaufsgespräch hinausgehende Informationsaustausch weitgehend entfällt. Einkaufen soll aber immer auch soziale Bedürfnisse befriedigen.

Weitere Hemmnisse des Electronic Commerce sind die nach wie vor noch hohen Telekommunikationskosten sowie die bereits heute schon feststellbare Verwirrung des Kunden durch zu viele „Lockrufe". Mittlerweile gibt es über 800 Mio. WebSites; täglich entstehen neue. Die zunehmende Bedeutung der Suchmaschinen, Portale und Internetscouts ist letztlich ein Ausdruck dieser Überfrachtung.

Schließlich sind die im Netz angebotenen Waren und Dienstleistungen in der Vergangenheit oftmals nur selten attraktiv gewesen.

- Vorbehalte gegenüber dem Versandhandel: Distanz, keine unmittelbare Qualitätskontrolle, Warten auf Ware, kein "Touch & Feel"

- Einschränkung an Personifizierung/sozialem Kontakt

- Mangelnde Transparenz, bisher kaum Preisvergleiche

- Zu hohe Telekommunikationskosten in Deutschland

- Verwirrung durch zu viele "Lockrufe": 200 Mio. WebSites, täglich neue Zugänge

- Bisher wenige Waren- und Dienstleistungen mit attraktiven Angeboten (z.B. Buch, Tonträger, Software und Touristik)

Abb. 8-7: Wachstumsbarrieren des Electronic Commerce

Insgesamt lässt sich daher festhalten, dass das Internet nur eine unter vielen „Bedrohungen" des Einzelhandels darstellt. Derzeit wird es zwar noch mit einigen Problemen konfrontiert, die sich aber aller Voraussicht nach mittelfristig lösen lassen.

Vor dem Hintergrund der mittel- bis langfristigen Bedeutung des Electronic Commerce sollte der Handel das Internet als Chance begreifen. Es ist ein zusätzliches Medium, um mehr Umsatz zu tätigen. Politische Barrieren können durch die direkte Ansprache über das Medium Internet umgangen werden. Die Emanzipation von der Bürokratie ist die zentrale Chance, die das Netz der Wirtschaft und damit auch dem Einzelhandel bietet.

Im Ergebnis kann festgehalten werden, dass der stationäre Einzelhandel theoretisch zwar fähig wäre, die Vorteile des Online Shopping zu kompensieren. Die Bürokratie verhindert jedoch oftmals, dass Leistungslücken schnell und effizient geschlossen werden können.

8.4.3 Multimedia beim Kaufhof

Beim Kaufhof ist das Thema Multimedia in vier Bereiche aufgeteilt:

1. Internet / Internet-Café
2. Interaktive stationäre Systeme („Kioske", „Surf-inn")
3. Interaktives Fernsehen
4. CD-Rom

Die rasche Entwicklung des *Internetauftritts* der Kaufhof Warenhaus AG wird durch die folgenden Zahlen belegt (vgl. Abb. 8-8).

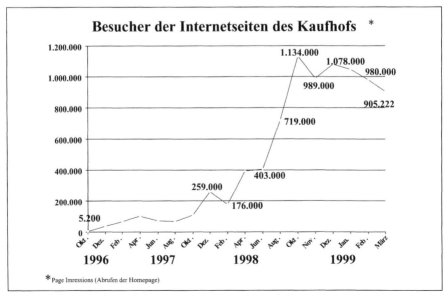

Abb. 8-8: Besucher der Internetseiten des Kaufhofs

Im Oktober 1996 wurde der Netzauftritt gestartet. Zwei Monate später konnten 5.200 Page Impressions verzeichnet werden. Im Dezember 1997 hatte sich diese Zahl auf 259.000 erhöht und damit nahezu verfünfzigfacht. Wieder ein Jahr später – im Dezember 1998 – besuchten knapp eine Millionen Menschen die Homepage der Kaufhof Warenhaus AG. Damit ist das Internet zu einem bedeutenden und wertvollen Informations- und Kommunikationsmedium geworden. Vergegenwärtigt man sich, dass der Zukauf einer qualifizierten Adresse z.B. für eine direct-mailing-Aktion oftmals ca. 50-60 Pfennig kostet, haben eine Million Zugriffe einen Wert von 500.000 DM monatlich. Auf ein Jahr bezogen sind dies 6 Millionen DM. Der Kapitalwert der WebSite beträgt dann, wenn man einen Zinssatz von 5% bei ewiger Rente unterstellt, ca. 120 Millionen DM. Jeder weitere Kunde erhöht diesen Wert um 120,- DM. Verdeutlicht man sich, dass beispielsweise free4U.de mit einer neuen, auf dem Genossenschaftsprinzip aufbauenden Geschäftsidee innerhalb weniger Monate 300.000 neue Kunden gewinnen konnte, wird deutlich, wie wertvoll gute Marketing-Ideen im Netz sein können.

Daneben wurden in den Filialen *Internet-Cafés* gebaut. Daran wird deutlich, dass das primäre Ziel der Internetaktivitäten der Kaufhof Warenhaus AG nicht der Electronic Commerce, sondern vielmehr die Absicht ist, die Menschen in unsere Filiale zu holen. Das Internet bietet dem Kunden zusätzlichen Service durch Information und Beratung. Darüber hinaus kann das Internet zum Dialog mit dem Kunden genutzt werden. Informationen über Events in den Filialen und über das Sortiment können genauso in den Netzauftritt integriert werden, wie die Möglichkeit zur Beschwerde via E-Mail. Das Internet hat daher in erster Linie beim Kaufhof eine komplementäre Funktion. Dementsprechend wird die nationale und überregionale Internet-Präsenz durch den Internetauftritt der einzelnen Galeria-Kaufhof-Filiale unter dem Zusatz „Ihre Filiale" ergänzt.

Das Internet soll in erster Linie informieren und Interesse wecken. Beim Kunden schafft es Neugierde auf neue Aktionen und Angebote in den Kaufhof-Filialen. Informationen über die Sportarena, die jetzt gerade in Frankfurt, Bonn, Wiesbaden, Wuppertal, Heidelberg und an vielen anderen Standorten multipliziert wird, sind jederzeit abrufbar. Durch das Internet kann man auch auf neue Konzepte aufmerksam machen, wie z.B. auf das „Emotions"-Konzept. Hierbei handelt es sich um ein spezielles Konzept für weibliche Kunden, das seit dem 28. April 1999 in Nürnberg und seit dem 23. September 1999 auch in der Schildergasse in Köln zu besuchen ist. Emotions baut auf „Erlebnisse" auf und führt alles für die Frau, was körpernah ist, wie Duft, Athletik, Sportswear bis hin zur Lingerie. Der Laden ist hell und freundlich, leicht zu durchlaufen und mit modernen Warenträgern ausgestattet.

Von den ersten Tagen an hatte die Kaufhof Warenhaus AG einen sehr guten Erfolg mit diesem Konzept.

Die Besucherzahlen der Internet-Seiten des Kaufhofs steigen im Vorjahresvergleich mit zunehmender Tendenz. Die nationale und überregionale Internet-Präsenz wird durch Internet-Auftritte der einzelnen Galeria-Kaufhof-Filialen ergänzt.

In der Filiale sollen *Multimedia-Systeme* das Personal bei der Verkaufs- und Bestellabwicklung unterstützen und sich in die normale Verkaufspraxis integrieren. Internet am Point of Sale durch *Surf-inn* lockt die Kunden in die Innenstadt. Eine Kundenbefragung zum Thema „Kundenbindung der ‚Surf-inn'-Nutzer" ergab, dass jeder vierte Benutzer beabsichtigt, im Haus zu kaufen oder schon gekauft hat. Der Durchschnittsbon liegt zwischen 38,- DM und 150,- DM und ist deutlich höher als der normale Bon. Multimediale Systeme tragen also dazu bei, bestehende Marktpotenziale auszuschöpfen.

Zudem erschließt dieses Konzept neue Zielgruppen. 16% der „Surf-inn"-Mehrfachnutzer sind neue Kunden. 8,3% der Surf-Inn-Nutzer kommen täglich zum Kaufhof. Im Hinblick auf die tägliche Besucherzahl von 2 Mio. ist diese Anzahl wesentlich zu steigern.

Die Image-Kampagne hat bewirkt, dass der Kaufhof als noch interessanter, moderner und erlebnisreicher empfunden wird. Wir haben daher die Anzahl der „Surf-inn"-Installationen in den letzten zwei Jahren drastisch forciert.

Multimedia-Installationen beim Kaufhof

Warenwelt	Multimedia systeme	Okt. 95	Okt. 96	Okt. 97	Okt. 98	Ende 99
Allgemeine Services	Wegeleitsystem	3	8	46	72	138
	surf-inn		9	125	213	269
	Online-Magazin		1	12	41	70
Mode	DOB/Styling		1	5	7	11
Heimtextilien	Badstudio			1	1	3
	Gardinenstudio		2	3	4	8
	Matratzenstudio			2	4	11
Haushaltswaren	Geschenkeserv.		2	5	25	51
	Bestell-Center				2	13
	Elektrogeräte			1	3	11
Media-World	Buch-Info			4	11	30

Abb. 8-9: Multimedia-Installationen beim Kaufhof

Beim Kaufhof sind heute 138 Wegeleitsysteme und 269 „Surf-inns" installiert. Im Bereich der Warenwelt Mode werden alle Filialen multimedial ausgerüstet. Der Kaufhof verfügt dann zukünftig über 900 dieser Systeme in den Filialen.

Erste Erfahrungen zeigen, dass sich die akquisitorische Wirkung multimedialer Anwendungen nicht nur auf die junge Zielgruppe beschränkt. Auch ältere Menschen nehmen die neuen Medien gut an. Vor allem unser DOB-Styling-System, bei dem der Kunde sein Gesicht einscannt, Körpermaße, Hautfarbe und Augenfarbe auf einem Screen eingibt und die gewünschte Kleidung auswählt, wird von dieser Gruppe sehr gut angenommen und als Hilfe empfunden.

Die *Kaufhof CD-Rom* bietet virtuelle Einkaufsbummel durch Markenshops beim Kaufhof, videounterstützte Modenschauen, die Stilberatung durch einen detaillierten Fragenkatalog sowie Preisrätsel. Der Zugang zur CD-ROM erfolgt über die Kaufhof-Homepage. Dadurch kann die hohe Frequenz dieser WebSite zusätzlich zur Penetration der CD-ROM genutzt werden.

Schließlich wurde aus diesem multimedialen Bereich heraus ein *Unternehmensfernsehen* zur Verbesserung der internen Kommunikation entwickelt. Dabei wird den Mitarbeitern eine aktuelle Sendung „PS-Aktuell" angeboten, in der Wissenswertes aus dem Kaufhof, wie die Umsatzentwicklung, Gewinn- und Verlustrechnung, übermittelt wird. Zudem kann dieses Medium zur kostengünstigen und schnellen Personalschulung genutzt werden, aber auch anlassbezogene Sendungen über spezielle Ereignisse innerhalb der Kaufhof Warenhaus AG, wie bei der Diskussion um die Ladenöffnungszeiten und die Lohnfortzahlung im Krankheitsfall, sind schnell und kostengünstig möglich. Im Rahmen dieser Sendungen erscheint das Top-Management im Unternehmensfernsehen und steht für die direkte Kommunikation zur Verfügung. Da kurzfristig nahezu jede Filiale digital angeschlossen sein wird, kann die Interaktion zukünftig auch visuell erfolgen. Um die Akzeptanz dieses Mediums zu erhöhen, wurde den Mitarbeitern zu Beginn des Unternehmensfernsehens 1996 zugesagt, dass jede Frage beantwortet wird. Dies unterstützt die Glaubwürdigkeit. Dieses Live-Medium macht es für das Top-Management zur Notwendigkeit, sich mit unbequemen Dingen auseinanderzusetzen. Die direkte Kommunikation zwischen Management und Mitarbeitern hat zu ganz anderen Vorgehensweisen innerhalb des Unternehmens geführt.

Warenkunde und Produktschulungen geben fortwährende Informationen über warenkundliche Trends und Neuheiten. Mit IQ-TV ist ein sogenanntes Bildungsfernsehen etabliert worden. Galeria-TV ist ein Kundendialogsystem, mit dem eine Verbesserung der Kundenbindung erreicht werden soll. In Düsseldorf werden beispielsweise 1000 digitale Anschlüsse von unseren Kunden zum direkten Kontakt genutzt. Wir erfahren somit online und direkt, was diese Kunden vom Kaufhof halten. Schnelles Erkennen und Umsetzen von Kundenwünschen wird dadurch ermöglicht. Die Kaufhof Warenhaus AG wird Galeria-TV auch in anderen Großstädten einführen. Dadurch erhofft man sich, deutlich bessere Informationen von und über die Kunden zu erhalten.

8.5 Ausblick

Abschließend lässt sich sagen, dass das Internet nur einen weiteren Schritt auf dem Weg zum modernen stationären Einzelhandel darstellt. Daneben gibt es aber auch aktuell zahlreiche andere Probleme und Herausforderungen, die der Handel lösen, bzw. denen er sich stellen muss. Allen voran steht das Problem der Kaufkraftverschiebung.

Neben der Tatsache, dass dem Handel in einigen Bereichen, wie bei den infrastrukturellen Problemen, oftmals die Hände gebunden sind, gibt es aber auch hausgemachte Probleme. Der deutsche Handel wird sich im rasanten Electronic-Commerce-Wettbewerb schwer tun, da es üblich ist, auf Innovationen und kreative Ideen mit einem „Ja aber" zu reagieren. Bei der Kaufhof Warenhaus AG wurden in der Vergangenheit hohe Investitionen getätigt, um auf den Gebieten „Online-Shopping" und „Multimedia" wettbewerbsfähig zu bleiben. Dabei wird das Internet aber primär als Informations- und Kommunikationsinstrument verstanden, mit dem die Kunden in die Filiale gezogen werden sollen.

9 my-world – Erfahrungen eines Online-Shopping-Anbieters

Ragnar Nilsson, Essen

9.1 Multimedia bei Karstadt

Electronic Commerce ist keine Revolution, sondern ein globales Phänomen, ein schneller Prozess hervorgerufen durch die rasante Entwicklung der Informations- und Kommunikationstechnologien. Für den Handel liegt die Ausgangssituation des Electronic Commerce etwa 5-6 Jahre zurück – mit Begriffen wie Multimedia, Kiosksysteme, Internetcafes. Bei Karstadt handelt es sich bei dem Letztgenannten um die sogenannten Cyberb@rs. Die ersten Multimedia-Konzepte von Karstadt wurden schon 1995 erarbeitet und 1996 mit einem Investitionsvolumen in Höhe von 65 Mio. DM, verteilt auf vier Jahre, gestartet.

Die Nutzung von Multimedia für den Handel zeigte für Karstadt schon damals ganz neue Möglichkeiten auf: Ansprache der Kunden über neue Kanäle und Erschließung neuer Zielgruppen. Beispielsweise kommen 51% der Surfer nur wegen der Cyberb@r zu Karstadt. Insgesamt 41 Cyberb@rs sind inzwischen bundesweit eingerichtet. Ausserdem bietet die Multimedia-Nutzung eine kostengünstige Form des Informationsaustausches und ist vor allem beim Thema Kundenbindung relevant. Zudem kristallisieren sich durch Electronic Commerce neue, effizientere Möglichkeiten des Networking zwischen Handel und Industrie, also Fabrikanten, aber auch Lieferanten und Grossisten, heraus.

Das globale Kommunikationsmedium Internet mit dem World Wide Web hat durch seine Funktionalität, Kostenstruktur und zunehmende Verbreitung einen besonderen Stellenwert für den Electronic Commerce gewonnen. Mittlerweile zählen wir weltweit 90 Millionen Internet-Nutzer. In Deutschland sind es nach der neuesten GfK-Umfrage 8/99 derzeit rund 10 Millionen. Und: Der Einkauf über das Internet wird immer beliebter. Jeder Zweite soll gemäß der W3B-Studie 5/99 schon mal per Internet bestellt haben, Tendenz steigend. Welchen tatsächlichen Anteil Electronic Commerce am gesamten Handelsvolumen ausmachen wird, lässt sich schwer prognostizieren. Bestimmende Faktoren, wie Online-Gebühren, technische Entwicklungen und Akzeptanz, sind schwer einzuschätzen. Sicher ist aber, dass Electronic Commerce kommt bzw. heute bereits Realität ist. Online Shopping ist ein ernstzunehmender Vertriebsweg geworden. Schwarze Zahlen lassen sich zwar derzeit noch nicht verbuchen, Umsätze dagegen werden bereits erzielt.

Drei Arten von Online Shopping regieren zur Zeit den Wirtschaftsprozess im Electronic Commerce: Online-Angebote des stationären Handels, der Versandhandel und neue Spezialanbieter. Online Shopping ist in unserem Fall der Verkauf von Produkten und Dienstleistungen über das Internet an den Endverbraucher, indem die Waren am Bildschirm präsentiert werden und die Kunden per Mausklick bestellen können. Für alle drei Online-Shopping-Möglichkeiten stehen jeweils andere Bedeutungen im Vordergrund.

Die Bedeutung für den *stationären Handel* besteht hauptsächlich in der Nutzung von Synergien durch die Verknüpfung von stationären Filialen und dem virtuellen Warenhaus. Beispielsweise kann nicht jede kleine Filiale das gesamte Sortiment anbieten. Aus dem Grund werden die sogenannten my-world-Terminals in den einzelnen Karstadt-Häusern angeboten, mit deren Hilfe die Kunden zusätzlich auf das Angebot der virtuellen Filiale zurückgreifen können. Andererseits ergeben sich Potenziale durch neue Zielgruppen. Die my-world-Kunden unterscheiden sich von den Warenhauskunden einerseits durch das Alter, sie sind jünger, und auf der anderen Seite durch die technische Orientierung. Auf der Kundenebene bedeutet Online Shopping Bequemlichkeit (von zu Hause aus, Lieferung an die Tür, keine Parkplatzsuche und nasse Füße), Verfügbarkeit und Schnelligkeit (alles ist nur einen Klick weit entfernt, 24 Stunden überall erreichbar). Mit anderen Worten: my-world ist kein Abbild einer Karstadt-Filiale im Internet, sondern eine Ergänzung zum bestehenden Vertriebsweg, ein neuer Weg zum Kunden.

Für den *Versandhandel* dagegen bedeutet Online Shopping vor allem eine neue Darbietungsform des vorhandenen Angebots. Gab es einst die reine Katalogpräsentation, sind nun vielfältige Formen der Darstellung möglich. Die einzelnen Produkte erscheinen in bewegten Bildern, können mit Geräuschen unterlegt werden (vielleicht künftig auch mit Geruchsproben?). Hinzu kommt andererseits die Möglichkeit der ständigen Aktualisierung wie beispielsweise des Preises. Für den Kunden ist das Medium die neue Form einer „Bestellmaschine", denn anstatt der herkömmlichen Postkarte oder des Telefons kann jetzt Online bestellt werden. Nutzerfreundliche Funktionen wie automatische Bestellformulare erleichtern den Ablauf bzw. die Bedienung enorm.

Für den *Spezialanbieter* ist diese neue Möglichkeit der Kommunikation eine Einstiegschance in den noch sehr ungefestigten Markt, z.B. durch neue Geschäftsideen (Auktionshäuser wie ricardo) oder durch die Übertragung von Erfolgsmodellen auf den deutschen Markt (z.B. amazon).

Alle drei Formen des Online Shopping müssen aber dieselben Anforderungen erfüllen, die über Erfolg und Misserfolg entscheiden. Neben den klassischen Voraussetzungen, wie beispielsweise Handelskompetenz, Erfahrung in Warenwirtschaft oder Sortimentsgestaltung, spielen unter anderem Kriterien wie Schnelligkeit, Service, Sicherheit, Angebot und Kommunikation sowie Layout und Gestaltung eine immer wichtigere Rolle im Zeitalter des Online-Shopping.

9.2 Voraussetzungen für die Umsetzung von my-world

Karstadt bringt als Warenhauskonzern optimale Voraussetzungen für die Umsetzung von Online Shopping mit. Das Unternehmen gehört mit zu den größten Handelskompetenzen in Europa und verfügt über langjährige Erfahrungen in der Warenwirtschaft und Sortimentsgestaltung. Es kann im Bereich der Informationstechnologie auf eigene Ressourcen und starke Kooperationspartner zurückgreifen. Um nur zwei Partner zu nennen: Mit Hilfe von IBM beispielsweise wurde der Aufbau der gesamten Electronic-Commerce-Technologie umgesetzt und die eigene Tochter Neurotec zeichnet Verantwortung für die gesamte Programmierung von my-world.

Der wohl kritischste Erfolgsfaktor für Internet-Handel ist die Logistik. Hier verfügt my-world mit Neckermann über einen hervorragenden Partner im Versandhandel. In der Endverbraucherlogistik konnte damit auf die Erfahrungen eines gut funktionierenden Versandhandelsunternehmens zurückgegriffen werden, so dass von Anfang an gewährleistet war, dass die Ware pünktlich und zu den gängigen Konditionen zum Kunden gelangt. Der Kunde ist an schnelle, zuverlässige und günstige Lieferung gewöhnt, was er auch von dem neuen elektronischen Medium verlangt.

Neckermann führt für my-world auch die bei allen Versendern üblichen Bonitätsprüfungen durch. Gerade im Internet kommt dieser Prüfung besondere Bedeutung zu, denn die Bestellloyalität im Netz ist geringer als im traditionellen Versandhandel. Sowohl das Bedürfnis vieler User, auszuprobieren, was passiert, wenn man auf diesen oder jenen Button klickt als auch die Anonymität und Unverbindlichkeit des Netzes verleiten dazu, sogenannte Junk-Orders zu senden. Allerdings sind hier deutliche Verbesserungen zu spüren: waren 1997 noch 50-70% der eingegangenen Aufträge nicht ernst gemeint, sind heute rund drei Viertel der Bestellungen seriös.

Und schließlich verfügt Karstadt über langjährige Erfahrungen mit und durch den Kunden. Beim Aufbau des Online-Shopping-Services my-world war der Austausch mit den Kunden grundlegende Basis für den heutigen Geschäftserfolg.

9.3 my-world gestern und heute – Erfahrungen und Entwicklungen des Online-Shopping-Services

www.my-world.de stieß seit Beginn im Oktober 1996 auf sehr gute Resonanz. Die Besucherzahl war unerwartet hoch, die Öffentlichkeit reagierte stark interessiert. Doch es kamen auch Herausforderungen und Überraschungen auf my-world zu, die bewältigt und in das Gesamtkonzept integriert werden wollten. Denn: Sechs zentrale Elemente sollten die potenziellen Käufer bei ihrem Einkauf ständig begleiten – Übersicht, Schnelligkeit und Information einerseits, Qualität, Zeit und Kosten andererseits. Seit dem Start von my-world unterliegen Internet-Auftritt und Warenangebot einem stetigen Entwicklungsprozess. In diesem neuen Geschäftsfeld hat sich deutlich gezeigt, wie wichtig es ist, die Erfahrungen mit und durch den Kunden aufzugreifen.

Der Geschäftsverlauf von my-world lässt sich seit Beginn in vier Phasen einteilen.

- Die *Einführungsphase*, die für die Eröffnung am 28. Oktober 1996 steht, wobei der Aufbau der Mall schon früher begann.
- Die *Ausbauphase,* die vor allem vom Relaunch zum ersten Geburtstag von my-world im Oktober 1997 gekennzeichnet war.
- Die *Konsolidierungsphase,* die 1998 erreicht wurde. Geprägt von steigenden Nutzerzahlen und ersten Umsätzen.
- Die *Statusphase*, die 3. Generation von my-world, also der aktuelle Stand.

9.3.1 Einführungsphase – die ersten Besucher im virtuellen Warenhaus

Abb. 9-1: Die Tore von my-world öffneten sich am 28. Oktober 1996. Viele kleine Shops bieten ihre Produkte auf der my-world-Homepage an.

my-world wurde im klassischen Dreisprung eröffnet – von der Grundsteinlegung über das Richtfest bis zur Schlüsselübergabe. Die virtuellen Tore öffnen sich und die ersten Besucher „spazierten" durch die virtuelle Mall. Und hier stellte sich vorab die Frage, inwiefern sich der Karstadt-Kunde im Netz vom Besucher im realen Kaufhaus abgrenzt. Das Publikum im stationären Handel ist emotional in den Einkaufsprozess eingebunden, assoziiert mit „Shopping"-Erlebnis und Lifestyle und fokussiert deshalb Werte wie persönlichen Service und Kundennähe. Im Gegensatz dazu bewies der Online-Shopper der ersten Stunde eher rational orientierte Schwerpunkte, nämlich:

- er hat konkrete Wünsche, wenn er das virtuelle Warenhaus betritt.
- er sucht günstige Angebote.
- er will schnell und umfassend Überblick gewinnen.

Mit 150.000 Produkten aus unterschiedlichen Bereichen startete my-world in 1996. Bei der Sortimentsentwicklung stützte man sich zusätzlich, neben den eigenen Kompetenzen, auf Kooperationen mit starken Partnern, wie beispielsweise NUR Touristic, Sega, Sony und vielen mehr. Der Grundgedanke lag in einem

Shop-in-Shop-Prinzip: Diese Strategie entstand aus der Überlegung, dass die Besucher der Homepage wie im normalen Warenhaus durch das Sortiment bummeln möchten. Allerdings muss man sagen, dass noch wenig Sortimentsbreite und -tiefe vorhanden war. Im Bookshop wurden beispielsweise gerade mal 100 Artikel geführt. Hatte der Besucher einen konkreten Produktwunsch, so konnte bzw. musste er durch die einzelnen Sortimente der jeweiligen Anbieter „klicken". Für jedes einzelne Produkt gab es eine kurze Beschreibung mit Abbildung. Beides wurde automatisch hochgeladen.

Zunächst bewegten sich überwiegend Studenten und Büronutzer im World-Wide-Web. Nur wenige Nutzer verfügten über einen eigenen privaten Internet-Anschluss. Die Definition einer Zielgruppe war kaum möglich.

Das Käuferpotenzial war wegen der Neuheit des Internets als Verkaufsmedium noch nicht ausreichend profiliert. Waren im Oktober 1996 rund 2,5 Millionen Internet-Nutzer zu verzeichnen, schoss die Zahl im August 1997 auf rund vier Millionen. Etwa zehn Prozent aller Internet-Nutzer konnten zu der Zeit als Online-Shopper angesehen werden. Das heisst, die weit über 100 Anbieter mit mehreren Millionen Artikeln trafen in dem Jahr auf etwa 400.000 Kaufinteressierte.

Trotz SSL-Verschlüsselung in my-world von Anfang an (der noch immer gebräuchlichste Standard), wurde die Möglichkeit, unkompliziert und ohne Medienwechsel – Online-Bestellung, Online-Bezahlung – an das gewünschte Produkt zu gelangen, also Waren per Kreditkarte zu bezahlen, kaum angenommen. Meistgenutzte Zahlungsmöglichkeit war die Nachnahme, die heute in my-world gar nicht mehr angeboten wird.

Nach einem Jahr my-world lässt sich folgende Bilanz ziehen: 1,6 Mio. Besucher klickten im ersten Jahr die my-world-Homepage an. Durch PR- und Werbemaßnahmen war my-world schon im Dezember 1996 rund 33 Prozent der Internet-Nutzern ein Begriff. Somit war das Ziel, ein eigenständiges Markenprofil zu etablieren, erreicht. Gleichzeitig wurde diese Zeit genutzt, um my-world zusammen mit dem Kunden zu gestalten und aus den Erfahrungen zu lernen (eine Systemerprobung). Aber: Es wurde viel geguckt und wenig gekauft. Nächstes Ziel war langfristig: Die Umwandlung von Besuchern in Käufer.

Trotz der Besuchererfolge in dem Jahr war und ist Online Shopping heute noch immer ein sensibles Geschäft. Die Umsatzzahlen sind sprunghaft, ihre Entwicklung unregelmäßig. Das Kaufverhalten der Internet-Shopper bleibt noch schwer kalkulierbar. Waren zunächst Studenten und junge Berufstätige als Gäste in my-world anzutreffen, so nimmt die Zahl der über 30-jährigen und vor allem der Frauen stark zu. Immerhin hat sich ihr Anteil in dem Jahr von eingangs vier auf 15 Prozent erhöht.

Weitere Erkenntnisse sind gewonnen worden: Es zeigte sich bereits nach kurzer Zeit, dass der ursprüngliche markenorientierte Shop-in-Shop-Ansatz von my-world nicht wirklich dem Verhalten und den Wünschen der Internet-Besucher entsprach. Statt zu Bummeln, wünschte diese Zielgruppe gezieltes Shoppen. Der Kunde weiss schon vorher, was er einkaufen möchte und klickt sich bei my-world ein, um bequem an die gewünschten Waren zu gelangen und/oder um Preise und Produkte zu vergleichen. Und: Die automatisch geladenen Produktbeschreibungen und -abbildungen bedeuten für den User manchmal unnötige, unerwünschte und vor allem teure Wartezeit. Karstadt zog seine Schlüsse daraus.

9.3.2 Ausbauphase – der Relaunch zum 1. Geburtstag von my-world

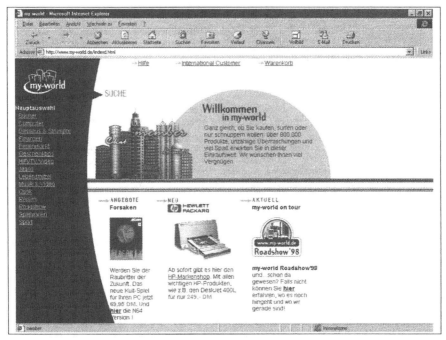

Abb. 9-2: Die my-world-Homepage zum 1. Geburtstag des virtuellen Warenhauses

Mit dem Relaunch im Oktober 1997 (my-worlds erster Geburtstag) versuchte man prinzipiell die Abbildung eines gesamten Warenhauses mit verschiedenen Themenbereichen. Das Sortiment wurde mit einem Schlag auf 800.000 Produkte erweitert, davon allein 400.000 Buch- und 100.000 Musik & Videotitel. Ein anderer Schwerpunkt wurde auf Information und Entertainment gelegt. Der Multimedia-Newsticker beispielsweise bringt aktuelle Nachrichten aus der Computerszene. Chartlisten für CDs, Videos oder PC-Spiele und die BitBörse mit täglich aktualisierten Preisen für Hardwarekomponenten ergänzen das Informationsangebot. Diskussionsforen und Preisausschreiben gehören zum grundlegenden Entertainment einer WebSite. Der Bereich Fun & Info in my-world bietet internetgerechte Features wie Chatrooms, regelmäßige Gewinnspiele, Online-Games oder Online-Konzerte.

Eines der größten Hemmnisse für Online Shopping waren und sind die hohen Gebühren für Online-Nutzung. Ein Hauptkriterium für die Gestaltung eines Internet-Auftritts sind deshalb Schnelligkeit im Seitenaufbau und einfache Navigation für den Benutzer. Dies gilt vor allem für den umfangreichen, komplexen my-world-Aufbau, bei dem im Vordergrund die Funktionalität steht. Durch Abspecken der Grafik und straffen der Benutzerführung durch Frames vollzog sich der Seitenaufbau der neuen Homepage bei durchschnittlichem Traffic in nur noch rund 40 Sekunden, statt vorher 2 Minuten. Mit der jetzt eingebauten Suchmaschine konnten die Produkte gezielt angesteuert werden. Artikel finden, vergleichen, in den Warenkorb legen, ggf. auch in das „Regal" zurückstellen – alle gewohnten Einkaufsvorgänge will der my-world-Besucher instinktiv erschließen und nicht lange lernen müssen.

Der Einsatz zuverlässiger Verfahren zur Online-Bezahlung war und ist nach wie vor ein besonders wichtiger Schritt zur Weiterentwicklung des elektronischen Handels. In my-world wurde schon im August 1997 als erstes deutsches Online-Shoppingsystem SET eingeführt, ein gemeinsam von Kreditunternehmen und IBM entwickelter, international anerkannter Sicherheitsstandard für Online-Zahlungen, bei dem die Daten des Käufers automatisch verschlüsselt werden. Bei jeder Transaktion wird die Identität aller Beteiligten, also Kunde, Händler und Finanzinstitut, elektronisch geprüft und gegenseitig bestätigt. Dabei kann jeder nur die jeweils für ihn relevanten Daten lesen.

Und noch eine weitere Gewohnheit überträgt der Kunde aus dem stationären Handel auf das neue Medium: Wie in einem realen Warenhaus, in dem die Schaufenster laufend neu dekoriert werden, muss sich auch Online Shopping ständig innovativ in seiner Präsentation zeigen. Wer sich nicht verändert, kann keine Kunden halten, dieser Leitsatz gilt für das Internet ganz besonders. Mit anderen Worten: Flexibilität und laufende Ausrichtung des Angebots an den Bedürfnissen der Kunden als Schlüssel zum Online-Erfolg.

Gegen Ende 1997 lässt sich die Aussage formulieren, dass my-world sich als Marktplatz im Internet etabliert hat. Zwar decken sich die optimistischen Prognosen 1997 noch nicht mit der Realität, denn die Nutzer bleiben weitestgehend an der Oberfläche des Internets. Sie surfen und rauschen durch das „Überangebot" im Netz, gehen jedoch nicht in die Tiefe. Erstmals aber lassen sich stabile Umsatzzahlen im sechsstelligen Bereich verzeichnen.

9.3.3 Konsolidierungsphase – Online Shopping kommt ins Rollen

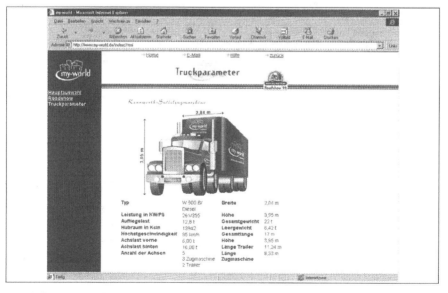

Abb. 9-3: In 1998 geht my-world auf Tour

Das Jahr 1998 ist geprägt von steigenden Nutzerzahlen und ersten Umsätzen. 43,5 Prozent der Online-User kennen my-world nach einer GFM-Getas-Umfrage, 2/98 (heute IPSOS). Dabei darf nicht vergessen werden, dass Online Shopping noch Kundenpotenzial aufbauen muss. So wundert es nicht, dass trotz der vielen Besucher bei my-world die Kunden- und Umsatzzahlen in Relation zum Gesamtvolumen nach wie vor verschwindend gering sind.

Die Zeit zeigt, dass viele Neueinsteiger an das Medium herangeführt werden wollen, insbesondere das Interesse der Frauen steigt. Das bestätigt auch die Resonanz auf die my-world-Roadshow, die von Mitte Mai bis Mitte August durch Deutschland tourte. Mit der Aktion wollte Karstadt über Internet und Online Shopping informieren und den Kunden my-world nahe bringen. Im Truck konnten die Besucher vor Ort an fünf Terminals durch das virtuelle Warenhaus bummeln. Frauen und Besucher über 40 Jahre, die noch nicht in das Profil des typischen Online-Nutzers gehören, wohl aber typische Einkäufer sind, schätzten den Informationswert der my-world-Tour übrigens überdurchschnittlich ein. Rund 90 Prozent der Frauen und mehr als 80 Prozent der über 40-jährigen antworteten bei einer Besucher-Umfrage am Truck dementsprechend. Dies zeigt, dass bei guter Aufklärung ein größeres Kundenpotenzial für Online Shopping aktivierbar ist.

Von den rund zwei Millionen my-world-Besuchern in 1998 gaben schon knapp 20.000 ihre Bestellung im virtuellen Kaufhaus auf. Dass my-world inzwischen von den Kunden angenommen wird, beweisen auch die vielen Mehrfachnutzer: 35 Prozent der my-world-Kunden haben im August 1998 bereits mehrfach bestellt. Zum anderen steigt der Umsatz rapide: 6 Mio. DM in 1998 entsprechen einer Verfünffachung zum Vorjahresumsatz,. Tendenz steigend. Das Vertrauen in die Sicherheit von my-world wächst. Rund 40 Prozent der Käufer wickeln ihre Bestellung über Kreditkarte oder Lastschriftverfahren ab.

Neue Wege zum Kunden standen und stehen heute noch im Vordergrund. Mit zusätzlichen Sortimenten, strategischen Allianzen und dem Angebot neuer Zugangsmöglichkeiten wollte my-world den Kundenkreis weiter vergrößern. Zu den neuen Zugangsmöglichkeiten gehört auch die Auseinandersetzung mit neuen Techniken, wie beispielsweise die Verbreitung von my-world-Inhalten via Satellit und die Ausweitung des my-world-Services auf andere Länder. Ende Oktober 1998 wurde Österreich in das Liefergebiet aufgenommen.

Über 1,2 Millionen Artikel und Dienstleistungen in unterschiedlichen Produktkategorien stehen jetzt zur Verfügung, u.a.: Bücher (ca. 1.000.000), Computer (über 20.000 Computerartikel), Reisen, Sport (ca. 10.000 Artikel), Musik & Video (ca. 180.000 CDs und 15.000 Videos), Spielwaren uvm.. Ein neues Angebot ist der Lebensmittelservice: Kunden können Feinschmeckerprodukte aus dem KaDeWe sowie Grundnahrungsmittel des täglichen Bedarfs bestellen. Rund 1.500 Produkte wie Backwaren, Getränke, Molkereiprodukte usw. stehen im Angebot. Zu diesem Zeitpunkt boten die Karstadt-Filialen Essen, Berlin, München, Hamburg diesen Service an sowie in Frankfurt die Hertie-Filiale, weitere Städte sollen schrittweise eingebunden werden. Hier zeigt sich schon die Entwicklung in Richtung einer stärkeren Verknüpfung zwischen dem stationären und virtuellen Handel.

9.3.4 Statusphase - die 3. Generation von my-world

Abb. 9-4: my-world in der 3. Generation mit mehr Übersichtlichkeit und Services. Das Sortiment ist jetzt in fünf Konsumfelder unterteilt.

Das Einkaufen im World Wide Web wird immer beliebter. Auf rund 10 Millionen ist die Zahl der Internetnutzer in Deutschland mittlerweile gestiegen, und mehr als jeder Zweite hat seinen PC schon mal genutzt, um sich per Mausklick Waren nach Hause zu bestellen, Tendenz rapide steigend (Umfragen: GfK 8/99, W3B 5/99).

Das gilt auch für my-world. Die Zahl der Aufträge in my-world hat sich im Vergleich zum letzten Jahr mehr als verdoppelt. Doch auch der Wettbewerb im ungefestigten Online-Shoppingmarkt nimmt zu. Die Zahl der Anbieter wächst täglich. Gleichzeitig wird es für die User durch neue Technologien immer einfacher, Internet-Angebote miteinander zu vergleichen. Wer sich im Internet absetzen will, muss sein Angebot ständig weiter entwickeln.

Aus den Erfahrungen, die Karstadt bisher mit my-world machen konnte, zog das Unternehmen die notwendigen Schlüsse für eine neue Umsetzung, wobei der in den Medien oft genannte Begriff „Relaunch" etwas irreführend ist. Es geht nicht darum, ein „neues my-world" zu launchen, sondern vielmehr um die gezielte Weiterentwicklung vor dem Hintergrund, dass sich das Medium mit seinen technischen und inhaltlichen Möglichkeiten ebenso wie die Gruppe der Internet-Nutzer, die wächst und differenzierter wird, laufend ändern. Hier will man für den

Kunden neue Akzente setzen und mit der Einbindung neuer technischer Lösungen und zusätzlicher Inhalte noch funktionaler werden.

Pünktlich zur IFA 99 in Berlin ist die Neustrukturierung des Online-Shoppingservices zum größten Teil abgeschlossen. Dabei hatten die Wünsche und Anregungen der Kunden oberste Priorität. Dementsprechend ist das Service-Angebot umfangreicher geworden und soll weiterhin ständig erweitert werden.

Eine zentrale Maßnahme bei der Umgestaltung ist die Neugliederung der Sortimente, bestehend aus über 1,2 Millionen Produkten, in fünf Konsumfelder: Multimedia, Sport, Reisen, Lebensmittel, Mode & More. Zwar wird nach wie vor ein Großteil der my-world-Käufe in den Bereichen Computer und Technik, Unterhaltungselektronik, Bücher sowie Musik und Video getätigt, doch die hohen Besucherzahlen auf den Lebensmittel-, Reise- und Sport-Seiten zeigen, dass an diesen Themen großes Interesse besteht.

Wichtig bei der Sortimentsgestaltung im Internet ist, keine starren Konstrukte anzuwenden, sondern flexibel reagieren zu können. Mit der 3. Generation von my-world wurde hierfür eine übersichtliche Basis geschaffen, die den Produktpräferenzen der Online-Einkäufer entgegenkommt.

Weitere wesentliche Faktoren bei der Weiterentwicklung von my-world sind individuelle Services und die persönliche Beratung, die bei der Kundenansprache und Kundenbindung im Internet immer wichtiger werden. Dazu gehört zum Beispiel die Bildung eines Serviceteams mit Sortimentsspezialisten, die zusätzlich zur 24-Stunden-Hotline als Ansprechpartner bei konkreten Problemen oder speziellen Wünschen beratend zur Seite stehen.

Stärkere Betreuung von Premium-Usern, die beispielsweise von einem verbesserten Bestellvorgang mit übersichtlicher Bestellhistorie profitieren, sollen Kunden zusätzlich an die WebSite binden. Mit praktischen Funktionen, wie der Guided Tour oder dem Preisalarm, sollen gleichzeitig die Potenziale bei Online-Neueinsteigern und Schnäppchenjägern gezielter genutzt werden. Bis zu 5.000 Besucher „klicken" die my-world-Homepage täglich an, von denen immer noch ein großer Teil vor allem zum Gucken und Bummeln kommt. Etwa zwei Prozent der Besucher bestellt.

In Vorbereitung ist auch die Einführung eines persönlichen Onlineberaters. Das intelligente, lernfähige Programm, auf der IFA 1999 als Prototyp vorgestellt, stellt im Dialog mit dem Kunden individuell zugeschnittene Produktvorschläge oder Geschenkideen zusammen. Die elektronische Einkaufshilfe berät Kunden ohne konkreten Produktwunsch, liefert Vorschläge aus den fünf genannten Sortimentsbereichen. Welche Funktion steht hinter diesem neuen System? Jeder Artikel ist mit mehreren Attributen belegt wie beispielsweise Kaufanlass, Preisrahmen oder Farbe. Alle Artikel wiederum sind über diese Attribute auf mehreren Ebenen mit verschiedenen Ausprägungen vernetzt. Das Besondere am persönlichen Onlineberater ist, dass er – im Gegensatz zu herkömmlichen Suchmaschinen - auch auf „weiche" Attribute reagiert wie zum Beispiel „weiblich" oder „elastisch". Im Dialog werden Angaben des Kunden, gewünschte Produkteigenschaften oder Attribute, gesammelt. Die erstellten Verknüpfungen über die jeweiligen Ebenen führen im Ergebnis zu verschiedenen Produktvorschlägen.

Die Vorteile dieses Systems liegen auf der Hand. Die Vorgehensweise ist mit dem realen Einkauf vergleichbar. Der elektronische Einkaufsberater stellt Fragen eines Verkäufers, um Produktgruppen „einzukreisen". Langfristig soll dieser aus jedem Kauf lernen. Er gibt demnach gezieltere Vorschläge und ist damit ein selbstlernendes System, da er sich Produkt-Präferenzen aneignet und Produktprofile erstellt, die nicht zu verwechseln sind mit den Kundenprofilen, also den Angaben über den Kunden selbst.

Mit der 3. Generation von my-world werden weitere Impulse für das Online-Geschäft erwartet. Für dieses Jahr rechnet man bei Karstadt mit einer annähernden Verdreifachung des my-world-Umsatzes auf rund 15 Mio. DM. Karstadt wird weiter in den Ausbau des vierten Geschäftsfeldes Electronic Commerce investieren: die Nähe zur vertrauten Marke Karstadt soll stärker betont werden, virtueller und stationärer Handel werden in Zukunft noch enger miteinander verknüpft sein, die Anbindung von my-world an die Filialen wird weiter ausgebaut.

Mit den Karstadt-Filialen Rosenheim und Stuttgart liefert der my-world-Lebensmittelservice jetzt in insgesamt sieben Städten aus, die theoretisch 4 Mio. Haushalte erreichen. Bei zunehmender Ausstattung der Haushalte mit Internet-Zugang ist das keine Vision mehr. Bis Oktober sollen Köln, Wiesbaden und Karlsruhe sowie bis Jahresende fünf weitere Filialen an das Lebensmittelsystem angeschlossen sein.

Oberstes Ziel des Unternehmens wird es weiterhin sein, die Kunden real und virtuell noch näher zusammenzubringen.

9.4 Online Shopping – eine Umsatzbetrachtung

In Deutschland teilen sich zur Zeit acht große Online-Shopping-Anbieter aus dem Versand- und Warenhaushandel den Markt und werben um Kunden. Der Kampf um Marktanteile beginnt. 1998 wurden erstmals Ergebnisse zur Darstellung des Erfolgs veröffentlicht.

Das Ergebnis klingt beachtlich. Zusammen erzielten die acht Wettbewerber 1998 via Internet einen Online-Umsatz in Höhe von schätzungsweise 85 Millionen Mark. Im Vergleich zum deutschen Versandhandel, der nach Angaben des Bundesverbands des Deutschen Versandhandels einen Gesamtumsatz in Höhe von 40,6 Milliarden Mark einfuhr, ist dieser Anteil jedoch minimal. Doch Prognosen zufolge besteht ein erhebliches Potenzial zur Steigerung des Online-Umsatzes. Der Hauptverband des Deutschen Einzelhandels geht von einem Online-Anteil bis zum Jahr 2005 von einem bis drei Prozent am Umsatz des gesamten deutschen Einzelhandels aus. Das entspräche einem Betrag in Höhe von 21 Milliarden Mark.

Mit einem geplanten Investitionsvolumen in Höhe von 65 Millionen Mark, verteilt auf vier Jahre, baut Karstadt seinen Multimediabereich seit 1996 stetig aus. Dazu gehört ebenfalls der komplette Aufbau von my-world und die laufende Betreuung durch 20 Mitarbeiter in der Projektphase. In Geldwerten nicht darzustellen ist dabei das Know-how der Mitarbeiter, das sich im Laufe der Zeit stetig intensiviert hat. Von Gewinnen kann während der Investitionsphase noch keine Rede sein. Sie dient dann auch nicht unmittelbar zur Erfolgsmessung.

Entscheidend ist vielmehr, welche Ziele durch die Investition erreicht werden sollen und inwieweit die Umsetzung erfolgt ist. Es handelt sich um eine Investition in die Zukunft, mit der sich eine Marke auf dem Markt bestmöglichst positioniert und etabliert und zur Steigerung des Unternehmensimages beiträgt.

Sechs Millionen Mark Umsatz konnte my-world in 1998 erzielen. Das ist eine Verfünffachung des Erfolgs vom Vorjahr. Mit einer Verdoppelung oder Verdreifachung in 1999 wird aufgrund der Kundenbindung gerechnet. Jedoch spielen absolute Umsatzgrößen in einer Projektphase eine eher untergeordnete Rolle und müssen relativiert werden. Erzielte Erfolge, wie Besucherbindung, Kundennähe und Kundenbindung, gewinnen zunehmend an Bedeutung und haben das Knowhow bzw. das human capital bei Karstadt entscheidend geprägt. Denn Kunden liefern für die Realisierung eines virtuellen Warenhauses relevante Informationen über Aufbau, Funktionsweise und Akzeptanz.

Über künftige Marktanteile im Electronic Commerce wird jetzt entschieden. Unternehmen, die eine hohe Bindung der Online-Shopper an ihre Internetseite erzielen, stellen die Weichen für künftige Geschäfte und verschaffen sich gleichzeitig einen entscheidenden Wettbewerbsvorteil. Unternehmen, die nicht in die Benutzerbindung investieren, werden zu den Verlierern gehören.

Im aktuellen Entwicklungsstadium des Electronic Commerce ist nicht der online getätigte Umsatz die entscheidende Messgröße, sondern die Zahl der Besucher, die an eine WebSite gebunden sind und für die Sicherung der Wettbewerbsfähigkeit sorgen. Potenzielle Käufer sind lediglich Angeboten mit hohem Nutzwert treu, also solchen, die sie für brauchbar halten. Sobald Benutzerbindung besteht, kann diese zur gewinnorientierten Kundenbeziehung ausgebaut werden. Der Kundenwert, der durch die einmal erlangte Bindung der User entstanden ist, steht zum Ausschöpfen bereit. Im Internet ist die Loyalität der Benutzer Basis für das zukünftige Geschäft.

Das Angebot kristallisiert sich aus den Wünschen oder auch Problemen der Online-Shopper heraus. Daran orientiert, sollten Inhalte und Services, die zur Lösung beitragen, auf der WebSite abrufbar sein. Um den Benutzern keinen Anlass zu geben, die Internetangebote von Wettbewerbern aufzurufen, sollte das Angebot im Internet ausserdem hohe Themenkompetenz besitzen.

Das bedeutet: Der Besucher soll das Gefühl haben, dass die Themen des Anbieters an keiner anderen Stelle im Netz umfassender und kompetenter behandelt werden. Bequemlichkeit ist der meistgenannte Grund für das Einkaufen im Internet. Die Internetseite eines Unternehmens, die auf Kundenbindung zielt, muss ihren Benutzern eine bequeme und einfache Zugriffsmöglichkeit bieten. Umfassende Informationen allein reichen nicht aus. Der Besucher sollte in wenigen Schritten an die gewünschte Information gelangen.

In den meisten Fällen wird nur durch gezieltes Experimentieren herauszufinden sein, welche Elemente besonders positive Ergebnisse bringen. Ständige Marktbeobachtung und Unternehmenskontrolle sollten zur Sicherung und Stärkung der eigenen Position in einem schnelllebigen, transparenten und dynamischen Markt erste Priorität haben. Versuch und Irrtum und ein daraus resultierendes kontinuierliches Lernen sind unabdingbar.

my-world ist mit seiner Strategie der Benutzer- bzw. Kundengewinnung auf dem besten Wege, seine Marktposition deutlich zu verstärken.

9.5 Ausblick

Experten gehen davon aus, dass Electronic Commerce bis zum Jahr 2002 für 90 Prozent der großen Unternehmen ein wesentlicher Teil ihrer Geschäftsstrategie sein wird. Ohne Einsatz digitaler Produkte und Dienstleistungen wird sich kein Wirtschaftssektor am dynamischen Markt behaupten können. Alle am Markt beteiligten, ob Hersteller, Händler oder Käufer, setzen dies künftig als selbstverständlich voraus.

Derzeit besteht eine geringe Anzahl von Unternehmen am Markt, die das Internet zum Verkauf nutzen. Lediglich 19 Prozent aller im Netz vertretenen Händler nutzen das Medium zu diesem Zweck. Darunter befinden sich viele branchenfremde Anbieter wie Verlage oder TV-Sender ohne Handelserfahrung. Eine kleine Zahl auf der Anbieterseite steht einem enormen Potenzial an Internet-Käufern gegenüber. Sollten im Jahre 2002, wie prognostiziert, 43 Millionen Menschen über das Internet einkaufen, sind die Unternehmen heute gefordert, sich für diesen bevorstehenden Boom zu rüsten.

Die Investition in die Benutzerbindung als Basis für zukünftiges Geschäft ist sehr schwierig als Geschäftserfolg zu rechnen. Sie ist eine strategische Entscheidung und bedarf der Überzeugung, diesen langen, teils schwierigen, aber sehr lehrreichen Weg zu gehen. Die Unternehmen, die ihn beschreiten und sich am Markt behaupten können, werden auf ihre Art und Weise belohnt. Es gilt, das Kundeninteresse zu wecken und auf lange Sicht zu halten. Dies ist dann der Beweis dafür, dass sein Angebot ein Unikat ist. Und das ist aus unternehmerischer Sicht der größte Geschäftserfolg.

10 Ein Vorgehensmodell für Konzeption, Implementierung und Einsatz einer Internet-Präsenz – Erfahrungen aus einem Intranet-Projekt

Lars Ehlers, Münster

10.1 Motivation

Noch vor wenigen Jahren wurden die Internet-Aktivitäten vieler deutscher Unternehmen (sofern überhaupt eine Internet-Präsenz vorhanden war) nur von engagierten Mitarbeitern initiiert. Die Tätigkeiten wurden in vielen Fällen von den Führungskräften nur peripher oder teilweise gar nicht wahrgenommen. Die Aktionen dieser Mitarbeiter wurden nur toleriert und es fehlte die notwendige Unterstützung für ein strukturiertes Vorgehen.[1] Erst mit der Bildung eines Projektteams (und einer damit verbundenen zeitlichen Freistellung von anderen Tätigkeiten) und der Bereitstellung finanzieller Mittel wurde die Unterstützung geschaffen, die für den Aufbau einer Internet-Präsenz notwendig ist.

Die Gründe für die veränderten Einstellungen der Führungskräfte sind vielfältig. Wichtige Impulse gingen von Berichten über die Internet-Aktivitäten in anderen Ländern (vor allem in den USA) aus. Hinzu kommt, dass auch die Nutzung des Mediums Internet in der Gesellschaft gestiegen ist und auf Grund dieser höheren Durchdringung mehr Menschen mit Internet-Angeboten in Kontakt gekommen sind. Schließlich hat sich auch der Erfolg von Internet-Firmen auf den deutschen Markt ausgewirkt. Zu den bekanntesten dieser Internet-Firmen zählt sicherlich die vielzitierte Firma Amazon. Dieses Unternehmen ist erst seit dem zweiten Quartal 1998 auf dem hiesigen Markt vertreten.[2] Die Bertelsmann Buch AG, als einer der wichtigsten Wettbewerber von Amazon, arbeitete bereits zu dem Zeitpunkt des Markteintritts an einer eigenen Konzeption[3] für den Internetbuchhandel „Books Online". Trotzdem konnte das Angebot erst im Februar 1999 den Kunden präsentiert werden. Seitdem wird mit hohem finanziellen Einsatz versucht, Marktanteile zu gewinnen und die Marktführerschaft von Amazon zu übernehmen.[4] Als Strategie wird von der Bertelsmann Buch AG dabei hauptsächlich die Differenzierung vom Angebot des Wettbewerbes eingesetzt. Eine Preisführerschaft ist für den Buchhandel in Deutschland aufgrund der gesetzlichen Preisbindung nicht möglich.

---

[1] Erfahrungen aus anderen Projekten zeigen, dass eine strukturierte Vorgehensweise zunächst mehr Ressourcen beansprucht (vor allem Zeit und Personal) als ein Quick-and-Dirty-Vorgehen. Im zweiten Fall werden zwar schnell erste Ergebnisse erzielt, aber spätere Veränderungen oder Erweiterungen zu komplexeren Systemen sind nur mit hohem Aufwand möglich.
[2] ZDNet Deutschland (Amazon), 1998.
[3] ZDNet Deutschland (BOL), 1998.
[4] Vgl. Preisner/Eierhoff, 1999.

Nachdem die Bedeutung des Mediums Internet für den geschäftlichen Erfolg vom Management erkannt worden ist, wurden die ersten Internet-Projekte gestartet. Ein möglicher Anlass kann z.B. darin bestehen, erste Erfahrungen (technische Anforderungen, Akzeptanz bei den Kunden, notwendige laufende finanzielle Unterstützung, etc.) mit einer Web-Präsenz zu sammeln. Eine zweite Möglichkeit ist, dass die Projekte anlaufen, um auf Aktivitäten der direkten Wettbewerber zu reagieren. Innovative Unternehmen hingegen versuchen, als Ergebnis von Internet-Projekten eine bessere Abwicklung ihrer Geschäftsprozesse zu ermöglichen. Ein *Prozess* wird hierbei definiert als inhaltlich abgeschlossene, zeitliche und sachlogische Folge von Funktionen, die zur Bearbeitung eines betriebswirtschaftlichen Objekts notwendig sind.[5] Ein *Geschäftsprozess* ist als besonderer Prozess aus den obersten Zielen des Unternehmens abgeleitet und besitzt i. d. R. Schnittstellen zu Marktpartnern (z.B. Kunden oder Lieferanten).[6] Für die Unterstützung von Geschäftsprozessen durch das Internet dient häufig das Tracking-System von UPS als Vorbild.[7] Dieses System ermöglicht es den Versendern oder Empfängern von Paketen, den aktuellen Standort der Sendung über eine Abfrage im WWW zu erkennen. Die Einführung der Internet-basierten Paketverfolgung hat für die Kunden (schnelle und aktuelle Auskunft über Paketstandorte) und das Unternehmen UPS (Kostenreduktion durch geringere Belastung der Mitarbeiter durch telefonische Anfragen der Kunden) erhebliche Vorteile gebracht.[8] Mit der frühen Nutzung der Technologie ist zusätzlich das Image eines innovativen Unternehmens verbunden.

Die zuvor skizzierten Beispiele deuten an, dass die Nutzung der Internet-Technologien[9] erhebliche Nutzeneffekte für Unternehmen bieten kann. Der Einsatz von Technologien im Allgemeinen und von Internet-Technologien im Speziellen darf jedoch nicht unsystematisch erfolgen. Die Erfahrungen im Software-Engineering und bei Organisationsprojekten deuten an, dass ein strukturiertes Vorgehen für ein erfolgreiches Projekt unverzichtbar ist. Ein weiterer Grund für das strukturierte Vorgehen bei der Nutzung von Internet-Diensten ergibt sich aus der Komplexität des Problems. Die Komplexität entsteht u. a. aus der Tatsache, dass Entscheidungen über Geschäftsprozesse oder Personen, die bei der Ausführung des Prozesses betroffen sind, Auswirkungen auf andere Prozesse oder andere Personen haben können. Die Auswirkungen lassen sich nicht immer ex ante prognostizieren, da häufig Wirkungsdefekte im betrieblichen Umfeld vorliegen.[10] Neben der Vernetzung und der Intransparenz hat die Dynamik einen hohen Einfluss auf die Komplexität der Entscheidungssituation *„Veränderung der Geschäftsprozesse durch Internet-Dienste"*. Effekte, die zum Zeitpunkt der Analyse eines Geschäftsprozesses vorhanden waren, müssen nicht zwangsläufig zu

---

[5] Vgl. Becker/Schütte, 1996, S. 52f; Rosemann, 1996, S. 9.
[6] Vgl. Becker/Schütte, 1996, S. 53; Becker/Kahn, 2000, S. 4.
[7] Zum Wachstum der Abfragen vgl. UPS (Tracking), 1999.
[8] Für weitere Vorteile vgl. UPS (Laufzeiten), 1999.
[9] Hier sind vor allem das WWW und E-Mail von Bedeutung. Auf eine Auflistung anderer Dienste (etwa Gopher, Newsgruppen, FTP, etc.) wird hier verzichtet, da ihre Nutzung für Handelsunternehmen nicht zwingend erforderlich ist. Vgl. auch den Beitrag von BECKER in diesem Band.
[10] Zu Planungsdefekten vgl. Adam, 1996, S. 10 ff.

einem späteren Zeitpunkt noch genauso wirken. Eine mögliche Handhabung der Komplexität liegt in der Zerteilung der Entscheidungssituation in Teilprobleme, die in einzelnen Schritten gelöst werden. Die Lösungen müssen anschließend wieder zusammengefasst, auf ihre Konsistenz geprüft und zur Gesamtlösung aggregiert werden.

10.2 Ein Vorgehensmodell für die strukturierte Erstellung einer Internet-Präsenz

Im Folgenden wird ein Vorgehen beschrieben, das auf der Zerteilung von Problemen zur Bewältigung von komplexen Entscheidungssituationen beruht.[11] Für den Aufbau einer Internet-Präsenz werden die relevanten Entscheidungen in einzelnen Phasen getroffen. Das Vorgehensmodell wird für ein Alt-System angewendet, dass auf über 1.300 HTML-Seiten (teilweise mit Frame-Steuerung) basierte und Informationen zur Verfügung stellte. Die Nutzer des Systems haben die Informationen entweder als HTML-Texte im Browser abgerufen oder die angebotenen Dateien (Adobe PDF, MS Excel, MS Powerpoint, MS Word) geladen und auf dem lokalen PC bearbeitet.

10.2.1 Probleme von statischen Internet-Programmen

Die Probleme des Alt-Systems wurden zum Anlass genommen, die Internet-Präsenz umzustellen. Die folgende Abb. 10-1 listet die wichtigsten Probleme des abgelösten Systems auf. Diese Übersicht ist charakteristisch für manuell erstellte, statische[12] Internet-Programme. Da bei der Erstellung der Seiten der gesamte Quellcode mit HTML-Editoren bearbeitet wird und auf dem Server keine Automatismen für die Wiederverwendung von Code (z.B. gleiche Fußzeile für alle Seiten) oder für die automatische Aktualisierung von Inhalten (z.B. Preis aus gültiger Preisliste übernehmen) existieren, ergeben sich Unstimmigkeiten in der grafischen Gestaltung oder Schwierigkeiten bei der Veränderung von publizierten Inhalten.

Die ad hoc getriebene Entwicklung des Alt-Systems (jeder Bedarf zur Ergänzung der Internet-Seiten wurde sofort als Aufgabe eingelastet und dann umgesetzt), hat hauptsächlich zu den Problemen geführt. Daher sollte für den Neuaufwurf eine strukturierte Vorgehensweise verwendet werden.

---

[11] Die Erfahrungen stammen aus einem Intranet-Projekt, das die Ablösung einer statischen Internet-Präsenz und die Einführung eines neuen Internet-Programms als Ziele verfolgte.
[12] Statisch bedeutet hier, dass die Internet-Präsenz auf reinem HTML basiert und keine dynamischen Änderungen der Seiten durch den Server möglich sind.

Nr.	Problem	Beschreibung
1	Corporate Design nicht umgesetzt	Die Darstellung der Internet-Seiten ist nicht einheitlich. Die Anordnung von Logos oder die Verwendung von Farben kann nicht für alle Seiten voreingestellt werden.
2	Engpass Webmaster	Änderungswünsche der Abteilungen können von dem Webmaster[13] nicht in akzeptabler Zeit umgesetzt werden. Oftmals wird daher zu vielen Mitarbeitern der Zugriff auf die Internet-Seiten ermöglicht.
3	Veraltete Informationen	Es fehlen Automatismen zur selbstständigen Entfernung von Daten aus den Web-Seiten (z.B. irrelevante Daten der Rubrik „Aktuelles").
4	Syntax-Fehler in den Internet-Seiten	Bei der Aktualisierung der Inhalte müssen in dem HTML-Code nicht nur die Daten, sondern auch Formatierungsanweisungen eingetragen werden. Werden die Format-Kommandos nicht richtig eingetragen, so kann unter Umständen die gesamte Seite nicht mehr angezeigt werden. Sofern mehrere Mitarbeiter aus unterschiedlichen Abteilungen ebenfalls Veränderungen auf den Seiten durchführen, verschärft sich i.d.R. das Problem.
5	Defekte Verknüpfungen (Broken URL)	Verknüpfungen auf externe Server sind in den HTML-Seiten eingetragen. Wenn diese Verbindungen Fehlermeldungen hervorrufen, weil die angesprochene Seite nicht mehr existiert, kann das nur durch das direkte Anwählen des Hyperlinks ermittelt werden. Eine Sammlung aller externen Verknüpfungen, die dann automatisch überprüft werden kann, ist nicht möglich.
6	Untrennbare Vermischung von Inhalten und Strukturen	Auf den Internet-Seiten werden die Inhalte (z.B. Beschreibungen über Produkte) unmittelbar mit den Anweisungen zur Strukturierung (Darstellung und Formatierung) verbunden. Werden 100 Produkte auf den Internet-Seiten angeboten, so muss bei einer Formatänderung (z.B. Angabe des Artikelpreises in größerer Schriftart und ohne Unterstreichung) jeder der 100 Produktpreise editiert werden. Die Nutzung von Masken zur Darstellung dieser Informationen ist nicht möglich.
7	Fehlendes Konzept zur Unterstützung der Geschäftsprozesse	Die im Internet unterstützten Geschäftsprozesse wurden vor allem nach dem Kriterium der unmittelbaren technischen Realisierbarkeit ausgewählt. Es wurde ermittelt, welche technischen Möglichkeiten vorhanden waren und danach sind Überlegungen angestellt worden, welche Prozesse sich damit im Internet unterstützen lassen. Dieses Vorgehen entspricht der Phrase „Strategy follows Technology". Bei der Bedeutung der Geschäftsprozesse für ein Unternehmen ist jedoch ein diametrales Vorgehen notwendig. Dem Postulat „Technology follows Strategy" folgend sollten zuerst die gewünschten Prozesse ausgesucht und anschließend die notwendige Technik beschafft werden, mit der sich die Prozesse umsetzen lassen.[14]

Abb. 10-1: Exemplarische Probleme von statischen Internet-Seiten

---

[13] Mit der Bezeichnung *Webmaster* wird eine Person oder eine Personengruppe bezeichnet, die mit der Verwaltung und der Aktualisierung der Internet-Seiten beauftragt sind.

[14] Vgl. auch Schütte/Vering/Wiese, 2000, S. 15 f., die die historische Entwicklung durch die beiden Pole „*Informationstechnik als Restriktion*" und „*Informationstechnik als Potenzialfaktor*" bezeichnen.

10.2.1.1 Besonderheiten bei der Erstellung von Internet-Informationssystemen

Bei der Erstellung einer geschäftsprozessunterstützenden Internet-Präsenz handelt es sich um den Aufbau eines Informationssystems.[15] Dieses Informationssystem wird dann mit den bereits im Unternehmen eingesetzten Systemen (z.b. Warenwirtschaftssystem, Lagerverwaltungssystem, Verkaufsinformationssystem) gekoppelt.[16] Dabei kann die Kopplung automatisch oder manuell erfolgen.[17] Im Gegensatz zu der Entwicklung von nicht Internet-basierten Informationssystemen (z.B. Führungsinformationssysteme, Warenwirtschaftssysteme im Handel, Produktionsplanungs- und -steuerungssysteme in der Industrie) sind bei der Erstellung einer Internet-Präsenz einige Besonderheiten zu beachten.

Der wichtigste Unterschied gegenüber nicht Internet-basierten Anwendungssystemen liegt in der *zeitlichen Komponente*. Eine Internet-Präsenz, die neue Funktionen anbieten soll, muss schnell umgesetzt werden. Nur so können die erwarteten Potenziale dieser Neuerung sofort genutzt werden. Andernfalls können die späteren technischen Entwicklungen dazu führen, dass die Funktionen ihren Neuheitsgrad verlieren. Gelingt es beispielsweise einem Anbieter, einfache technische Umsetzungen für eine Internet-Call-me-Lösung[18] zu implementieren, so muss er diese Lösung unmittelbar für seine Geschäftsprozesse nutzen.

Die *geringe Bandbreite* für Datenübertragungen begründet einen zweiten Unterschied zwischen der Erstellung einer Internet-Präsenz und eines nicht Internet-basierten Informationssystems. Selbst wenn man (fiktiv) von einer Vollauslastung der verfügbaren Bandbreite ausgeht, zeigt sich, dass mit Internet-Programmen auf absehbare Zeit nicht die gleiche Performance wie in einem internen Netzwerk (Lokal Area Network, LAN) erzielt werden kann. Hebt man die unrealistische Annahme auf, so zeigt sich, dass selbst im Vergleich zu einem Wide Area Network (WAN)[19] nur ein geringeres Datenvolumen in der gleichen Zeit übertragen werden kann. Das liegt vor allem daran, dass bei der Nutzung von Informations-

---

[15] Mit einem Informationssystem werden die im betrieblichen Umfeld benötigten Informationen dargestellt. Informationssysteme können automatisierte und nicht automatisierte Teile enthalten. Vgl. Becker/Schütte, 1996, S. 9.

[16] Im Handelsunternehmen befindet sich i. d. R. ein Handelsinformationssystem (HIS) und das darin enthaltene Warenwirtschaftssystem (WWS) im Einsatz. Zur Abgrenzung von HIS und WWS vgl. Becker/Schütte,1996, S. 12 ff.

[17] Nicht nur der automatisierte Teil des Informationssystems, auch mit dem Begriff „Anwendungssystem" bezeichnet (vgl. Stahlknecht/Hasenkamp, 1997, S. 242ff.; Ferstl/Sinz, 1994, S. 4 f.), kann mit dem Internet gekoppelt werden. Auch aus dem nicht automatisierten Teil können (dann jedoch nur manuell durch redundante Eingabe) Daten in die Internet-Präsenz übernommen werden.

[18] Mit einer Internet-Call-me-Lösung (vereinzelt wird auch der Begriff Internet-Call-back verwendet) wird die Verknüpfung von Call Centern mit Web-Seiten bezeichnet. Klickt der Benutzer einer Web-Seite auf einen Call-me-Knopf, so ruft ihn ein Call Center des Web-Anbieters zurück und hilft ihm z.B. bei der Bestellung von Artikeln oder bei Rückfragen zu Produkten. Der Rückruf erfolgt dabei nicht nur über das Internet (sogenanntes Voice-over-IP), sondern kann auch das Telefonnetz nutzen. Vgl. Sevcik/Forbath, 1998, Abschnitt „Web-Enabled Call Center". Zu Voice-over-IP vgl. weiterhin Heerklotz/Söffge, 2000, S. 46.

[19] WAN werden zur Anbindung von Außenstellen an eine Zentrale oder zur Kopplung von mehreren Firmensitzen genutzt.

systemen über das Internet im Gegensatz zu einem WAN keine direkte Punkt-zu-Punkt Verbindung existiert. Da im Internet die eigenen Daten nicht exklusiv über die Netzwerk-Leitungen gesendet werden, unterliegt die Übertragungsleistung stochastischen Schwankungen. Die folgende Abbildung (Abb. 10-2) zeigt die drei Kopplungen (LAN, WAN und Internet) mit den üblichen Übertragungsleistungen des Clients (pro Sekunde) auf. Zum Vergleich der Übertragungsraten im Web sei die Bandbreite beim Zugriff auf ein handelsübliches Diskettenlaufwerk angegeben.

Kopplung	Bandbreite[20]
LAN	10 MBit/s oder 100 MBit/s, 1 GBit/s in der Entwicklung.
WAN	64 Kbit/s (0,064 MBit/s) bis 2 MBit/s. In der Regel wird eine Punkt-zu-Punkt Verbindung aufgebaut, die exklusiv genutzt werden kann.
Internet[21]	9,6 KBit/s (bei WAP) bis 10 MBit/s. Die maximale Übertragungsrate wird nur unter optimalen Bedingungen erreicht. Bandbreiten ab 2MBit/s werden auf Grund der höheren Kosten für die Bereitstellung und Nutzung häufig nur von Firmenkunden in ihren Niederlassungen genutzt. Dort werden die vorhandenen LAN mit dem Internet über Firewalls gekoppelt. Die gesamte Bandbreite wird für die Zugriffe von mehreren LAN-Nutzern verwendet.
Diskettenlaufwerk	Ca. 300 KByte/s möglich, das entspricht etwa 2 MBit/s.

Abb. 10-2: Übliche Bandbreiten im LAN, WAN und Internet

Die Erstellung einer Internet-Präsenz muss diese geringeren Bandbreiten berücksichtigen. Daher sind Abfragen auf oder Berechnungen mit Datenbeständen (z.B. „Zeige summierten Wert aller Aufträge des Kunden 1742 im letzten Jahr an!") komplett auf dem Server auszuführen. Der Client erhält dann nur das Ergebnis. Im LAN hingegen ist es alternativ möglich, den Server nur eine einfache Abfrage durchführen zu lassen (im angeführten Beispiel: „Selektion aller Auftragspositionen des Kunden"). Der Client erhält dann eine größere Menge Daten und führt in einem zweiten Schritt die weitere Bearbeitung durch („Auswahl der Positionen des letzten Jahres und Summenbildung").

Als dritte Besonderheit bei der Erstellung eines Internet-Informationssystems ist die mögliche *modulare Erstellung* einer Präsenz zu nennen. Neue Komponenten können auf dem Server hinzugefügt werden und ergänzen so die vorhan-

---

[20] Ein Byte (Abkürzung für Binary Unit) besteht aus acht Bit (Abkürzung für Binary Digit), 1024 KBit sind ein MBit, 1024 MBit entsprechen einem GBit. Die Buchstaben „K", „M" und „G" sind Abkürzungen von „Kilo", „Mega" und „Giga".
[21] Natürlich sind durch die gleichzeitige Nutzung von mehreren Verbindungen oder durch die Verwendung von modernen Übertragungseinrichtungen (z.B. Glasfaserkabel) auch im Internet wesentlich höhere Bandbreiten möglich. Diese Bandbreiten können aber auf Grund der damit verbundenen Kosten und einer schwierigen technischen Einrichtung und Wartung nur als Verbindung zwischen wenigen Knotenpunkten genutzt werden. Diese Verbindungen werden dann meistens als das „Rückgrat" (Backbone) des Netzes bezeichnet.

dene Präsenz. Diese Komponenten stehen dann sofort zur Verfügung. Wird jedoch ein nicht Internet-basiertes System ergänzt, so ist häufig eine Kompilierung erforderlich, damit die neue Komponente mit den bereits lauffähigen Modulen zusammenarbeiten kann. Ausserdem sind umfangreichere Tests notwendig, da Seiteneffekte[22] auftreten können.

10.2.1.2 Fazit

Eine einfache Präsenz, die aus Einzelstücken zusammengesetzt wurde und nur statische Seiten (ohne Interaktion oder ohne Verbindung zu Datenbanken) verwendet, reicht zur Umsetzung der Geschäftsprozesse nicht aus. Für die sinnvolle Nutzung der Informationstechnologie als Potenzialfaktor muss der Umsetzung eine Konzeptionsphase vorangehen. Für die Entwicklung von IT-Systemen werden seit 1970 Vorgehensmodelle propagiert.[23] Diese Modelle sind zum Teil durch Erfahrungen aus Projekten ergänzt worden. So wurde die erste (lineare) Version um Iterationen ergänzt, d.h. es sind auch Rücksprünge (z.B. von der Implementierung in die vorgelagerte Phase) möglich.[24]

Auch für den Aufbau eines Internet-Informationssystems könnte man daher die Nutzung eines solchen Phasenmodells - von einer Analysephase über eine Designphase zur Implementierung - vorschlagen. Allerdings führt die bereits skizzierte zeitliche Restriktion zur Notwendigkeit einer *schnelleren Umsetzung*, die mit dem Phasenmodell nicht möglich ist. Weiterhin besitzen die Analyse und das Design bereits durch die *vorgegebene Ausrichtung* auf die Erstellung eines Internet-Programms eine größere Nähe zur Implementierung. Diese beiden Punkte sprechen für eine Kombination der Analyse- und der Designphase zu einem Schritt, der Konzeption. In dieser Phase wird (im Vergleich zum 3-Phasen-Wasserfallmodell) eine Konzeption erstellt, die durch die Implementierungsnähe nur für die Erstellung von Internet-Programmen verwendbar ist.

Als Alternative zu dem Wasserfallmodell wird für schnelle Umsetzungen (Rapid Application Development, RAD) auch ein Prototypen-Zyklus propagiert.[25] Zunächst werden die Ziele, die mit der Erstellung des Prototyps verbunden sind, analysiert und klar definiert. Anschließend werden Teilbereiche des Ziels herausgesucht, die mittels eines ersten Prototyps umgesetzt werden sollen (Funktionsauswahl). Die Entwicklung des Prototyps bildet den nächsten Schritt. Der erstellte Prototyp wird im letzten Schritt ausgewertet und mit dem gesetzten Ziel abgeglichen. Nach einem ersten Durchlauf wird der Zyklus i.d.R. weitere Male durchlaufen (entweder um neue Funktionalitäten zu implementieren oder um die gerade implementierte Funktionalität zu verbessern). Der Zyklus kann jedes Mal nach der

---

[22] Mit Seiteneffekten wird u. a. der unerwünschte Einfluss eines Bereichs auf einen anderen bezeichnet. Diese Einflüsse sind nur möglich, wenn trotz des Übergangs von einem Programm auf ein anderes Programm noch alte Variablen zur Verfügung stehen. Bei einer Internet-Präsenz ist das nur durch Zusatztools auf dem Server möglich, da standardmäßig jede Verbindung ohne Berücksichtigung auf vorherige oder nachfolgende Verbindungen bearbeitet wird. Eine Internet-Präsenz ist daher „zustandslos" (stateless).
[23] Vgl. Royce, 1970, der das Wasserfallmodell entwickelt hat.
[24] Vgl. Balzert, 1996, S. 42 oder Sommerville, 1992, S. 5.
[25] Für weitere Informationen über Prototypen vgl. Schneider, 1996 und die dort angegebene Literatur.

Auswertung des Prototyps beendet werden. Entweder hat der Prototyp die gesetzten Ziele hinreichend erfüllt oder es hat sich gezeigt, dass die Umsetzung weiterer Funktionen technisch nicht realisierbar ist oder in keinem angemessenen Kosten-Nutzen-Verhältnis steht.

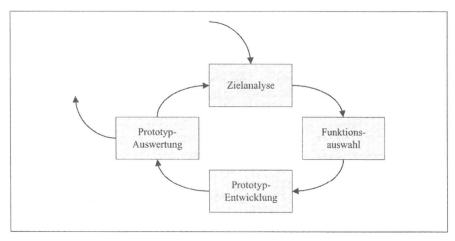

Abb. 10-3:   Phasen im Prototypen-Zyklus

Ein Vorgehen, bei dem mehrfach neue Versionen (Prototypen) für die Umsetzung derselben Funktion erstellt werden,[26] ist für Aufbau einer Internet-Präsenz jedoch nicht geeignet. Einerseits ist die Zeit für die Entwicklung begrenzt, so dass auf Basis einer durchdachten Konzeption die Grundlage für eine Erstellung (ohne Iterationen) geschaffen werden muss. Rücksprünge von der Implementierung in die Konzeption sollten nur erfolgen, wenn die Vorgaben der Konzeption technisch nicht erfüllbar sind. Nur so ist eine Minimierung des *Time-to-market-Faktors* möglich. Andererseits hat die Erfahrung aus bisherigen Projekten gezeigt, dass nach der Umsetzung der Prozesse neue Anforderungen für weitere Entwicklungen auftreten.[27] Aus diesen beiden Gründen darf die vorhandene Zeit nicht für wiederholte Iterationen im Prototyping verwendet werden.

---

[26] Diese Methode wird auch als *evolutionäres Prototyping* bezeichnet. Hierbei wird ein Prototyp modifiziert oder durch neue Prototypen ersetzt, bis die Anforderungen erfüllt werden.

[27] Das Auftreten neuer Anforderungen liegt in der schnellen technologischen Entwicklung im Umfeld des Internets begründet. Neue Technologien oder neue Umsetzungen der Wettbewerber mit bestehenden Technologien zwingen dann die eigene Firma zur Reaktion. Ein Beispiel aus diesem Bereich ist das extreme Wachstum von Auktions-Angeboten im Internet. Neben reinen Auktions-Anbietern (Ricardo.de, ebay.de) haben mehrere andere Internet-Anbieter ihr Angebot um Auktions-Funktionen erweitert (Amazon.de, cnet.com, Yahoo.de).

10.2.2 Entwicklung eines Vorgehensmodells

Viele Vorgehensmodelle zur Softwareentwicklung basieren auf der Idee einer Trennung von einzelnen Phasen.[28] Auch für den Aufbau von Internet-Programmen kann dieser Idee gefolgt werden, da einerseits die unterschiedlichen Aufgaben in den einzelnen Phasen klar voneinander abgrenzbar sind (z.B. Geschäftsprozessmodellierung vs. Implementierung), und andererseits die internet-spezifischen Aspekte der Problemstellung ein Phasenmodell unterstützen. Die Problemstellung „Aufbau einer Internet-Präsenz" lässt es zu, dass am Anfang des Vorgehens *alle* umzusetzenden Prozesse ausgewählt werden. Die Sachlage erzwingt nicht, dass nur *einige wenige* Prozesse konzeptioniert und umgesetzt werden, um dann mehrfach iterativ das Angebot um weitere Prozesse zu ergänzen. Daher ist für die Lösung der Problemstellung ein lineares Phasenmodell (bei dem die Aufgaben jeder Phase komplett ausgeführt werden können, ohne dass die Ergebnisse nachgelagerter Stufen wieder als Input dienen) und kein iterativ zyklisches Modell (bei dem eine Phase indirekt den Output ihrer nachgelagerten Phase - nach mehreren anderen Stufen - wieder als Input erhält) adäquat.

Es wurde bereits im vorherigen Abschnitt dargelegt, dass das Vorgehensmodell mit einer *Konzeptionsphase* beginnen muss. Im Anschluss daran folgt die *Implementierungsphase*. In dieser Phase wird jedoch nicht nur der Programmcode erstellt, wie die Bezeichnung nahe legen könnte. Vielmehr sollen hier alle Aktivitäten, die mit der Implementierung zusammenhängen, durchgeführt werden. Dazu zählt auch die Auswahl der zu nutzenden Software, mit der die Präsenz aufgebaut werden soll. Nach der Fertigstellung beginnt die *Einsatzphase*. Das Besondere an dieser Phase ist die angedeutete Wechselwirkung ihrer beiden Teilschritte *Betrieb* und *Wartung*. Hiermit wird zum einen verdeutlicht, dass der Betrieb des Informationssystems „Internet-Präsenz" zu einem hohen Anteil automatisiert durchgeführt werden kann. Zum anderen zeigt die Wartung explizit auf, dass die Internet-Präsenz laufend aktualisiert werden muss. Die einzelnen Phasen und die enthaltenden Teilaufgaben werden in den folgenden Abschnitten detailliert behandelt.

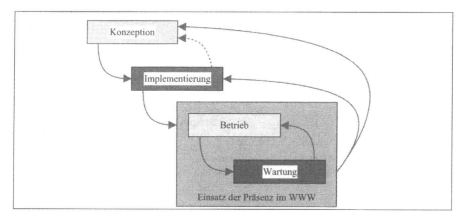

Abb. 10-4: Phasen im Web-Zyklus

---

[28] Vgl. die angegebene Literatur zum Wasserfallmodell.

Die zwischen den Phasen dargestellten Pfeile (vgl. Abb. 10-4) zeigen die möglichen Abfolgen der Phasen. Der Rücksprung von der Implementierung zur Konzeption ist nur mit einer unterbrochenen Linie eingetragen, um hervorzuheben, dass dieser Rückschritt nur in wenigen Fällen notwendig ist. Grundsätzlich sollte die Konzeptionsphase nur solche Vorgaben für die nachfolgenden Phasen machen, die auch umsetzbar sind. Sofern alle Vorgaben umgesetzt werden können, kann nach der Implementierung die Einsatzphase beginnen. Dabei wechseln sich Betrieb und Wartung ständig ab. Wenn Probleme entdeckt werden (fehlerhafte Seiten, schlechte Performance des Systems, etc.), muss zurück in die Implementierung gesprungen werden. Sind umfangreiche Änderungen durchzuführen oder sind völlig neue Anforderungen umzusetzen, so muss der Sprung bis in die erste Phase, die Konzeption, erfolgen.

10.3 Konzeption einer Internet-Präsenz für ein Handelsunternehmen

Ziel der Konzeptionsphase ist es, betriebswirtschaftliche Vorgaben für die zu erstellende Internet-Präsenz aufzustellen. Von Interesse sind in der Phase die umzusetzenden Geschäftsprozesse. Bei der Identifikation der relevanten Prozesse hilft eine zweidimensionale Matrix aus *Zielgruppe* und *Umfang*. Die Matrix beantwortet die beiden Fragen »Für wen wird die Internet-Präsenz erstellt?« und »Was soll mit der Internet-Präsenz gemacht werden?«. Es ist Aufgabe der Entscheidungsträger in dem Unternehmen, ihr Projekt in der Matrix zu positionieren. Strategieberater können als externe Dienstleister für die Entscheidungsunterstützung hinzugezogen werden. Abb. 10-5 zeigt eine erste Version der Matrix auf.

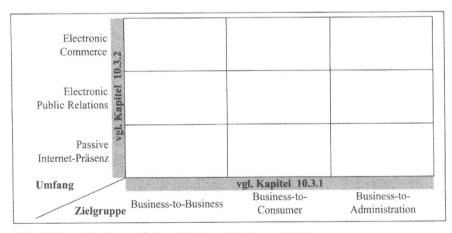

Abb. 10-5: Grobentwurf einer Matrix aus Umfang und Zielgruppe

In den folgenden Kapiteln werden die beiden Dimensionen (Umfang und Zielgruppe) noch genauer analysiert. Anschließend wird eine überarbeitete Version der Matrix präsentiert. Beide Dimensionen beziehen sich auf nicht-metrische

Skalen (es existieren zwischen den Elementen einer Dimension keine gleich großen Abstände). Die Dimension Umfang ist ordinalskaliert (eine Rangfolge mit Ordnungszahlen ist gemäß des steigenden Umfangs möglich). Die Dimension Zielgruppe ist nur nominalskaliert, da hier lediglich eine Klassifizierung (ohne Rangfolge) möglich ist.[29]

10.3.1 Definition der Zielgruppe

Im ersten Teil der Konzeptionsphase muss geklärt werden, für welche Zielgruppe das Internet-Angebot aufgebaut werden soll. Im Internet können einerseits Firmen (*Business*) Angebote aufstellen, andererseits sind Verbraucher (*Consumer*) im Internet präsent. Als dritte Gruppe wird in der Literatur der öffentliche Bereich unter dem Begriff Verwaltung (*Administration*) angeführt. Denkbar sind alle Kombinationen zwischen den Elementen. Nicht alle Verbindungen lassen sich jedoch für ein Handelsunternehmen nutzen. Abbildung 10-6 zeigt das sich ergebende Beziehungsdreieck und die relevanten Kombinationen grau unterlegt auf.

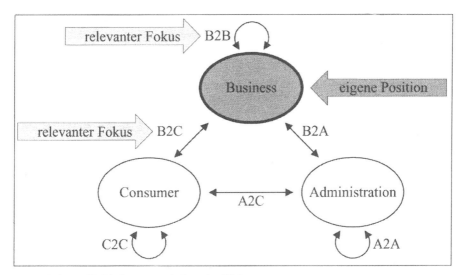

Abb. 10-6: Verbindungen zwischen den Zielgruppen

10.3.1.1 Business-to-Administration

Handelsunternehmen sind dem Bereich der geschäftlichen Anbieter zuzuordnen. Sie können u. a. zu öffentlichen Verwaltungen Kontakte über das Internet aufnehmen (Verbindung B-A). Allerdings ist zu vermuten, dass diese Verbindung auf absehbare Zeit nur geringe Bedeutung haben wird. Die komplexen Aufgaben sowie die herrschenden Rahmenbedingungen sind klare Indizien für diese These.

---

[29] Zur Definition von Skalenniveaus vgl. Backhaus/Erichson/Plinke/Weiber, 1996, S. XVII.

Bei einigen Vorgängen nimmt die Kommunikation der Beteiligen nur einen Bruchteil der gesamten Durchlaufzeit ein (Genehmigung einer baulichen Firmenerweiterung, Beantragung einer Sondergenehmigung für Sonntagsverkauf, etc.). Bei anderen Vorgängen sind aus gesetzlichen Gründen Belege mit einzureichen oder Unterschriften zu leisten.[30] Die Anforderungen des Bereichs Administration stellen eine große Hürde für eine erfolgreiche Umsetzung dar. Aus diesem Grund erscheint es für den Aufbau einer Internet-Präsenz zur Zeit wenig ratsam, den Bereich Business-to-Administration weiter zu betrachten. In den folgen Ausführungen wird diese Verbindung vernachlässigt. Aus der zuvor skizzierten Matrix wird daher die Spalte Business-to-Administration entfernt.

10.3.1.2 Business-to-Business

Die Verbindung Business-to-Business fokussiert andere Industrie- oder Handelsunternehmen als Zielgruppe. In diesem Bereich existieren im Internet schon sehr erfolgreiche Lösungen. An dem Beispiel der Firma CISCO lassen sich die Potenziale solcher Lösungen erkennen. CISCO hat den gesamten Vertrieb und die Spezifikation seiner Hardware auf eine Internet-Vermarktung umgestellt. Da die Firma primär an Firmenkunden oder Dienstleister ausliefert, ist diese Electronic-Commerce-Lösung dem *Business-to-Business* zugeordnet.[31] Für Handelsunternehmen kann das Internet hier Möglichkeiten zur Beschaffung von Artikeln bieten. Das Konzept des Efficient Replenishment (ER)[32] lässt sich so z.B. umsetzen. Eine andere Möglichkeit besteht in der schnellen Beschaffung von Büromaterial direkt durch die Mitarbeiter. Aber nicht nur in der Beschaffung ist ein Engagement für Handelsunternehmen möglich; der Gedanke von MADAKOM[33] könnte auch auf das Internet ausgeweitet werden. Im Zuge einer engeren Zusammenarbeit mit Herstellern könnte das Handelsunternehmen die POS-Daten oder die Analyseergebnisse aus seinem Data-Warehouse für ausgewählte Hersteller bereitstellen. Die Entscheidung, ob und welche Business-to-Business Lösung realisiert werden soll, muss von der Geschäftsleitung in der Konzeptionsphase getroffen werden.

10.3.1.3 Business-to-Consumer

Alternativ oder auch additiv zu der Business-to-Business-Orientierung ist auch ein Angebot für die Konsumenten vorstellbar. Hierbei könnte besonders der Verkauf

---

[30] Für den Aspekt der Unterschrift zeichnet sich durch Gesetze zur digitalen Signatur ein Wandel ein. Auch das Projekt ELSTER (Elektronische Steuererklärung) zur Kommunikation mit den Finanzämtern zeigt neue Wege auf. Vgl. ELSTER, 1999. Die eher verschlossene Grundtendenz der Verwaltungen zur Nutzung des Mediums wird dadurch allerdings nicht überbrückt.

[31] Für weitere Informationen vgl. CISCO, 1999.

[32] Unter ER wird die effiziente Wiederauffüllung von verkauften Waren verstanden. Im Idealfall löst die Entnahme der Waren durch den Kunden (bzw. die Fakturierung am POS) die Wiederbestellung aus. ER ist Bestandteil des Konzepts Efficient Consumer Response (ECR).

[33] Der Gedanke der Marktdaten-Kommunikation (MADAKOM) liegt in der Bereitstellung von anonymisierten POS-Abverkaufsdaten der Händler für die Planungen der Hersteller. Im Gegenzug wurden von der Industrie fast alle Artikel mit EAN-Codes ausgestattet. Für Informationen zu MADAKOM vgl. Centrale für Coorganisation, 1999.

von Artikeln über das Internet ohne Raum- und Zeitbeschränkungen (von überall zu jedem Zeitpunkt sind Artikel bestellbar) im Vordergrund stehen. Der Fokus muss aber nicht zwangsläufig so gesetzt werden, da z.b. andere Alternativen sich auf die Bereitstellung von Informationen beschränken können (das bereits beschriebene UPS-Beispiel gehört zu dieser Rubrik) oder dem Kunden die Möglichkeit zur Kontaktaufnahme bieten.[34]

10.3.2 Festlegung des Umfangs einer Internet-Präsenz

Im Gegensatz zur Auswahl der Zielgruppe handelt es sich bei der Festlegung des Umfangs der Internet-Präsenz um eine Exklusivauswahl. Nur eine der nachfolgenden Alternativen ist je Zielgruppe möglich. Durch eine spätere Erweiterung (z.b. Hinzufügen von Electronic-Commerce-Komponenten) oder eine Reduktion des Angebots (z.b. Konsolidierung des angebotenen Sortiments durch Begrenzung auf wenige Artikel) kann der Umfang nachträglich verändert werden.

10.3.2.1 Passive Internet-Präsenz

Bei einer passiven Internet-Präsenz werden keine Daten im WWW angeboten. Das Unternehmen kann nur im Internet per E-Mail kontaktiert werden. Die Adresse wird nur durch die bereits vorhandenen Kommunikationswege an den Kunden übermittelt.[35] Gerade für kleine Unternehmen reicht diese Präsenz aus. Es entfällt hier jegliche Wartung und Aktualisierung von Internet-Seiten. Da in vielen Bereichen eine E-Mail-Adresse bereits so selbstverständlich wie eine Telefon- bzw. Faxnummer geworden ist, stellt diese Art einer Internet-Präsenz mittlerweile eine Minimalanforderung für Unternehmen dar. Natürlich muss nicht jeder Mitarbeiter eine eigene Adresse besitzen (auch ein Filialleiter benötigt nicht zwangsläufig ein eigenes E-Mail-Konto), aber es sollten zumindest einige Personen im Unternehmen über E-Mail erreichbar sein.

10.3.2.2 Electronic Public Relations

Die Erweiterung des Umfangs einer Internet-Präsenz besteht in dem Aufbau eines Angebots für *Electronic Public Relations*,[36] d.h. es werden ausschließlich Informa-

---

[34] In dem zweiten Fall werden vom Kunden Informationen an das Unternehmen übermittelt. Diese können dann vom Vertrieb genutzt werden. Oftmals wird die Bedeutung der Kunden-Rückmeldung verkannt: Gerade aus diesen freiwillig übermittelten Informationen kann ein Unternehmen viel lernen und seine Angebote verbessern. Dieser Aspekt ist ein wichtiger Bestandteil des Customer Relationship Managements (CRM).

[35] So könnte beispielsweise eine Zeitungsbeilage in der Fußzeile die Information anführen »Für Rückfragen stehen wir Ihnen unter handelsfiliale@t-online.de zur Verfügung«. Andererseits kann die Adresse auf den Visitenkarten der eigenen Vertreter angegeben werden.

[36] In der Literatur existiert keine einheitliche Definition des Begriffs Public Relations. Anderson, 1986, S. 361 führt über 400 verschiedene Definitionen an. Köcher, 1991, S. 11 sieht den Begriff synonym zur Öffentlichkeitsarbeit. Meffert, 1998, S. 704 verweist auf ein plakatives Leitmotiv. Weitere Definitionen finden sich bei Oeckl, 1976, S. 49 ff. und Schulz, 1992, S. 16 ff. Für die weitere Arbeit wird die Definition von Köcher verwendet und Public Relations wird als Öffentlichkeitsarbeit im Marketing angesehen.

tionen dargestellt und die Werbung bzw. das Marketing steht im Vordergrund. Diese Art des Internet-Programms verzichtet bewusst auf jede Art des Verkaufs von Gütern. Gerade wenn Bedenken bestehen, was die Sicherheit der Zahlungsfunktionen betrifft oder wenn Probleme im Bereich der Logistik vorhanden sind, kann dieser Umfang für Unternehmen angemessen sein.[37] Bei Electronic Public Relations sind nicht nur statische Internet-Angebote denkbar. Die Firma ALDI bietet beispielsweise auf ihren Internet-Seiten Informationen über die Aktionsartikel der laufenden Woche oder eine Suche nach Filialen über die Eingabe einer Postleitzahl.[38] Beide Angebote sind dynamisch: Der Wochenzettel wird in regelmäßigem Abstand aktualisiert und die Suche der nächsten Filiale kann nicht nur mit vordefinierten (statischen) Internet-Seiten angeboten werden. Während der Suche muss ein Algorithmus aus der Eingabe einer PLZ die nächstliegende Filiale ermitteln. Besonders wichtig für den Erfolg ist die Aktualität der Informationen. Die Einbindung eines externen Dienstleisters *nur* für die Erstellung der Internet-Seiten ist kritisch, wenn nicht *zusätzlich* festgelegt wird, wer im eigenen Unternehmen für die Aktualisierung der Informationen verantwortlich ist.

Um Daten einer Präsenz, die dem Electronic Public Relations-Gedanken folgt, regelmäßig auf den aktuellen Stand zu bringen, können drei unterschiedliche Vorgehensweisen genutzt werden. Im ersten Fall wird ein *externer Dienstleister* beauftragt, der die Rohdaten erhält und diese für die Darstellung im Internet aufbereitet. In der Regel wird ein Unternehmen diese Möglichkeit wählen, wenn der Dienstleister bereits mit der Erstellung der gesamten Internet-Präsenz beauftragt war. Im zweiten Fall können die *eigenen Mitarbeiter* die Daten durch einen Intranet-Zugang selber ändern. Das Intranet wird dabei verstanden als technische Umsetzung einer geschlossenen Benutzergruppe (GBG).[39] Durch die Kombination von Internet und Intranet unter einer Oberfläche (dem Browser-Programm) kann den Mitarbeitern ein einfacher Zugriff zur Änderung der Informationen geboten werden. Bei der Umsetzung sind nicht nur Abfragemasken für Informationen zu schaffen, sondern auch die Pflegemasken für die Dateneingabe. Dieser zusätzliche Aufwand bei der Erstellung des Systems bringt zur Laufzeit des Systems einen zusätzlichen Nutzen durch eine einfachere Datenpflege. In der folgenden Abbildung (vgl. Abb. 10-7) ist skizziert, wie die Pflege aussehen kann. Durch die Vorgabe der Eingabefelder muss der Benutzer keine Änderungen mehr am Layout der Seite

---

[37] Wenn geringwertige Güter oder Artikel mit niedrigen Spannen verkauft werden (diese Aspekte sind typisch für den Lebensmitteleinzelhandel), lassen sich die mit der Logistik verbundenen Kosten nur durch separate Kostenaufschläge finanzieren. Bei dem Verbraucher ist die Akzeptanz für solche Aufschläge jedoch nur dann vorhanden, wenn ihm dadurch ein ausreichender Mehrwert entsteht. Ob der Verbraucher bereits die Anlieferung von Waren als Mehrwert ansieht, ist kritisch zu hinterfragen.

[38] Da jedoch keine Möglichkeit zur Bestellung über das Internet besteht, wird die reine Angabe von Informationen nicht als Electronic Commerce bezeichnet.

[39] Ein Intranet läßt sich beispielsweise als technisch von dem Internet getrenntes Netzwerk umsetzen. In dem Intranet können dann nur die lokalen Benutzer auf Daten zugreifen. Es ist aber genauso möglich, das Intranet unter Nutzung des Internets aufzubauen. Dann wird durch die Einführung von Benutzernamen und Paßwörtern sichergestellt, dass nur eine geschlossene Gruppe von Personen auf das Teilnetz zugreifen kann. Für weitere Informationen bzgl. der Umsetzung eines Intranets vgl. http://www.intranetjournal.com

vornehmen und einige Fehlerquellen werden vermieden.[40] Alle Informationen werden automatisiert an den richtigen Stellen ausgegeben. Ein Händler sollte diese manuelle Pflege immer dann nutzen, wenn die Ursprungsdaten aufbereitet werden müssen und noch nicht in einem anderen System vorhanden sind.

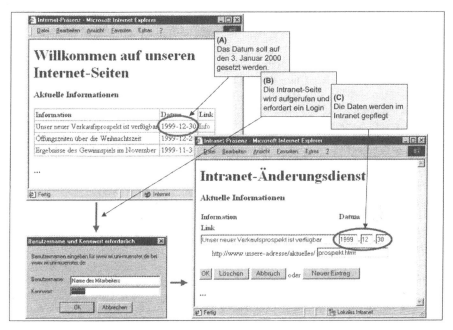

Abb. 10-7:   Internet-Programm mit Intranet-Pflegemaske

Viele der geschilderten Probleme von statischen Web-Seiten lassen sich durch den Intranet-Zugang vermeiden. Die Probleme Nr. 1 (CICD-Vorgaben nicht beachtet), Nr. 2 (Webmaster stellt Engpass bei der Einstellung der Informationen dar), Nr. 4 (Syntaxfehler in den Internet-Seiten) und Nr. 6 (Struktur und Information werden verbunden) treten bei einer geeigneten Intranet-Umsetzung nicht mehr auf. Durch die Masken sind die Layoutvorgaben bereits vorgegeben (vgl. Hinweis (C) in Abb. 10-7) und die Anmeldung zur Bearbeitung (vgl. Hinweis (B) in der Abbildung) ermöglicht mehreren Benutzern den Zugang. Da bei der Pflege auch kein HTML-Code mehr eingegeben werden muss, können auch keine Syntaxfehler durch falsche HTML-Kommandos mehr auftauchen. Die Verwendung von Masken zur Darstellung der Informationen erzwingt auch eine Trennung der Struktur (für die Formatierung der Anzeige) und der Informationen (für die Darstellung der Inhalte in der durch die Struktur festgelegten Form). Werden auch noch Gültigkeitsdaten bei der Einstellung von Informationen mit angegeben und bei der späteren Ausgabe berücksichtigt, so entfällt auch das Problem Nr. 3 (veraltete Infor-

---

[40] In dem Beispiel wird z.B. nur noch der Dateiname der Verknüpfung („prospekt.html") eingetragen und der Anfang der URL ist schon voreingestellt.

mationen), da das System nur noch die Daten anzeigt, deren Gültigkeit noch nicht abgelaufen ist.

Wenn die Daten jedoch schon in einem anderen System gespeichert sind, kann als dritte Möglichkeit das *Informationssystem* die Pflege der Informationen im Internet übernehmen. Dieses wird entweder durch eine direkte Kopplung der Systeme gelöst (Online Zugriff) oder indem das eine System die Daten aufbereitet und zeitversetzt für das andere System zur Verfügung stellt (Offline Betrieb). Eventuell ist für die Kopplung der Einsatz eines Konverter-Programms notwendig.

Für ein Handelsunternehmen bietet sich diese dritte Vorgehensweise an, wenn auf den Internet-Seiten Daten aus dem eigenen Warenwirtschaftssystem ausgegeben werden sollen (Artikelpreise, Anzahl der derzeitig verfügbaren Artikel, etc.). Die zeitliche Kopplung der Systeme kann synchron oder asynchron umgesetzt werden. Bei der ersten Kopplungsart sind alle Veränderungen im führenden System sofort im verbundenen System sichtbar und es treten keine Inkonsistenzen auf. Die synchrone Kopplung führt jedoch zu einen höheren Kommunikationsaufwand zwischen den Systemen. Das bereits angeführte Paketverfolgungssystem von UPS setzt die synchrone Kopplung zwischen dem internen UPS-System und dem Internet-Programm ein.[41] Wenn die Kommunikationskosten den Nutzen der unmittelbaren Datenbereitstellung übersteigen, so sollte eine asynchrone Kopplung verwendet werden. Dabei werden geänderte Daten nur periodisch von dem einen System an das Internet-System übertragen.

10.3.2.3 Electronic Commerce

Für den Begriff des Electronic Commerce hat sich noch keine einheitliche Definition herausgebildet.[42] Einige Autoren verstehen unter Electronic Commerce nur das elektronische Einkaufen von Endkunden. Diese Betrachtungsweise vernachlässigt jedoch die Abwicklung von elektronischen Transaktionen zwischen Unternehmen. Daher kann die Definition von Electronic Commerce z.B. erweitert werden in *Transaktionen auf elektronischen Marktplätzen*[43] oder *Verzahnung unterschiedlicher Wertschöpfungsketten über Informations- und Kommunikationstechnologien*.[44] Im Folgenden wird jedoch eine einfachere Definition verwendet, um zu einer klaren Abgrenzung zu gelangen. Eine Web-Präsenz wird immer dann der Kategorie Electronic Commerce zugeordnet, wenn über die Internet-Seiten ein Sortiment von Waren oder Dienstleistungen angeboten wird, das auch direkt über das Internet (mit einem Browser) bestellt werden kann. Durch die Bestellung entsteht dem Nutzer mittelbar eine Verbindlichkeit.[45] Für diese Sichtweise ist es auch nicht von Interesse, ob die Nutzer Endkunden oder Geschäftskunden sind.

---

[41] Die Bezeichnung „Electronic Public Relations" könnte als nicht ausreichend angesehen werden, wenn man die Mächtigkeit und die Komplexität des Paketverfolgungssystems bedenkt. Jedoch ist die Abgrenzung zur nächsten Stufe „Electronic Commerce" klar vorhanden. UPS bietet mit dem Verfolgungssystem keine Möglichkeit zur Umsetzung eines elektronischen Handels.
[42] Vgl. Bliemel/Fassott/ Theobald, 1999, S. 2.
[43] Vgl. Albers/Peters, 1997, S. 71.
[44] Vgl. Bliemel/Fassott/ Theobald, 1999, S. 2 und Wolf/Hofmann/Röder, 1997.
[45] Die Verbindlichkeit ist nur *mittelbar*, weil erst durch die Umwandlung der Bestellung zur Lieferung und Rechnung beim Anbieter eine Forderung an den Kunden erzeugt wird.

Ein Sortiment kann bei einer Electronic Commerce Web-Seite auf zwei Möglichkeiten zur Verfügung gestellt werden. Im ersten Fall wird festgelegt, dass ein spezielles *Web-Sortiment* angeboten wird. Das Web-Sortiment stellt in der Regel einen Ausschnitt der dem Handelsunternehmen zur Verfügung stehenden Artikel dar. Unterschiedliche Gründe können für diese Alternative sprechen. So werden bei einem Web-Sortiment Kannibalisierungseffekte minimiert, da dem Kunden nicht alle Artikel zur Verfügung stehen und er weiterhin zur Deckung des Bedarfs die klassischen Vertriebswege nutzen muss. Bei einer Beschränkung auf Artikel mit höheren Spannen können die auftretenden Logistikkosten besser gedeckt werden. Vielleicht wird auch für einige Artikel ein Beratungsbedarf vermutet und der Vertrieb dieser Artikel im Internet würde zu hohen Rückläufen führen. Das Anstreben eines eigenen Web-Sortiments kann daher als erste Stufe des Electronic Commerce sinnvoll sein.

Eine Strategie, die die Internet-Vertriebswege als gleichberechtigt neben den vorhandenen Vertriebswegen akzeptiert, wird sicherlich zu dem Angebot des *gesamten Sortiments* führen. Dabei muss jedoch nicht derselbe Artikelpreis wie auf anderen Vertriebswegen verwendet werden. Eckartikel[46] können z.B. günstiger angeboten werden, während andere Artikel mit höheren Preisen belegt werden. Zusätzlich können Mindestabnahmemengen oder Lieferaufschläge festgesetzt werden. Ein Angebot aller Artikel kann jedoch auch zu Umsatzrückgängen in einzelnen Filialen führen. Wenn eigenständige Filialen mit Gewinnverantwortung vorhanden sind, kann eine solche Internet-Strategie Konflikte aufwerfen. Ein überregional agierendes Unternehmen, das bisher eine regionale Preisdifferenzierung verwendet hat, muss das Angebot aller Artikel im Internet sorgsam abwägen. Mit diesem Schritt wird die Transparenz für den Kunden erhöht, und mittelfristig besteht durch den möglichen Kundendruck eine Tendenz, die Preise anzugleichen. Wenn jedoch Kannibalisierungseffekte ausgeschlossen werden können und die Preise in den bereits vorhandenen Vertriebslinien keine regionalen Unterschiede aufweisen, können alle Artikel angeboten werden.

Besonders interessant wird die Nutzung des Angebots für Kunden, wenn darüber hinaus *Zusatzleistungen* angeboten werden. So erhält der Kunde durch einen Einkauf über das Internet einen besseren Service als er ihn im stationären Geschäft bekommen kann. Buchhändler im Internet bieten z.B. Leseproben (zum Ausdrucken) an oder führen Verbundkauflisten.[47] Computerhändler können die aktuellen Treiber für diese Produkte anbieten. Weiterhin können Diskussionsforen verwendet werden, in die die Kunden Beiträge zu ähnlichen Themen einstellen können.[48] Ein Fokus auf die Ergänzung des eigenen Sortiments mit Zusatzleistun-

---

[46] Mit Eckartikeln werden diejenigen Waren bezeichnet, für die ein Kunde eine besondere Wahrnehmung in Bezug auf den Preis besitzt. Im Lebensmittelhandel wird von Kunden das Preisniveau einer Filiale oft nur auf Grund von wenigen Artikel bestimmt (z.B. 1 Pfund Jacobs-Kaffee, 250 g Glas Nutella, 1 Paket deutsche Markenbutter, etc.)

[47] Mit einer Verbundkaufliste zu einem Artikel „A" wird eine Auflistung anderer Artikel bezeichnet, die ebenfalls von den Käufern des Artikels „A" erworben wurden.

[48] Im Buchsektor werden Rezensionen der Leser und Kommentare anderer Leser zu den Rezensionen angeboten. Bei anderen Produkten lassen sich ähnliche Konzepte verfolgen.

gen führt zu der Idee des Portals.[49] Der Aufbau eines Portals ist zwar deutlich aufwendiger als die Installation eines reinen Electronic-Commerce-Programms, dafür kommen die Internet-Benutzer häufiger auf die Seiten eines Portals zurück. Die Zusatzleistungen können sowohl mit einem Web-Sortiment als auch mit dem gesamten Sortiment angeboten werden.

Die bereits vorgestellte Matrix muss für den Bereich des Electronic Commerce um die Unterscheidung gesamtes Sortiment vs. Web-Sortiment erweitert werden. Ebenso muss das Ergebnis der dazu orthogonal stehenden Entscheidung, ob eine Zusatzleistung angeboten werden soll oder nicht, in der Matrix positioniert werden können. Das Feld Electronic Commerce wird dazu in vier Teilbereiche für die unterschiedlichen Möglichkeiten unterteilt.

10.3.3. Die Zielgruppen-Umfang-Matrix

Durch die Festlegung der beiden Dimensionen Zielgruppe und Umfang ergibt sich eine Matrix, die die relevanten Felder zur weiteren Analyse aufzeigt. Neben den gewünschten Startpunkten können in die Matrix auch schon die angestrebten Ziele eingetragen werden, die erst im Zuge einer späteren Angebotserweiterung umgesetzt werden sollen.

In der folgenden Abbildung (Abb. 10-8) sind die Ergebnisse einer Positionierung für einen Computerhändler mit den Vertriebsschienen „Geschäftskunden" (regelmäßige Abnahme von Hardware) und „Endkunden" (Verkauf über Filialen an anonyme Kunden) dokumentiert. Es wurden für den Aufbau einer Internet-Präsenz beide Zielgruppen ausgewählt (Business und Consumer, jedoch mit unterschiedlichen Angeboten).

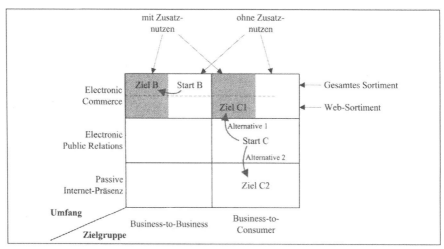

Abb. 10-8: Festlegung der Dimensionen „Umfang" und „Zielgruppe" mit Beispieldaten

---

[49] Mit Portalen werden Einstiegsseiten für Internet-Nutzer bezeichnet. Nicht nur Suchmaschinen (z.B. Yahoo, Lycos) bilden Portale. Auch mysap.com folgt dem Gedanken eines Portals.

Für den Consumer-Bereich *(Business-to-Consumer)* soll jedoch nur ein Electronic Public Relations-Angebot aufgebaut werden (Feld „Start C" in der Matrix). Es wird befürchtet, dass bei einem Electronic-Commerce-Betrieb mit Endkunden gefälschte Bestellungen[50] nicht erkannt werden können. Man möchte den Endkunden also nur Informationen über das Leistungsspektrum bieten können oder für die gekauften Hard- und Softwareprodukte Updates anbieten. Der Business-to-Consumer-Bereich soll zuerst nur getestet werden, da noch nicht abgeschätzt werden kann, welche Kosten durch das Internet-Programm entstehen. Für die Zukunft ist also noch nicht abzusehen, ob das Programm erweitert wird (z.B. zum Web-Sortiment; Feld „Ziel C1") oder ob das Engagement hier zurückgefahren wird (und die Endkunden dann nur noch eine passive Internet-Präsenz angeboten bekommen; Feld „Ziel C2"). Daher wird, begründet durch den Zweifel über den Erfolg eines Business-to-Consumer-Angebots, hier im ersten Schritt kein Electronic Commerce eingesetzt.

Die Geschäftskunden *(Business-to-Business)* sollen im Gegensatz zu dem Angebot für Endkunden auf das gesamte Sortiment zugreifen und Bestellungen aufgeben können (Ausgangspunkt ist das Feld „Start B"). Die Befürchtungen aus dem Endkundenbereich sollen durch eine vorherige eindeutige Identifizierung der Geschäftskunden ausgeschlossen werden. Erweiterungen sind z.B. die Möglichkeit, dass der verfügbare Bestand sofort angezeigt wird, dass Alternativprodukte vorgeschlagen werden oder dass bei Preisänderungen[51] oder Bestandsänderungen[52] E-Mails versendet werden (entspricht dem Feld „Ziel B").

10.3.4 Auswahl und Modellierung der zu unterstützenden Geschäftsprozesse

Für die Startfelder sind nun die Geschäftsprozesse zu ermitteln, die im Web abgebildet werden sollen. Die Geschäftsprozesse hängen zum einen von dem gewünschten Umfang der Web-Seite ab. Für die Umsetzung einer Electronic Public Relations-Präsenz sind andere Geschäftsprozesse auszuwählen als für den Aufbau eines Electronic-Commerce-Angebots. Allerdings sind die Prozesse zum anderen auch abhängig davon, für wen sie angeboten werden sollen. Der Geschäftsprozess „Auftragsverarbeitung" verläuft für Geschäftskunden anders als für Endkunden (z.B. unterschiedliche Identifiaktionsmechanismen, abweichende Preisfindung, verschiedene Abrechnungs- oder Zahlungsformen, etc.). Damit die ausgewählten Geschäftsprozesse als Vorgabe für die Implementierung verwendet werden können, müssen sie in einer „formalen" Sprache beschrieben sein. Diese Prozessdokumentationen sind auf ihre Umsetzbarkeit im Internet hin zu überprüfen. Wenn in dem Unternehmen bisher noch keine Prozesse modelliert wurden, muss eine

---

[50] Unter gefälschten Bestellungen werden Auftragseingänge unter falschem Namen, falscher Lieferadresse oder mit falschen Zahlungsdaten subsummiert.
[51] Geschäftskunden kann so eine Limit-Buy Möglichkeit gegeben werden. Der Kunde wählt einen Maximalpreis aus und sobald der Preis diese Grenze unterschreitet, wird der Kunde benachrichtigt.
[52] Hier kann eine Information des Kunden bei einer anstehenden Auslistung erfolgen. Ein Kunde kann so noch seine Rechner aufrüsten, bevor die Produkte nicht mehr verfügbar sind.

Modellierung in dieser Phase erfolgen. Dazu können unterschiedliche Beschreibungssprachen[53] eingesetzt werden.

Für den skizzierten Computerhändler können die Prozesse „Softwareaktualisierung für Endkunden" oder „Leistungsspektrum bearbeiten" für den Business-to-Consumer-Bereich zur Umsetzung ausgewählt werden. Dabei ist auch zu beachten, dass die Prozesse Teilprozesse umfassen können, die evtl. nicht über das Internet ablaufen. Beispielsweise ist es in dem ersten Prozess zur Durchführung der Softwareaktualisierung notwendig, dass regelmäßig die neu zur Verfügung stehenden Aktualisierungen gefunden und in einen Bestand eingetragen werden. Nur so kann der eigentliche Prozess auf aktuelle Daten zugreifen. Ein Funktionsdekompositionsdiagramm (FDD) veranschaulicht die einzelnen Teilschritte (vgl. Abb. 10-9).

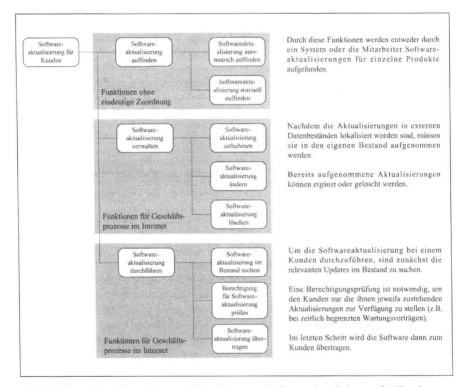

Abb. 10-9: Funktionsdekompositionsdiagramm Softwareaktualisierung für Kunden

Ein Teil der aufgeführten Funktionen kann für die Geschäftsprozesse im Internet genutzt werden. Es müssen dann in der späteren Implementierungsphase Web-Seiten geschaffen werden, die jeweils eine oder mehrere Funktionen umsetzen. Ein anderer Teil der Funktionen darf nur von den eigenen Mitarbeitern ausgeführt

---

[53] Hier stehen u.a. ereignisgesteuerte Prozessketten (EPK), Petri-Netze (Vgl. Becker/Schütte, 1996, S. 53 ff.) oder Prozessdiagramme zur Verfügung.

werden. Diese Funktionen können dann unter Nutzung des Intranet-Konzepts ebenfalls über Web-Seiten gesteuert werden. Der verbleibende Teil der Funktionen kann im Internet, im Intranet[54] oder durch manuelle Tätigkeiten ohne Computerunterstützung ausgeführt werden.

Als Ergebnis der Auswahl liegen die zu unterstützenden Geschäftsprozesse sowie die entsprechenden Ablaufdokumentationen vor. Wenn eine größere Anzahl an Prozessen umzusetzen ist oder wenn die Prozesse in mehreren Schritten verfeinert wurden, bietet sich die Verwendung von Funktionsdekompositionsdiagrammen zur Strukturierung an. Ein Projektplan kann zusätzlich anführen, welche Prozesse zuerst umgesetzt werden müssen.

10.4 Realisierungsoptionen für die Implementierung

Aus den Vorgaben der vorhergehenden Stufe muss in der Implementierungsphase zuerst eine geeignete technische Umsetzung ausgewählt werden, bevor die eigentliche Programmierung der Web-Seiten beginnt. Die Auswahl erfolgt an dieser Stelle, um das vorhandene Wissen und die Fähigkeiten der Informationstechnologie-Abteilung des Unternehmens optimal an dem Entwicklungsprozess der Internet-Präsenz beteiligen zu können. Wenn im Unternehmen allerdings bisher keine Kompetenz im Internet-Bereich existierte, sollte ein Outsourcing der Implementierung in Betracht gezogen werden.

Drei Wege führen zur eigenen Web-Seite. Erstens können die Web-Seiten und die benötigte Logik zur Steuerung der Geschäftsprozesse als *Individualsoftware* erstellt werden. Dabei wird primär ein Programmcode erstellt und vorgefertigte Module werden nur in einem sehr geringen Maße eingesetzt. In der Umsetzung stehen als Sprachen reines HTML oder HTML mit Ergänzungen auf Seiten des Servers[55] zur Verfügung. Alternativ zur *manuellen* Programmierung von HTML-Code kann auch durch andere Sprachen (z.B. CGI- oder Pearl-Script) HTML-Code *generiert* werden. Die Entwicklungsarbeit liegt dann vor allem in der Erstellung der jeweiligen Scripte. Eine weitere Möglichkeit besteht in der Programmierung von Java-Applets, die dann die Steuerung der Geschäftsprozesse auf den Web-Seiten übernehmen. Als Entwicklungsumgebung stehen Editoren für HTML oder dem jeweiligen Programmcode (CGI, Pearl, Java, etc.) zur Verfügung. Diese Editoren können zu komplexen Software-Entwicklungsumgebungen erweitert werden[56] oder durch die Darstellung im WYSIWYG-Modus dem Entwickler die Erstellung von HTML-Code erleichtern.[57] Der Vorteil bei der Verwendung einer

---

[54] Da ein Intranet als Umsetzung einer geschlossenen Benutzergruppe aufgefasst wird, können auch die nicht Browser-basierten Informationssysteme des Unternehmens unter diesem Punkt subsumiert werden.

[55] Als Ergänzungssprachen können hier z.B. die Active Server Pages (ASP) von Microsoft (vgl. Krause, 1998), die Cold Fusion Markup Language (CFM) von Allaire (vgl. Danesh/ Motlagh, 1999) oder auch die Freeware PHP3 verwendet werden (vgl. Hilton/Willis/Borud, 1999).

[56] Das Programm Cold Fusion Studio ist beispielsweise eine solche Entwicklungsumgebung mit wichtigen Bestandteilen zum Aufbau von Internet-Applikationen. So ist u.a. auch ein Debugger für die schrittweise Ausführung von HTML-Sourcecode enthalten.

[57] Frontpage oder der Netscape Composer bieten einen WYSIWYG-Modus.

Individualsoftware liegt in der größeren Flexibilität des Angebots. Alle technisch machbaren Ideen und Anforderungen können im Prinzip umgesetzt werden. Darin liegt jedoch auch implizit der Nachteil dieser Option. So ist nicht sichergestellt, dass die Anforderungen auch in der vorgesehenen Zeit erfüllt werden. Hinzu kommt, dass bei neuen Ideen nicht im Vorhinein klar erkennbar ist, ob diese auch tatsächlich technisch umsetzbar sind. Das Projekt kann also auch scheitern, ohne dass ein lauffähiges System erstellt wurde.

Die zweite technische Alternative bei der Erstellung von Web-Seiten liegt in der Verwendung von *Internet-Standardsoftware*. Hierbei handelt es sich um bereits erstellte lauffähige Software für spezielle Anwendungsbereiche, die durch den Kunden nur noch auf seine Anforderungen angepasst und mit den Daten gefüllt werden muss. Seit einiger Zeit werden für unterschiedliche Bereiche Internet-Standardsoftwarelösungen angeboten. Für die Handelsbranche sind auch komplexe Systeme vorhanden, die bereits auf mehreren Web-Seiten ihre Einsetzbarkeit bewiesen haben. Shop-Systeme für Handelslösungen im Internet werden u.a. von Intershop, von Netscape („Merchant Server") oder von Allaire („Spectra")[58] angeboten. Eine Entwicklungsumgebung wird für diese Alternative nicht mehr benötigt, da die Software ja bereits komplett vorliegt. Zur Konfiguration und zum Datenim- und -export werden entweder Web-Oberflächen oder separate Programme genutzt.

Als dritter Weg zur Erzeugung der eigenen Web-Seite kann auch die vorhandene ERP-Software[59] als Basis dienen. Einige Anbieter von betriebswirtschaftlicher Standardsoftware bieten *ERP-Ergänzungsmodule* an, die die gespeicherten Daten für die Darstellung im Internet aufbereiten können. Auch für den Handel existieren solche Zusatzmodule, die Daten aus den WWS auslesen können. Zusätzlich werden auch Komponenten zur Verfügung gestellt, die vordefinierte Geschäftsprozesse auf die Web-Seite übertragen können. Ein umständlicher Datenimport von ERP-Daten in das Web-System über Schnittstellenprogramme ist in der Regel nicht mehr notwendig, da die Ergänzungsmodule die Datenstrukturen genau kennen.

Die Abb. 10-10 zeigt die auszuwählende Technik als dritte Dimension zur bereits vorgestellten Matrix auf und ergänzt diese zum „Web-Würfel". Für eine passive Internet-Präsenz steht die Alternative „Individualsoftware" nicht zur Verfügung. Eine E-Mail-Funktionalität reicht aus, und in der Implementierungsphase wird ein geeignetes E-Mail-Programm ausgewählt bzw. die Kopplung zum elektronischen Postein- und -ausgang der ERP-Software wird geschaffen. Die Eigenentwicklung eines E-Mail-Programms erscheint wenig sinnvoll, da die in diesem Bereich existierende Software die Anforderungen zu einem hohen Grad komplett abdeckt. Die Verwendung von ERP-Standardsoftware-Ergänzungen für die Handelsbranche zum Aufbau einer Electronic Public Relations-Präsenz ist kritisch zu hinterfragen, weil viele dieser Ergänzungsmodule sich auf den Bereich Electronic Commerce spezialisieren. Für einige Anforderungen (z.B. bei absehbarer oder angestrebter Entwicklung zum Electronic Commerce) kann jedoch auch hier schon der Einsatz dieser Technik sinnvoll sein. Die für die weitere Betrachtung

---

[58] Vgl. http://www.allaire.com/Products/Spectra/.
[59] Zu Enterprise-Resource-Planning-Systemen und ihren Merkmalen vgl. Schütte/Vering/ Wiese, 2000, S. 24 f.

zur Verfügung stehende Technik (zur Umsetzung der Geschäftsprozesse) ergibt sich in dem Würfel durch gültige Kombinationen mit dem Tupel Umfang-Zielgruppe. Für die Verbindung „Passive Internet-Präsenz / Business-to-Consumer" stellt so z.B. die Technik „Internet-Individualsoftware" keine sinnvolle Alternative dar.

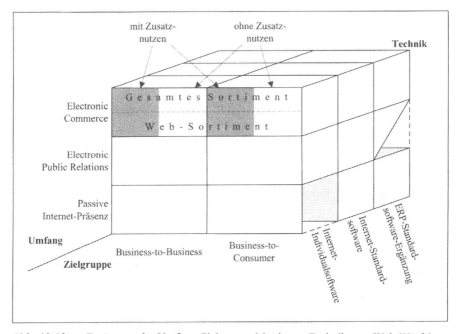

Abb. 10-10: Ergänzung der Umfang-Zielgruppe-Matrix um Technik zum Web-Würfel

Abhängig von der im Unternehmen eingesetzten Software ergeben sich zusätzliche Kriterien für die Auswahl der Technik. Wird in dem Handelsunternehmen ein Standardsoftware-Warenwirtschaftssystem eingesetzt, so stehen alle drei Techniken zur Verfügung, da die ERP-Standardsoftware dokumentierte Schnittstellen besitzt und die benötigten Daten ausgelesen werden können. Auch die Internet-Standardsoftware besitzt häufig Importfilter für diese Systeme. Wurde jedoch in einem Unternehmen das WWS als Individualsoftware[60] erstellt, so lassen sich nicht mehr alle drei Techniken problemlos einsetzen. Sofern die Datenformate dokumentiert sind, kann im Rahmen einer Internet-Individualsoftware-Entwicklung auf diese Daten zugegriffen werden. Die Internet-Standardsoftware kann nur dann als Technik eingesetzt werden, wenn das individuelle ERP-System auch Daten für die Verwendung im Internet exportieren kann. Der Einsatz einer ERP-

---

[60] Da mit der Individualsoftware dann die Aufgaben der Planung und Koordination der Ressourcen im Unternehmen durchgeführt werden, übernimmt die Individualsoftware klassische ERP-Software-Aufgaben. Daher wird diese Individualsoftware im Folgenden als *ERP-Individualsoftware* bezeichnet. Diese Benennung zeigt dann auch einen klaren begrifflichen Unterschied zur *Internet-Individualsoftware* der Dimension Technik auf.

Standardsoftware-Ergänzung scheidet jedoch bei vorhandener ERP-Individualsoftware aus, da die Ergänzungen nur mit der original ERP-Standardsoftware zusammenarbeiten. Die Matrix aus Technik und ERP-Software (vgl. Abb. 10-11) zeigt die Kombinationen auf. Mit der Zusatzinformation bzgl. der eingesetzten ERP-Software können daraus nun die zur Verfügung stehenden Umsetzungen der „Technik" (vgl. Abb. 10-10) für den eigenen Anwendungsfall angepasst werden.

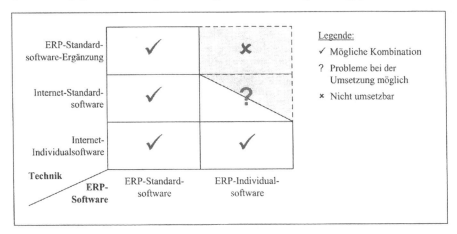

Abb. 10-11: Mögliche Kombinationen von eingesetzter ERP-Software und zur Verfügung stehender Technik

10.5 Einsatz einer Internet-Präsenz

Der Einsatz einer Internet-Präsenz besteht aus den zwei sich abwechselnden Funktionen Betrieb und Wartung. In der Betriebsphase stehen die auszuführenden Geschäftsprozesse und der Kontakt zu den Benutzern im Vordergrund. In der Wartungsphase werden Informationen aktualisiert und aufgetretene Fehler beseitigt. Durch einen Review der Präsenz wird der eigene Internet-Auftritt ständig überprüft und ggf. werden Erweiterungen des Angebots vorgenommen.

10.5.1 Betrieb einer Internet-Präsenz

In der Implementierungsphase sind die zuvor in der Konzeption ermittelten und modellierten Geschäftsprozesse zu einem ablauffähigen System zusammengestellt worden. Die Ausführung der Geschäftsprozesse kann nun komplett automatisch erfolgen, da die Benutzer selbst die Eingaben tätigen. Hierin liegt auch ein großer Vorteil der Internet-Programme: Unabhängig von Personalrestriktionen oder gesetzlichen Öffnungszeiten kann den Kunden ein rund-um-die-Uhr lauffähiges System angeboten werden. Wichtig hierbei ist, dass die Schnittstellen zu den Kunden so umgesetzt werden, dass keine direkten Eingriffe der eigenen Mitarbeiter notwendig sind. Wenn der Prozess auch Schnittstellen zu manuellen Tätigkeiten im eigenen Unternehmen hat, dann können diese Tätigkeiten nur zu den regulären Betriebszeiten ausgeführt werden. Bei Vertriebsprozessen muss z.b. eine Kommissionierung von Artikeln manuell durchgeführt werden, wenn keine automatischen Kommissioniersysteme vorhanden sind. Die zeitliche Entkopplung der Kundeninteraktion mit dem System von der Reaktion der eigenen Mitarbeiter einer Firma wird durch eine Zwischenspeicherung der Daten erreicht. Wenn ein Kunde also einen Artikel per Internet in der Nacht bestellt und die Aufträge erst am kommenden Morgen um 09:00 Uhr kommissioniert werden, dann besteht für das Unternehmen kein Unterschied zwischen einer Bestellung von 03:00 Uhr Nachts und von 08:59 Uhr am Morgen. Für den Kunden jedoch ist das System 24 Stunden verfügbar.

Bei der Interaktion mit dem Kunden entstehen Rückfragen zu Produkten oder zu Dienstleistungen, oder allgemeine Fragen, Anregungen oder Kritik werden geäussert. Für ein Unternehmen ist es wichtig, dass diese Kommunikation auch bidirektional geführt wird. Ein Kunde sollte in angemessener Zeit über eine Bearbeitung der E-Mail benachrichtigt werden. Die Anregungen oder die Kritiken der Kunden sollten an einer zentralen Stelle gesammelt werden, damit sie bei späteren Veränderungen oder Erweiterungen noch als Anregung genutzt werden können.

10.5.2 Wartung einer Internet-Präsenz

Sobald eine Änderung der Web-Seite notwendig ist, wird eine Wartung des Systems durchgeführt. Die Wartung unterscheidet sich je nach eingesetzter Technik. Wird eine Internet-Individualsoftware mit statischen Internet-Seiten verwendet, so sind die entsprechenden HTML-Seiten zu bearbeiten. Bei dynamischen Internet-Seiten mit Datenbankanbindung müssen nur zusätzliche Einträge in der Datenbank geschaffen werden. Wenn das Internet-Programm mit einer Internet-Standardsoftware aufgebaut worden ist, können die Daten über die mitgelieferten Pflegemasken aktualisiert werden. Die manuelle Pflege der Daten entfällt immer dann, wenn das Internet-System automatisch von einem anderen System mit Daten versorgt wird. Durch die Einbindung eines Dienstleisters kann auch die Wartung ausgelagert werden, so dass nur noch die Rohdaten zur Aufbereitung weitergegeben werden müssen.

Die Wartung sollte aber neben der planmäßigen Aktualisierung der Daten auch die auftretenden Fehler beseitigen. Sofern dazu nur kleine Veränderungen der Abläufe (ohne nennenswerten Zeitaufwand) notwendig sind, werden die Patches sofort eingestellt.[61] Umfangreiche Veränderungen sollten zu einem Rücksprung in die Implementierungsphase führen.[62] Wenn erkannt wird, dass konzeptionelle

---

[61] Ein Händler kann z.B. auf seinen Internet-Seiten Kunden die Möglichkeit geben, Informationen per Post anzufordern. Wenn die Eingabemaske aber keine Eingabe im Feld „PLZ" oder „Ort" erzwingt, können unvollständige Daten eingetragen werden. Die Behebung dieses Fehlers in der Maske wird dann in der Wartungsphase durchgeführt.

[62] In Erweiterung des vorherigen Beispiels (vgl. Fußnote 61) kann die Anforderung, die eingegebene PLZ zur Gültigkeitsprüfung der Telefonvorwahl, des Ortes und ggf. der Straße zu nutzen, nur durch einen Rücksprung in die Implementierungsphase gelöst werden. Um ungültige Kombinationen zu finden, müssen dem System zusätzliche Informationen über gültige Verbindungen bereitgestellt werden und die Eingabealgorithmen sind anzupassen. Ein Beispiel für eine ungültige Kombination ist die PLZ von Hamburg im 20000er Bereich mit

Mängel im System vorliegen, muss ein Übergang von der Wartungsphase zur Konzeptionsphase erfolgen und für die neu zu konzipierenden Bestandteile wird der Zyklus wieder durchlaufen. In regelmäßigen Abständen sollte die eigene Präsenz auch einem kritischen Review unterzogen werden. Durch schnelle Entwicklungen im Internet-Bereich können sich z.b. nach zwei Jahren komplett neue Wünsche oder Anforderungen der Benutzer ergeben haben. In einem Reviewprozess wird dann entschieden, ob für die gesamte Internet-Präsenz das vorgestellte Vorgehensmodell erneut durchlaufen wird, oder ob nur für einen Teilbereich die Implementierungsphase betreten wird.

10.6 Ausblick

Die Hersteller von Internet-Standardsoftware bauen ihre Produkte zu universell einsetzbaren Lösungen aus. Im Rahmen dieser Erweiterung werden in die Internet-Standardsoftwareprodukte Module integriert, die von vielen Web-Seiten benutzt werden.[63] Die Entwicklung von Individualsoftware für den Aufbau von Internet-Programmen wird sich daher immer weiter auf innovative Bereiche beschränken, die noch nicht mit den Funktionen der Internet-Standardsoftware abgedeckt werden können. Für den Bereich des Electronic Commerce ist eine Zunahme der ERP-Standardsoftware-Ergänzungen zu erwarten, da diese Lösungen mit geringem Aufwand die vorhandenen Artikel und Produkte im Web anbieten können. Mit der Weiterentwicklung des internetfähigen Homebanking-Standards HBCI zeigen sich neue und sichere Möglichkeiten für die elektronische Bezahlung auf. Diese Entwicklung wird den Trend zum Angebot von Waren und Dienstleistungen im Internet verstärken.

Innerhalb der vorgestellten Strategiedimensionen „Umfang" kann so eine Erweiterung zu neuen Angeboten umgesetzt werden (z.B. vom Electronic Public Relations zum Electronic Commerce). Dabei wird ggf. die verwendete Technik angepasst, um die Anforderungen zu erfüllen. Bei Erweiterungen zeigt sich auch hier das Problem der mangelnden Flexibilität von fertiggestellter und im Einsatz befindlicher Individualsoftware. Eine grundlegende Veränderung ist oftmals nur dann möglich, wenn auch die Programmierung umfassend umgestellt wird. Das bedeutet einen kompletten Neueinstieg in den Web-Entwicklungszyklus und neue Projektlaufzeiten und -kosten. Bei individuellen Lösungen ist das oft für Unternehmen nicht in einem wirtschaftlich sinnvollen Umfang möglich. Daher wird sich auch bei der Technik ein Trend von der Individualsoftware zur Standardsoftware (als Internet-Lösung oder als ERP-Ergänzung) ergeben.[64]

In einem Intranet-Projekt wurde das hier beschriebene Vorgehensmodell verwendet. Dabei ist das Alt-System durch eine Internet-Individualsoftware abgelöst

---

der Telefonnummer 089 von München und dem Ort „Düsseldorf". Über eine solche Logik kann die Anzahl gefälschter Einträge reduziert werden.

[63] Oracle hat mit dem Produkt WebDB eine komplett durch den Browser konfigurierbare Internet-Standardsoftware entwickelt, die z.B. die Menüführung oder ein Berechtigungskonzept für den Zugang auf ein Intranet beinhaltet.

[64] Zur Auswahl von Standardsoftware und den Chancen und Risiken vgl. Schütte/Vering/Wiese, 2000, S. 29 ff.

worden und wird seither betrieben. Abbildung 10-12 beschreibt den Verlauf (unter Verwendung der beim Vorgehensmodell benutzten Schattierungen). In dem ersten System wurde noch nicht das Vorgehensmodell eingesetzt. So konnten auch Betrieb und Wartung wegen der schlechten Pflegemöglichkeit der Daten nicht getrennt durchgeführt werden. Erst die Einführung einer Intranet-Unterstützung hat zu einer Trennung der Struktur und des Inhalts geführt. Auch die inkrementelle Ergänzung des Systems hat sich in dem Projekt bewährt. Für die Zukunft ist geplant, das System durch den Einsatz einer Internet-Standardsoftware abzulösen. Von dem Einsatz der Internet-Standardsoftware wird u. a. erwartet, dass die Erweiterung des Angebots um neue Informationsbereiche schneller möglich wird. Auch wird angenommen, dass die Internet-Standardsoftware bei einer steigenden Anzahl von Nutzern besser skalierbar ist.

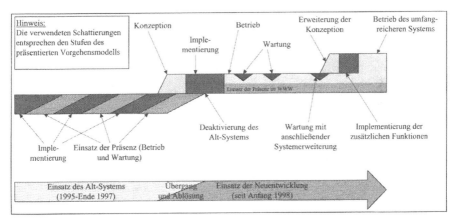

Abb. 10-12: Beispiel zum Übergang von einem Alt-System zu einer Neuentwicklung

Literaturverzeichnis

Adam, D. (1996): Planung und Entscheidung. Modelle – Ziele – Methoden, 4. Aufl., Wiesbaden.
Albers, S./Peters, K. (1997): Die Wertschöpfungskette des Handels im Zeitalter des Electronic Commerce, in: Marketing ZFP 2.
Anderson, P. (1986): Marketing Communications, Englewood-Cliffs.
Backhaus, K./Erichson, B./Plinke, W./Weiber, R. (1996): Multivariate Analysemethoden. Eine anwendungsorientierte Einführung, 8. Aufl, Berlin et. al.
Balzert, H. (1996): Lehrbuch der Software Technik: Software-Entwicklung, Heidelberg.
Becker, J./Kahn, D. (2000): Der Prozess im Fokus, in: Becker, J./Kugeler, M./Rosemann, M. (Hrsg.): Prozessmanagement. Ein Leitfaden zur prozessorientierten Reorganisation, Berlin.
Becker, J./Schütte, R. (1996): Handelsinformationssysteme, Landsberg/ Lech.
Bliemel, F./Fassott, G./Theobald, A. (1999): Das Phänomen Electronic Commerce, in: Electronic Commerce. Herausforderungen – Anwendungen – Perspektiven, Wiesbaden.
Centrale für Coorganisation (1999): Marktdatenkommunikation für Handel und Industrie. http://www.ean.de/deutsch/kommuni/kommuni3.htm. (30.Dezember 1999).
CISCO: Fact Sheet. http://www.cisco.com/warp/public/750/corpfact.html. (30.Dezember 1999).
Danesh, A./Motlagh, K.A. (1999): Mastering ColdFusion, 4, Reading.
ELSTER: Die Elektronische Steuererklärung. http://www.elster.de/anwender/info.htm. (30.Dezember 1999).
Ferstl, O.K./Sinz, E.J. (1994): Grundlagen der Wirtschaftsinformatik, Band 1, 2. Aufl., München Wien.
Heerklotz, K.-D./Söffge (2000): Internet-Telefonie. Aufbruch in ein neues Telekommunikationszeitalter, in: NET-investor, 2/1, S. 44-46.
Hilton, C./Willis, J./Borud, B. (1999): Building Database Applications on the Web Using PHP3, New York.
Köcher, A. (1991) : Management von Public Relations. Ein integrales Konzept, Dissertation Universität St. Gallen, St. Gallen.
Krause, J. (1998): Microsoft Active Server Pages, München.
Meffert, H. (1998): Marketing. Grundlagen marktorientierte Unternehmensführung, 8. Aufl., Wiesbaden.
Oeckl, A. (1976): PR-Praxis. Der Schlüssel zur Öffentlichkeitsarbeit, Düsseldorf et. al.
Preisner, A./Eierhoff, K. (1999): E-Commerce Interview - Die Vision von Bertelsmann-Vorstand Eierhoff, in: manager magazin 3, http://www.managermagazin.de/magazin/artikel/fs/0,1153,2567,00.html.
Rosemann, M. (1996): Komplexitätsmanagement in Prozessmodellen. Methodenspezifische Gestaltungsempfehlungen für die Informationsmodellierung, Wiesbaden.
Royce, W.W. (1970): Managing the development of large software systems, in: Proceedings WESTCON, San Francisco, CA.

Schneider, K. (1996): Prototypes as Assets, not Toys. Why and How to Extract Knowledge from Prototypes, in: Proceedings of ICSE 18. S. 522-531, zugleich in: http://www.acm.org/pubs/articles/proceedings/soft/227726/p522-schneider/p522-schneider.pdf

Schulz, B. (1992): Strategische Planung von Public Relations. Das Konzept und ein Fallbeispiel, Frankfurt a. M. et. al.

Schütte, R. (1998): Grundsätze ordnungsmäßiger Referenzmodellierung, Wiesbaden.

Schütte, R./Vering, O./Wiese, J. (2000): Erfolgreiche Geschäftsprozesse durch standardisierte Warenwirtschaftssysteme. Marktanalyse, Produktübersicht, Auswahlprozess, Berlin et. al.

Sevcik, P./Forbath, T.: The Call Center Revolution. Converged Networks Enable Integrated Customer Service Solutions. http://www.3com.com/technology/tech_net/white_papers/500685.html. (20.Oktober1998).

Sommerville, I. (1992): Software Engineering. 4. Aufl., Wokingham.

Stahlknecht, P./Hasenkamp, U. (1997): Einführung in die Wirtschaftsinformatik, 8. Aufl., Berlin et. al.

UPS (Laufzeiten) (Hrsg.): Europäische UPS Website ermittelt Dokumenten-Laufzeiten zu allen Zielorten. http://www.ups.com/europe/de/bin/shownews.cgi?19991129gerTimeInTransit. (29.November 1999).

UPS (Tracking) (Hrsg.): UPS Tracking Continues to Surge. http://www.ups.com/bin/shownews.cgi?19991223tracking (23.Dezember 1999).

Wolf, T./Hofmann, G. R./Röder, H. (1997): Electronic Commerce: Status Quo und Perspektiven, KPMG Unternehmensberatung, Berlin.

ZDNet Deutschland (Amazon): Amazon schluckt deutschen Web-Buchhändler Telbuch. http://www.zdnet.de/news/artikel/1998/04/30004-wc.htm. (30.April 1998).

ZDNet Deutschland (BOL): Bertelsmann plant Online-Buchhandlung. http://www.zdnet.de/news/artikel/1998/03/02001-wf.htm. (02.März 1998).

11 E-Commerce – Eine Einführung in juristische Grundprobleme der Informationswirtschaft

Thomas Hoeren, Münster

11.1 Vertrags- und verbraucherschutzrechtliche Probleme

Der elektronische Handel wirft eine Reihe schwieriger juristischer Fragen auf, die im Folgenden kaum in der nötigen Breite dargestellt werden können. Im Weiteren werden – bedingt durch die herausgeberische Seitenbeschränkung – nur einige wenige Probleme angedeutet. Ausser Acht müssen vor allem urheber-, wettbewerbs- und markenrechtliche Fragen bleiben; auch zum Internationalen Zivilverfahrensrecht enthält der Beitrag keine Hinweise. Vielmehr sollen Fragen des Vertragsschlusses im Internet und die daran anknüpfenden verbraucherschutzrechtlichen Fragen im Vordergrund stehen.

11.1.1 Kollisionsrechtliche Vorfragen

Im Internet werden eine Reihe von Verträgen mit grenzüberschreitendem Charakter geschlossen. Dabei fragt sich, welches Vertragsrecht auf solche Verträge zur Anwendung kommt.[1] Dies richtet sich nach dem allgemeinen Vertragsstatut, d.h. den Regelungen des IPR, die für alle Schuldverträge Anwendung finden. Die einschlägigen Regelungen sind Art. 27 - 37 EGBGB zu entnehmen, die ein EU-einheitliches Regime von Anknüpfungen für Schuldverhältnisse enthalten.

Nach Art. 27 EGBGB unterliegt ein Vertrag vorrangig dem von den Parteien gewählten Recht. Treffen die Parteien demnach eine Vereinbarung darüber, welches Recht Anwendung finden soll, ist diese immer vorrangig zu beachten. Dabei kommt sogar die Annahme einer konkludenten Rechtswahl in Betracht; insbesondere die Vereinbarung eines Gerichtsstandes soll ein (widerlegbares) Indiz für die Wahl des am Gerichtsort geltenden materiellen Rechts sein[2]. Abseits des Ordre Public (Art. 6 EGBGB) enthält Art. 34 EGBGB einen speziellen Vorbehalt zugunsten zwingenden deutschen Rechts; die Anwendung dieser Regelungen kann nicht durch eine Rechtswahlklausel ausgeschlossen werden. Dieser Vorbehalt ist besonders wichtig für die Anwendung des deutschen und europäischen Kartellrechts, des deutschen und europäischen Aussenwirtschaftsrechts, der Regelung des Produktpirateriegesetzes, des Datenschutzrechts sowie des Steuerrechts.

Vereinbaren die Parteien deutsches Recht ohne weiteren Zusatz, kommt sehr häufig nicht das BG, sondern das UN-Kaufrecht zur Anwendung. Gleiches gilt,

---

[1] Einführend siehe Birgit Bachmann, Internet und IPR, in: Michael Lehmann (Hg.), Internet- und Multimediarecht (Cyberlaw), Stuttgart 1997; Peter Mankowski, Internet und besondere Aspekte des Internationalen Vertragsrechts, in: CR 1999, S. 512 ff. und S. 581 ff.

[2] BGH, JZ 1961, 261; WM 1969, 1140, 1141; OLG Hamburg, VersR 1982, 236.

wenn die Parteien keine Rechtswahl getroffen haben, ihre Niederlassungen aber in Vertragsstaaten des UN-Kaufrechts liegen. Insofern wird entweder der Ort der Niederlassung oder das jeweilige Schuldvertragsrecht des gewählten Forums herangezogen (Art. 1 Abs. 1 des CISG). Sachlich kommt das UN-Kaufrecht zum Tragen, wenn Waren im gewerblichen Kontext verkauft werden. Software zählt zu diesen Waren, unabhängig, ob sie per Datenträger oder über Datenfernübertragung geliefert wird.[3] Nicht erfasst sind Datenbankverträge, da es sich hierbei meist nicht um Kaufverträge handelt. Wollen die Parteien die Anwendung des UN-Kaufrechts vermeiden, sollten sie als Rechtswahl auf das deutsche Recht unter Ausschluss des UN-Kaufrechts verweisen.

Wenn die Parteien keine Rechtswahl getroffen haben, gilt nach Art. 28 Abs. 1 EGBGB das Recht desjenigen Staates, mit dem der Vertrag von seinem Inhalt her die engsten Verbindungen hat. Dabei wird darauf abgestellt, wessen Leistung den Vertrag rechtlich und wirtschaftlich entscheidend prägt. Nach Art. 28 Abs. 2 S. 1 EGBGB wird vermutet, dass der Vertrag die engsten Verbindungen mit dem Staat aufweist, in dem die Partei, welche die charakteristische Leistung zu erbringen hat, im Zeitpunkt des Vertragsschlusses ihren gewöhnlichen Aufenthaltsort bzw. ihren Unternehmenssitz hat.[4] Allerdings findet diese Vermutung wiederum dann keine Anwendung, wenn sich die charakteristische Leistung nicht bestimmen lässt oder der Vertrag auf engere Beziehungen zu einem anderen Staat hindeutet (Art. 28 Abs. 2 S. 3 und Abs. 5 EGBGB). Auch im Rahmen des Art. 28 sind allerdings immer die Grenzen der Anknüpfung nach Art. 6 und 34 EGBGB zu beachten.

Bei Kaufverträgen erbringt regelmäßig der Verkäufer die charakteristische Leistung; dessen Sitz entscheidet daher über das anwendbare Recht. Bei Lizenzverträgen (etwa über die Übertragung von Rechten an Software) soll nach herrschender Meinung der Sitz des Lizenznehmers ausschlaggebend sein, sofern diesen bestimmte Ausübungs- und Verwertungspflichten treffen[5]. Der Lizenznehmer ist nach dieser Auffassung derjenige, der für den Vertrieb und Handel mit den Werkkopien verantwortlich ist; insofern soll er auch die den Vertrag prägende Leistung erbringen. Eine Ausnahme wird nur bejaht, wenn die Leistung des Lizenznehmers in der bloßen Entrichtung einer Gebühr besteht; dann soll der Aufenthaltsort des Rechteinhabers maßgeblich sein.

Sonderregeln gelten für grenzüberschreitende Versicherungsverträge, die sich auf ein in der EU bzw. im EWR belegenes Risiko erstrecken. Nach Art. 37 Nr. 4 EGBGB ist das Gesetz nicht auf solche Versicherungsverträge anwendbar. Statt dessen gilt das Einführungsgesetz zum Versicherungsvertragsgesetz (EGGVG). Art. 7 - 14 EGGVG setzen die Art. 7 und 8 der Zweiten Richtlinie des Rates vom 22. Juni 1988 zur Koordinierung der Rechts- und Verwaltungsvorschriften für die Direktversicherung (88/357/EWG) um. Demnach ist davon auszugehen, dass für den Bereich der Direktversicherung europaweit die gleichen Anknüpfungsregeln gelten, wie sie im EGGVG enthalten sind. Demzufolge ist das Recht des Staates

---

[3] Siehe Diedrich, Autonome Auslegung von Internationalem Einheitsrecht, Baden-Baden 1994, 174 ff.; ders., RIW 1993, 441, 452; Endler/Daub, CR 1993, 601, 603 f.; Hoeren, CR 1988, 908, 916; Mankowski, CR 1999, 581, 586. Anderer Ansicht Piltz, NJW 1994, 1101.

[4] Unbeachtlich ist der Ort, an dem sich der Server befindet; siehe auch Waldenberger, BB 1996, 2365, 2370 f.

[5] BGH, GRUR 1960, 447, 448 - Comics; OLG Hamburg, UFITA 26 (1958), 344, 350.

anzuwenden, in dem das Risiko belegen ist, wenn der Versicherungsnehmer bei Schließung des Vertrages seinen gewöhnlichen Aufenthalt oder seine Hauptverwaltung in dem Mitgliedstaat hat (Art. 8). Nur dann, wenn der Staat der Risikobelegenheit und der Sitz des Versicherungsnehmers nicht identisch sind, besteht die Möglichkeit zur Vereinbarung einer Rechtswahlklausel (Art. 9 Abs. 1). Ist trotz dieser eingeschränkten Rechtswahlmöglichkeit keine Klausel vereinbart worden, gilt das Recht des Staates, mit dem der Vertrag die engsten Verbindungen hat; als solcher wird der Staat der Risikobelegenheit vermutet (Art. 11).

11.1.2 Vertragsschluss im Internet

Via Internet können prinzipiell Verträge genauso abgeschlossen werden wie im normalen Geschäftsleben.[6] Dabei ist zu beachten, dass eine Homepage regelmäßig nur als „invitatio ad offerendum" anzusehen ist.[7] Das Angebot geht demnach vom Besteller aus; der Content-Provider entscheidet nach freiem Ermessen darüber, ob er das Angebot annimmt.

Unbill ist in die Diskussion jedoch durch den Vorschlag der EU-Kommission für eine Electronic-Commerce-Richtlinie gekommen. Art. 11 enthält eine ausführliche Regelung zum Zustandekommen von elektronischen Verträgen.[8] Ausgangspunkt ist die Annahme, dass der Diensteanbieter das rechtlich bindende Angebot macht. Die Kommission erläutert hierzu, dass der Artikel insoweit die besondere Situation regle, dass der Diensteanbieter ein konkretes Angebot unterbreite; es gehe „nicht um die Situation, in der der Diensteanbieter nur zur Angebotsabgabe auffordert" (S. 29). Damit verkennt die Kommission die tatsächlichen Gegebenheiten im Electronic Commerce. Typischerweise präsentiert ein Provider seine Waren/Dienstleistungen im WWW; insofern liegt regelmäßig eine invitation ad offerendum vor.[9] Das Angebot geht damit vom Kunden aus, der per E-Mail oder

---

[6] Siehe hierzu auch Karl-Ernst Brauner, Das Erklärungsrisiko beim Einsatz von elektronischen Datenverarbeitungsanlagen, Witterschick 1988; Brehm, Zur automatisierten Willenserklärung, in: Festschrift für Niederländer 1991, 233 ff.; Wolfgang Fritzemeyer/Sven-Erik Heun, Rechtsfragen des EDI, in: CR 1992, 129 und 198; Jörg Fritzsche/Hans M. Malzer, Ausgewählte zivilrechtliche Probleme elektronisch signierter Willenserklärungen, in: DNotZ 1995, 3; Hellner, Rechtsfragen des Zahlungsverkehrs unter besonderer Berücksichtigung des Bildschirmtextverfahrens, in: Festschrift für Winfried Werner zum 65. Geburtstag, hrsg. von Werner Hadding u.a., Berlin 1984, 251 ff.; Harald von Herget/Mathias Reimer, Rechtsformen und Inhalte von Verträgen im Online-Bereich, in: DStR 1996, 1288 ff.; Sven Heun, Elektronisch erstellte und übermittelte Dokumente und Schriftform, in: CR 1995, 2 ff.; Helmut Köhler, Die Problematik automatisierter Rechtsvorgänge, insbesondere von Willenserklärungen, in: AcP 182 (1982), 126 ff.; Matthias Kuhn, Rechtshandlungen mittels EDV und Telekommunikation, München 1991; Helmut Redeker, Geschäftsabwicklung mit externen Rechnern im Bildschirmtextdienst, in: NJW 1984, 2390; ders., Der Abruf von Informationen im Bildschirmtextsystem als Rechtsgeschäft, in: DB 1986, 1057 ff..
[7] Siehe auch OLG Oldenburg, CR 1993, 558; Eckert, DB 1994, 717, 718; Wagner, WM 1995, 1129.
[8] Vgl. hierzu zum deutschen Recht Hohenegg/Tausch, BB 1997, 1541 ff. ; Mehrings, MMR 1998, 30 ff.; ders., BB 1998, 2373 ff.; Koehler, MMR 1998, 289 ff.
[9] Ähnlich auch Ernst, NJW-CoR 1997, 165; Ph. Koehler, MMR 1998, 289, 290; H. Köhler, NJW 1998, 185, 187; Waldenberger, BB 1996, 2365. Etwas anders ist die Gewichtung bei Mehrings, MMR 1998, 30, 32, der „in einer Reihe von Fällen" von einem verbindlichen Angebot ausgeht.

traditioneller Briefpost bestellt und darauf die Annahmeerklärung des Providers erhält. Genau diese Situation wollte die Kommission nicht regeln, sondern die absolut seltene, dass bereits die Homepage als verbindliches Angebot anzusehen ist oder das Angebot auf andere Weise vom Provider ausgeht.

Für diese seltene Vertragskonstellation sieht der Entwurf vor, dass der Vertrag erst geschlossen ist, wenn

- der Provider ein Angebot macht,
- das Angebot dem Kunden zugeht,
- der Kunde dies annimmt,
- die Annahme dem Provider zugeht,
- der Provider eine Bestätigung des Empfangs der Annahme erstellt,
- dem Kunden diese Bestätigung zugeht,
- der Kunde den Empfang der Empfangsbestätigung bestätigt.

Der Kunde hat darüber hinaus nach Art. 6 Abs. 1 der Fernabsatzrichtlinie die Möglichkeit, den Vertragsabschluss binnen sieben Werktagen bzw. bei fehlender Belehrung binnen drei Monaten zu widerrufen.

Diese komplizierte Regelung zeigt, wie schnell man bei der Behandlung von Fällen aus der klassischen Zivilrechtsdogmatik in die Bredouille geraten kann. So fragt sich, welche Bedeutung eigentlich der (nach dem Richtlinienentwurf zwingenden) Bestätigung zukommen soll. Was geschieht, wenn ein Kunde die Bestätigung nicht erstellt? Welche Rechtsnatur hat die Bestätigung? Absurd ist darüber hinaus das Erfordernis einer Bestätigung der Bestätigung. Dies ist allerdings keine Erfindung der GD X, sondern basiert auf Vorschlägen der GD XXIV, die darin wohl ein wichtiges Instrument des Verbraucherschutzes sah. Die Konstruktion ist nach entsprechender Kritik seitens des Europäischen Parlaments glücklicherweise wieder gestrichen worden.

Im Falle einer unverbindlichen elektronischen Anzeige des Providers kommt im übrigen Art. 11 nicht zur Anwendung; hier gilt das klassische Zivilrecht. Wenn der Kunde also auf eine Web-Anzeige etwas bestellt, kommt der Vertrag durch bloße Annahme des Providers zustande, die dieser unter Umständen noch nicht einmal dem Kunden mitteilen muss. Der Kunde steht also im gefährlicheren Falle eines eigenen Angebots schlechter, als er im seltenen und weniger problematischen Fall der Abgabe einer Annahmeerklärung stehen würde.

11.1.3 Anfechtung, Vollmacht und Zugang elektronischer Willenserklärungen

11.1.3.1 Rechtslage nach dem BGB

Der Besteller kann sein Angebot nach §§ 119, 120 BGB anfechten, wenn seine Willenserklärung via Provider falsch übermittelt worden ist.[10] Macht der Besteller irrtümlich bei der Erstellung seiner Mail falsche Angaben, kann er nach § 119

---

[10] Siehe Heun, CR 1994, 595, 596; Waldenberger, BB 1996, 2365, 2366.

Abs. 1, 2. Var. anfechten.[11] Eine Anfechtung kommt dagegen nicht bei computergenerierten Erklärungen in Betracht, deren Fehler auf lange zuvor eingegebenem, falschem Datenmaterial beruht.[12] Insgesamt scheidet bei Verwendung fehlerhaften Datenmaterials eine Anfechtung aus, da es sich nur um einen unbeachtlichen Motivirrtum handelt.[13] Bei Übertragungsfehlern kommt eine Anfechtung nach § 120 BGB analog in Betracht.

Benutzt ein Fremder die Kennung des Users, kommt eine Bindung an elektronische Bestellungen nach den Grundsätzen des Handelns unter fremdem Namen in Betracht.[14] Dem Geschäftspartner geht es um ein Geschäft mit dem Träger des Namens; folglich bindet der Vertrag den Namensträger gem. § 177 Abs. 1 BGB nur

- bei Genehmigung,
- nach den Regeln der Duldungsvollmacht,
- nach den Regeln der Anscheinsvollmacht (str.).[15]

Ferner fragt sich, zu welchem Zeitpunkt ein über das Internet geschlossener Vertrag zustande kommt. Nach deutschem Recht wird zwischen den Willenserklärungen unter An- und Abwesenden unterschieden. Bei einem Vertragsschluss unter Anwesenden geht eine Willenserklärung im Zeitpunkt der akustisch richtigen Vernehmung zu (sog. Vernehmungstheorie). Bei der Abgabe einer Willenserklärung unter Abwesenden ist der Zeitpunkt entscheidend, in dem die Erklärung so in den Machtbereich des Empfängers gelangt ist, dass dieser von der Willenserklärung Kenntnis nehmen kann und unter normalen Umständen auch mit der Kenntnisnahme zu rechnen ist[16]. Bei online-kommunizierenden Computern (etwa im EDI-Bereich) wird teilweise von Willenserklärungen unter Anwesenden ausgegangen[17]. Dies mag für den EDI-Bereich noch vertretbar sein. Im WWW-Sektor ist jedoch die Gegenmeinung überzeugender, wonach der Vertragsschluss im Wege von Willenserklärungen unter Abwesenden erfolgt, zumal § 147 Abs. 1 S. 2 BGB eine Erklärung direkt von Person zu Person voraussetzt[18].

Für den Zugang von Willenserklärungen via E-Mail ist daher maßgeblich, wann mit dem Abruf einer Mail durch den Empfänger üblicherweise gerechnet werden kann. Man wird dabei wahrscheinlich davon ausgehen können, dass Geschäftsleute im Electronic-Marketing-Bereich mindestens einmal täglich zu normalen Geschäftszeiten ihre Mails lesen. Schwierig ist die Bestimmung von

---

[11] OLG Hamm, CR 1993, 688; siehe auch BGH, DB 1984, 2399.
[12] AG Frankfurt, CR 1990, 469 = NJW-RR 1990, 116; im Ergebnis auch LG Frankfurt, NJW-RR 1988, 1331; LG Frankfurt, CR 1997, 738.
[13] LG Frankfurt, CR 1997, 738.
[14] Siehe Borsum/Hoffmeister, NJW 1985, 1205.
[15] OLG Oldenburg, CR 1993, 558.
[16] Sog. Empfangs- oder Zugangstheorie; siehe hierzu etwa MünchKomm/Förschler, 3. Aufl. § 130 Rdnrn. 3 ff.
[17] So etwa Brinkmann, BB 1981, 1183, 1185; Fritzsche/Malzer, DNotZ 1995, 3, 9 ff.; Herget/Reimer, DStR 1996, 1288, 1291.
[18] So auch für den EDI-Bereich Bartl, DB 1982, 1097, 1100; Fritzemeyer/Heun, CR 1992, 130; Hellner, Festschrift Werner, 1984, 251, 266; Heun, CR 1994, 595, 597; Kleier, WRP 1983, 534, 535 f.; Redeker, NJW 1984, 2390, 2391.

Zugangszeitpunkten bei Privatleuten, da sich in diesem Bereich erfahrungsgemäß noch keine Usancen für das Lesen von Mails gebildet haben. Bei der automatisierten Bestellungsannahme reicht das Passieren der Schnittstelle des Online-Unternehmens aus, sodass das in § 130 Abs. 1 S. 2 BGB verankerte Widerrufsrecht praktisch bedeutungslos ist.[19]

11.1.3.2 Die Electronic-Commerce-Richtlinie

Allerdings ergeben sich hier besondere Probleme durch den Richtlinienentwurf zum Bereich Electronic Commerce. Art. 11 Abs. 2 enthält eine Sonderregelung zur Korrektur von Eingabefehlern. Typischerweise fallen Eingabefehler in den Risikobereich des Users. Dieser kann seine Erklärung wegen eines solchen Fehlers anfechten, trägt dann den Vertrauensschaden des Providers. Hier schaltet die Kommission nun einen zusätzlichen Filter vor. Der Provider hat nach Art. 11 Abs. 2 Mittel zur Korrektur von Eingabefehlern zur Verfügung zu stellen; er muss nach Art. 10 den User hierüber auch informieren. Heute gängig sind bereits Bestätigungsfelder, die dem Kunden nach seiner elektronischen Bestellung noch einmal den Text seiner Erklärung zeigen und ihm die Chance zu einer Korrektur geben. Insofern ist die Maßnahme technisch einfach zu bewerkstelligen. Allerdings muss die Pflicht des Providers zur Einrichtung solcher Korrekturhilfen in das deutsche Recht verankert werden; bei diesem Anlass müsste auch geklärt werden, welche Konsequenzen eine Missachtung der Pflicht für den Provider hat.

11.1.4 Schriftform und digitale Signatur

Die deutsche Zivilrechtsordnung sieht an zahlreichen Stellen die Einhaltung einer besonderen Schriftform vor.[20] Elektronisch generierte und übermittelte Erklärungen genügen jedoch der Schriftformerfordernis nicht[21]. Denn nach § 126 BGB muss bei einer gesetzlich vorgesehenen Schriftform der Text von dem Aussteller eigenhändig durch Namensunterschrift oder mittels notariell beglaubigten Handzeichens unterzeichnet werden. Das Erfordernis der Schriftform ist zum Beispiel vorgesehen bei Verbraucherkreditverträgen einschließlich der Ratenkreditgeschäfte (§ 4 VerbrKrG), für Quittungen (§ 368 BGB) und für die Bürgschaftserklärung (§ 766 BGB).

In den frühen Entwürfen des IuKDG versuchte man diesem Problem durch Einführung einer „Testnorm" Herr zu werden. Man sah darin die Änderung einer einzelnen, praktisch kaum relevanten Formvorschrift, nämlich der Schriftform bei Fernunterrichtsverträgen im Rahmen des Fernunterrichtsschutzgesetzes, durch eine spezielle, elektronische Form vor. Dann verzichtete man jedoch auf dieses Experiment und ließ die Frage der Schriftform vor. Das Bundesjustizministerium nahm sich dann diesem Anliegen an und verbreitete im Januar 1997 einen ersten Entwurf zur Änderung der Formvorschriften in zahlreichen zivilrechtlichen Geset-

---

[19] So auch Heun, Cr 1994, 595, 597.
[20] Zur Einführung siehe Fringuelli/Wallhäuser, Formerfordernisse beim Vertragsschluß im Internet, in: CR 1999, 93 ff.
[21] So auch grundlegend BGHZ 121, 224.

zen.[22] Dieser Entwurf sah die Ersetzung der Schriftform durch eine „Textform" bei den zivilrechtlichen Bestimmungen vor, bei denen die strenge Schriftform entbehrlich ist. Der Textform sollte dabei bereits Genüge geleistet sein, wenn der Text in Schriftzeichen lesbar und die Person des Erklärenden erkennbar ist (Art. 1 Nr. 1 zu § 126a Abs. 1 S. 1 BGB). Die telekommunikative Übermittlung sollte die Textform wahren, wenn die Erklärung beim Empfänger jederzeit durch Umwandlung in Schriftzeichen lesbar gemacht werden kann (§ 126a Abs. 1 S. 2 BGB). Diese neue Formvorschrift sollte sich künftig auch in einer Reihe bankspezifischer Vorschriften finden, etwa in § 53 Abs. 2 S. 1 und Abs. 2 S. 2 BörsG und in § 19 Abs. 6 S. 2 Kapitalanlagegesetz.

Inzwischen hat sich auch Brüssel dieses Themas angenommen. In dem Entwurf für eine Richtlinie über bestimmte rechtliche Aspekte des elektronischen Geschäftsverkehrs findet sich in Art. 9 eine ausführliche Regelung zur Frage der Schriftform. Nach Art. 9 Abs. 1 ist der Abschluss elektronischer Verträge zu ermöglichen. Insbesondere soll die Tatsache, dass ein Vertrag auf elektronischem Wege zustande gekommen ist, nicht zur Ungültigkeit oder Wirkungslosigkeit des Vertrages führen dürfen. Diese Regelung soll nicht gelten bei Notarsverträgen, Verträgen mit Registerpflicht sowie familien- und erbrechtlichen Vereinbarungen (Art. 9 Abs. 2). Nach Art. 9 Abs. 3 soll die Liste der Ausnahmefälle von der Kommission geändert werden können. Die Kommission erhält damit einen „Narrenschein", um die soeben eingeführte Wirksamkeit elektronischer Verträge auf Zuruf einzelner Mitgliedsstaaten wieder aufzuheben. Durch diese Regelung dürften die meisten Mitgliedsstaaten jedweden Impetus verlieren, dem Gedanken von Art. 9 Abs. 1 in ihrem nationalen Recht Rechnung zu tragen. Sie werden vielmehr erst einmal versuchen, ihre nationalen Formbestimmungen durch Anrufung der Kommission zu retten. Wenn man überhaupt einen solchen Freibrief will, müssen die Bedingungen für dessen Erteilung in der Richtlinie aufgeführt sein. Nur so kann einem Missbrauch Einhalt geboten werden. Es besteht somit die Gefahr, dass sich durch die Electronic-Commerce-Richtlinie nichts an der schwierigen Problematik der Schriftform ändern wird.

Auch wenn die Electronic-Commerce-Richtlinie das Problem der Schriftform nicht hinreichend gelöst hat, dürfte von ihr ein Impuls an die nationalen Gesetzgeber zur Revision der Schriftformerfordernisse ausgehen. So sollten die mehr als 3000 Formvorschriften des deutschen Rechts einmal darauf überprüft werden, ob sie noch sinnvoll sind. Die Form hat viel von ihrer Schutzfunktion verloren. Verbraucher lesen schriftliche Informationen selten, noch lassen sie sich von der Abgabe einer Unterschrift in allen Fällen beeindrucken. Auch finden sich zahlreiche Situationen, in denen Verbraucher nicht mehr geschützt werden brauchen. Auch ist zu beachten, dass elektronische Dokumente durchaus als funktionales Äquivalent zur Schriftform angesehen werden, insbesondere, wenn durch die Verwendung der digitalen Signatur die Unverfälschtheit der Nachricht gewährleistet werden kann.

---

[22] Entwurf eines Gesetzes zur Änderung des Bürgerlichen Gesetzbuches und anderer Gesetze vom 31. Januar 1997 - BMJ 3414/2 (unveröff.).

11.1.5 *Beweiswert* digitaler Dokumente

Abseits der Schriftform stellt sich die Frage nach dem Beweiswert digital generierter Dokumente.

11.1.5.1 *Freie richterliche Beweiswürdigung*

Nach herrschender Auffassung können diese Dokumente nur im Rahmen freier richterlicher Beweiswürdigung (§ 286 ZPO) im Zivilprozess Berücksichtigung finden[23]. Eine Qualifizierung als Privaturkunde im Sinne von § 416 ZPO scheidet aus, da es an einer dauerhaften Verkörperung sowie an einer hinreichenden Unterschrift fehlt und darüber hinaus die Gedankenäußerung nicht unmittelbar aus sich heraus wahrgenommen werden kann. Der Verkäufer kann daher beim Abschluss eines Vertrages via Internet nicht darauf vertrauen, dass die elektronisch erstellten Unterlagen den vollen Beweis für den Abschluss und den Inhalt des Vertrages erbringen. Der Kunde kann sich problemlos darauf berufen, dass er den Vertrag nie oder nicht mit diesem Inhalt abgeschlossen hat. Sendeprotokolle erbringen nämlich nicht den Anscheinsbeweis für den Zugang einer Erklärung; sie haben allenfalls Indizwirkung.[24]

11.1.5.2 *Beweisvereinbarung*

Dieses Problem lässt sich auch nicht vertraglich durch Abschluss einer Beweisvereinbarung lösen. Zwar wäre eine Klausel denkbar, wonach der Kunde den Beweiswert der elektronischen Dokumente als Urkundsbeweis akzeptieren muss. Eine solche Klausel hätte jedoch keine Bindungswirkung für die richterliche Beweiswürdigung; der Richter könnte es weiterhin ablehnen, die Dokumente als Urkunden zu qualifizieren. Auch die Bindung des Kunden an diese Klausel ist zweifelhaft[25].

11.1.5.3 *Gesetzesänderungen*

Eine Lösung lässt sich nur gesetzgeberisch finden, indem die Gesetze entsprechend geändert werden. Eine solche Regelung findet sich zum Beispiel in Großbritannien. Nach dem Civil Evidence Act 1995 ist eine Computerdatei als Beweismittel zugelassen, wenn „ it forms part of the records of a business and an officer of the business provides a certificate of its authenticity". Diese Regel ist allerdings m.E. nicht als Ausdruck eines erhöhten Beweiswertes zu verstehen. Sie entspricht vielmehr der Tatsache, dass elektronische Informationen nicht bereits per se deshalb von der Beweiswürdigung ausgeschlossen sind, weil sie elektronisch gespeichert sind. Von der Frage der generellen Zulassung elektronischer Beweismittel ist die Frage des konkreten Beweiswertes zu trennen.

---

[23] So etwa Geis, CR 1993, 653 f.; Heun, CR 1995, 2, 3; anderer Ansicht nur Kilian, DuD 1993, 607, 609.
[24] BGH, NJW 1995, 665.
[25] Hoeren, CR 1995, 513, 516 ff.

Eine eindeutige Bestimmung des Beweiswertes elektronischer Dokumente findet sich nur in Italien. Nach Art des Gesetzes Nr. 59 vom 15. März 1997 sollen elektronische Dokumente den gleichen Beweiswert wie Papierdokumente haben. Diese enorm liberale Haltung Italiens stößt allerdings auf Skepsis bei anderen europäischen Staaten, die sich fragen, wieso jedes elektronisch generierte Dokument trotz seiner beliebigen Manipulierbarkeit einen solch hohen Beweiswert haben soll.

Ursprünglich war eine Regelung des Beweiswertes im Rahmen des deutschen Informations- und Kommunikationsdienstegesetzes vorgesehen. Frühe Entwürfe des in diesem Gesetzespaket enthaltenen Signaturgesetzes sahen vor, dass ein elektronisches Dokument als Urkunde anerkannt werden könne, wenn die Echtheit einer dabei verwendeten elektronischen Unterschrift mit einem öffentlichen Schlüssel überprüft werden kann, der durch ein zum Zeitpunkt der Unterschrift gültiges Zertifikat einer zugelassenen Zertifizierungsinstanz bestätigt ist. Allerdings hat den Gesetzgeber sein Mut verlassen. Zwar finden sich im IuKDG ausführliche Regelungen zur digitalen Signatur im Rahmen des Signaturgesetzes und der dazugehörigen Signaturverordnung. Doch präjudiziert die Einhaltung der komplizierten Verfahrensbestimmungen für die digitale Signatur nicht mehr deren Beweiswert; jeglicher Bezug zwischen Signaturregulierung und ZPO wurde nachträglich eliminiert. Dies schliesst allerdings nicht aus, dass der digitalen Signatur im Rahmen der freien richterlichen Beweiswürdigung (§ 286 ZPO) ein besonderer Beweiswert zukommt, auch wenn damit die Frage des Beweiswertes digitaler Dokumente weiterhin dem Ermessen und damit auch letztendlich der Willkür einzelner Richter überlassen wird.

11.1.5.4 Signaturrichtlinie

Hier wird allerdings die Europäische Union mit der Signaturrichtlinie Abhilfe schaffen.[26] Am 13. Mai 1998 verabschiedete die Kommission den Vorschlag für eine Richtlinie des Europäischen Parlaments und des Rates über gemeinsame Rahmenbedingungen für elektronische Signaturen.[27]

Am 28. Juni 1999 einigte sich der Rat auf einen gemeinsamen Standpunkt für die Signaturrichtlinie.[28] Mit einer Verabschiedung wird bis Ende des Jahres 1999 gerechnet. Die neue Fassung unterscheidet zwischen „elektronischen Signaturen" und „fortschrittlichen digitalen Signaturen". Einer (einfachen) elektronischen Signatur darf nach Art. 5 Abs. 2 nicht generell die Rechtsgültigkeit und die Zulässigkeit als Beweismittel abgesprochen werden. Eine „fortschrittliche digitale Signatur" hat darüber hinaus auch einen erhöhten Beweiswert. Dazu ist erforderlich, dass die Signatur eindeutig dem Unterzeichner zugewiesen ist, den Unterzeichner identifizieren kann, mit Mitteln im Bereich der Alleinherrschaft des Unterzeichners erstellt wird und eine nachträgliche Veränderung der Daten offenkundig

---

[26] Parallel dazu sind die Arbeiten zum UNCITRAL-Modellgesetz für den elektronischen Geschäftsverkehr zu beachten, die auch die Entwicklung einheitlicher Regeln für elektronische Signaturen umfassen (http://www.un.or.at/uncitral/index.htm). Auch die OECD arbeitet an einer Übersicht über Formvorschriften im Bereich elektronischer Signaturen.
[27] KOM (1998) 297 endg. ABl. EG Nr. C 325/5.
[28] Dazu Pichler, ELR 1999, 267.

wäre. „Fortschrittliche" elektronische Signaturen, die auf einem qualifizierten Zertifikat beruhen und mit einer Signaturerstellungseinheit erzeugt worden sind, die den Anforderungen des Anhangs III genügt, sollen das rechtliche Erfordernis einer Unterschrift erfüllen (Art. 5 Abs. 1). Es dürfte damit feststehen, dass zumindest dann, wenn die hohen Sicherheitsanforderungen des deutschen Signaturgesetzes erfüllt sind, der Beweiswert eines dergestalt signierten Dokuments dem einer Privaturkunde gleichkommt. Gleiches dürfte auch für vergleichbare Signaturverfahren gelten, die in anderen Staaten gängig sind, sofern sie nur die Voraussetzungen des Anhangs Ii der Richtlinie erfüllen. Zertifizierungsstellen, die ein qualifiziertes Zertifikat ausstellen, müssen gegenüber jeder Person, die vernünftigerweise auf das Zertfikat vertraut, haften. Sie können den Anwendungsbereich von Zertifikaten und den Wert der Transaktionen begrenzen, für die ein Zertifikat gültig ist. Die Zertifizierungsstelle ist in diesen Fällen nicht für Schäden verantwortlich, die sich aus einer über den Anwendungsbereich oder die Höchstgrenze hinausgehenden Nutzung eines Zertifikats ergeben.

Die Signaturrichtlinie ist der richtige Weg. Sie lässt aber noch Fragen offen. Insbesondere das Verhältnis der „fortschrittlichen digitalen Signatur" zu den Sicherheitsanforderungen einzelner nationaler Signaturregelungen ist unklar. Es sollte sehr schnell Planungssicherheit dahingehend hergestellt werden, welche Sicherheitsinfrastruktur welchen Beweiswert für ein digital signiertes Dokument mit sich bringt. Die Planungssicherheit lässt sich aber nur dadurch herstellen, dass einzelne Akteure anfangen, die Signatur einzusetzen. Gefordert ist hier der Staat, mit gutem Vorbild voranzugehen. Auch die großen Versicherer sind gefordert, den klassischen Vertrieb um einen virtuellen Distributionsweg mittels digitaler Signaturen zu ergänzen und hierzu dem Versicherungsnehmer eine entsprechende Hardware (Chipkarte und Lesegerät) kostengünstig zur Verfügung zu stellen. Ansonsten droht das spieltheoretische Dilemma, dass niemand aus Angst der erste sein will und die digitale Signatur aus diesem Grund nie zum effektiven Einsatz kommt.

11.1.6 Das Recht der Allgemeinen Geschäftsbedingungen

Nach § 2 Abs. 1 AGBG muss auf die Geschäftsbedingungen im Zeitpunkt des Vertragsschlusses ausdrücklich hingewiesen und dem Erwerber eine zumutbare Möglichkeit der Kenntnisnahme gegeben werden.[29] Wird in Rahmenverträgen vorab auf die AGB hingewiesen und deren Einbeziehung vereinbart, sind die Anforderungen von § 2 AGBG erfüllt. Problematisch ist die Einbeziehung von AGB, die der Nutzer nur über den elektronischen Abruf einsehen kann. Hier soll für den Btx-Bereich das Lesen längerer Bedingungen aufgrund der langen Übertragungsdauer unzumutbar sein[30]. Ähnlich hält die Literatur wegen der nachträglichen Änderbarkeit eine wirksame Vereinbarung von AGB über elektronische

---

[29] Vgl.hierzu allgemein Philipp Koehler, Allgemeine Geschäftsbedingungen im Internet, in: MMR 1998, 289 ff.;Klaus-Peter Schulz, ABG der Anbieter von Telekommunikationsdienstleistungen für die Öffentlichkeit, in: CR 1998, 213 ff.

[30] LG Freiburg, CR 1992, 93; ähnlich auch LG Aachen, NJW 1991, 2159, 2160; LG Wuppertal, NJW-RR 1991, 1148, 1149; AG Ansbach, 3 C 295/93 zit. n. Herget/Reimer, DstR 1996, 1288, 1293. In der Literatur wird diese Argumentation geteilt von Ulmer/Brandner/Hensen, AGBG, 7. Aufl. 1993, § 2 Rdnr. 49a und Bartl, DB 1982, 1101.

Netze für unmöglich.[31] Diese Anforderungen erscheinen überzogen. Der Besteller ist gerade im WWW-Bereich frei, sich die AGB auf seinen Rechner oder einen Proxy-Server zu laden und in aller Ruhe, ohne zusätzliche Übertragungskosten, zu lesen. Er kann sie zusätzlich ausdrucken und hat dadurch die Gewähr, die jeweiligen AGB authentisch zur Kenntnis nehmen zu können. Eine nachträgliche Änderung der AGB wäre unter dem Gesichtspunkt des Betrugs strafbar. Von daher spricht diese eher vage Möglichkeit gegen die wirksame Vereinbarung von AGB.[32]

11.1.7 Zahlungsmittel

Internet-Banking[33] basiert wesentlich auf der Verwendung von Kartengeld (z.B. Mondex oder ME-Chip) oder Netzgeld (Digicash u.a.). Die Funktionsweise dieser beiden Formen elektronischen Geldes sind bereits ausführlich in der Literatur beschrieben worden.[34] Im Weiteren beschränkt sich dieser Beitrag auf das Netzgeld beschränken[35], wobei ich hier zunächst auf den „Pionierbeitrag" von Escher[36] Bezug genommen werden soll. Die entscheidende Weichenstellung besteht in der Frage, ob Netzgeld seiner Rechtsnatur nach eher als Forderung gegen die Bank oder aber als eine Art verbriefte Inhaberschuldverschreibung (§§ 793, 797 BGB) anzusehen ist. Im ersten Fall wäre Netzgeld parallel zu den „normalen" Guthaben bei einer Bank zu behandeln; allerdings wäre dann auch die Zirkulationsfähigkeit des Netzgeldes wegen des sehr engen Gutglaubensschutzes bei Forderungsabtretungen[37] gefährdet. Im zweiten Fall steht eine sachenrechtlich orientierte Sichtweise im Vordergrund, die Netzgeld als eine Art digitale, durch Übereignung nach §§ 929 ff. BGB übertragbare Münze ansieht. Allerdings scheitert diese Sichtweise daran, dass dem Netzgeld die Urkundenqualität fehlt und insofern die Annahme einer wertpapierrechtlichen Verbriefung fehlschlagen muss.[38] Escher schlägt daher eine analoge Anwendung der Vorschriften zur Inhaberschuldverschreibung vor

---

[31] Wolf/Horn/Lindacher, AGBG, 3. Aufl. 1994, § 2 Rdnr. 24; Bultmann/Rahn, NJW 1988, 2432, 2434 f.

[32] Ähnlich auch Waldenberger, BB 1996, 2365, 2368 f.; Heinrichs, NJW 1997, 1407, 1409; Löhnig, NJW 1997, 1688.

[33] Zur Einführung siehe Markus Escher, Bankrechtsfragen des elektronischen Geldes im Internet, in: WM 1997, 1173 ff.; ders., „Elektronisches Geld" im Recht, in: DuD 1997, 373 ff.; Carsten Fiege, Anonymer Zahlungsverkehr mit elektronischem Geld, in: CR 1998, 41 ff.; Andreas Furche/Graham Wrightson, Computer Money. Zahlungsverkehr im Internet, Heidelberg 1997; Ludwig Gramlich, Elektronisches Geld, in: CR 1997, 11 ff.; ders., "Elektronisches Geld" im Recht, in: DuD 1997, 383; Siegfried Kümpel, Rechtliche Aspekte des elektronischen Netzgeldes (Cybergeld), in: WM 1998, 365 ff.; Rufus Pichler, Rechtsnatur, Rechtsbeziehungen und zivilrechtliche Haftung beim elektronischen Zahlungsverkehr im Internet, Münster 1998; Steffen Roßmann, Elektronische Unterschrift im Zahlungsverkehr, in: CR 1998, 36 ff.

[34] Siehe dazu insbesondere Furche/Wrightson, Cybermoney, 1997; Birkelbach, WM 1996, 2099 ff.; Jaskulla, ZBB 1996, 216 ff.; Escher, WM 1997, 1163 ff.

[35] Zum Kartengeld siehe die ausführlichen Überlegungen von Kümpel, WM 1997, 1037 ff.

[36] WM 1997, 1163, insbes. 1180 ff.

[37] Siehe §§ 407, 409 BGB.

[38] Zur fehlenden Urkundsqualität digitalisierter Informationen siehe auch die Ausführungen unten.

und spricht insofern von „Inhaberschulddaten", „digitalisierten Inhaberschuldverpflichtungen" bzw. „Wertdaten".[39] Dieser Analogieschluss ist zumindest bei offenen Systemen, die eine Nutzung von E-Cash auch ausserhalb eines auf eine Bank bezogenen Testbetriebes zulässt, gerechtfertigt. Er entspricht der von der herrschenden Meinung[40] vorgenommenen analogen Anwendung der Eigentumsvorschriften auf Software, die insofern nur als Spezialfall digitaler Informationen anzusehen ist. Anders ist die Sachlage jedoch für die derzeitig im Testbetrieb befindlichen geschlossenen E-Cash-Systemen, bei denen eine einzelne Großbank E-Cash an ausgewählte Kunden „ausgibt" und nachträglich über den Händler wieder „einlöst". In Anlehnung an die rechtliche Einordnung der Geldkarte[41] ist das Verhältnis zwischen Kunden und Bank als Geschäftsbesorgungsvertrag im Sinne von § 675 BGB anzusehen. Die Übersendung der digitalen „Münzen" vom Kunden an den Händler impliziert eine Einzelweisung des Kunden an die Bank gem. §§ 665, 675 BGB, das E-Cash-Konto mit einem bestimmten Betrag zu belasten und in entsprechender Höhe einem anderen Konto gutzuschreiben. Der Händler übermittelt diese Weisung als Bote an die Bank weiter, die nach einer Online-Überprüfung der eingereichten „Münzdatei" die Einlösung gegenüber dem Händler bestätigt. Mit letzterer Erklärung geht die Bank gegenüber dem einlösenden Händler eine abstrakte Zahlungsverpflichtung ein. Im Verhältnis von Kunden und Händler ist E-Cash nur als Leistung erfüllungshalber anzusehen (§ 364 Abs. 2 BGB).

Hinsichtlich der Anwendbarkeit bankaufsichtsrechtlicher Bestimmungen auf Netzgeld ist zu beachten, dass im Rahmen der 6. KWG-Novelle[42] Netzgeldgeschäfte in den Katalog des § 1 KWG aufgenommen wurden und folglich nur Banken digitales Geld emittieren dürfen (§ 1 Nr. 12 KWG n.F.; in Kraft seit dem 1. Januar 1998). Allerdings fällt nur E-Cash unter den Begriff des Netzgeldes; bei Millicent fehlt es an der Verkehrsgängigkeit, während SET an Buchgeldkonten gebunden ist. Die alten Grundsätze über das Eigenkapital und die Liquidität der Kreditinstitute sind allerdings ebenfalls noch auf Netzgeld anzupassen, um ausreichende Liquidität bei der Netzgeldausgabe zu sichern. Währungsrechtlich ist Netzgeld nicht als gesetzliches Zahlungsmittel im Sinne von § 14 Abs. 1 S. 3 BBankG anzusehen und kollidiert damit mit dem Notenmonopol der Deutschen Bundesbank. Auch ist die Ausgabe des Netzgeldes nicht nach § 35 BBankG strafbar. Infolge der geplanten Aufhebung der Vorschriften zur Mindestreserve spielt die Frage wohl keine Rolle mehr, ob die Ausgabe von Netzgeld nicht zu einer für die Mindestreservepolitik gefährlichen Herabsenkung des Bargeldumlaufs führen wird. Das Geldwäschegesetz, das in § 2 eine „Annahme oder Abgabe von Bargeld" voraussetzt, ist weder direkt noch analog auf Netzgeld anwendbar.

---

[39] Escher, WM 1997, 1173, 1181.
[40] Siehe hierzu BGH, NJW 1988, 406.
[41] Siehe Escher, WM 1997, 1179.
[42] Art. I des Gesetzes zur Umsetzung von EG-Richtlinien zur Harmonisierung bank- und wertpapieraufsichtsrechtlicher Vorschriften zum 22. Oktober 1997, BGBl. 1997 I Nr. 71, 2518 vom 28. Oktober 1997.

11.1.8 Verbraucherschutz im Internet

Eine besondere Rolle spielen Verbraucherschutzfragen bei der Nutzung des Internets.[43] Insbesondere fragt sich, inwieweit auf elektronische Bestellungen via E-Mail Bestimmungen des Verbraucherschutzrechts zur Anwendung kommen. Dabei ist kollisionsrechtlich zu beachten, dass nach Art. 29 Abs. 1 EGBGB eine Rechtswahlklausel nicht dazu führen darf, dass dem Verbraucher der durch die zwingenden Bestimmungen des Staates, in dem er seinen gewöhnlichen Aufenthalt hat, gewährte Schutz entzogen wird. Auch bei Vereinbarung ausländischen Rechts steht einem deutschen Verbraucher bei elektronischen Bestellungen immer der Schutz nach dem HwiG, dem VerbrKrG und dem AGBG zu.[44] Allerdings reicht die bloße Beteiligung eines Verbrauchers nicht aus. Vielmehr muss zusätzlich

- ein ausdrückliches Angebot oder eine Werbung in dem Heimatstaat des Verbrauchers vorangegangen sein und der Verbraucher in diesem Staat auch die zum Abschluss des Vertrages erforderlichen Rechtshandlungen vorgenommen haben oder
- der Vertragspartner des Verbrauchers dessen Bestellung in dessen Heimatstaat entgegengenommen haben (Art. 29 Abs. 2 Nr. 1 und 2).

Sofern die Parteien keine Rechtswahl getroffen haben, gilt bei Verbraucherverträgen das Recht des Staates, in dem der Verbraucher seinen gewöhnlichen Aufenthalt hat (Art. 29 Abs. 2 EGBGB).

11.1.8.1 *Haustürwiderrufsgesetz*

Ein Teil der Literatur wendet das Haustürwiderrufsgesetz[45] in Fällen des Teleshopping an[46]. Zwar liegen die Voraussetzungen des § 1 HwiG nicht vor; insbesondere handelt es sich bei elektronischen Bestellungen nicht um Freizeitgeschäfte (§ 1 Abs. 1 Nr. 2). Jedoch soll dem User ein Widerrufsrecht nach § 5 Abs. 1 HwiG zustehen; denn auch beim Teleshopping sei der Kunde vor den Risiken eines übereilten und unüberlegten Vertragsschlusses zu schützen.

Diese Argumentation kann, unterstellt sie sei zutreffend, nicht auf das Internet übertragen werden. Der Kunde wählt sich hier selbst in das Netz ein und ruft die

---

[43] Einführende Literatur etwa Dirk Arnold, Verbraucherschutz im Internet, in: CR 1997, 526 ff.; Hoffmann, Die Europäische Fernabsatzrichtlinie, in: Lehmann (Hg.), Rechtsgeschäfte im Netz - Electronic Commerce, Stuttgart 1998, 76 ff.; Helmut Köhler, Die Rechte des Verbrauchers beim Teleshopping (TV-Shopping, Internet-Shopping), in: NJW 1998, 185 ff.; Meents, Verbraucherschutz bei Rechtsgeschäften im Internet, Köln 1998; Arthur Waldenberger, Grenzen des Verbraucherschutzes beim Abschluß von Verträgen im Internet, in: BB 1996, 2365 ff.; Herbert Damker/Günter Müller, Verbraucherschutz im Internet, in: DuD 1997, 24 ff.

[44] Siehe auch OLG Düsseldorf, WM 1995, 1351.

[45] Gesetz über den Widerruf von Haustürgeschäften und ähnlichen Geschäften (HwiG) vom 16. Januar 1986 (BGBl. I, 122).

[46] Erman/Klingsporn, § 1 HwiG Rdnr. 13b; Eckert, DB 1994, 717, 721 f.; Gilles, NJW 1988, 2424, 2427.

von ihm gewünschte Homepage auf. Er entscheidet folglich auch frei darüber, ob er eine Bestellung aufgibt. Der in anderen Marktbereichen herrschende Überrumpelungseffekt fehlt daher.[47] Teilweise wird zwar eine Anwendung des HwiG auf Internet-Angebote für möglich gehalten, sofern der Kunde überraschenderweise beim Zugriff auf eine Homepage Werbung vorfinde.[48] Doch das HwiG ist kein Gesetz zum Schutz vor jedweder überraschenden oder gar irreführenden Werbung. Hier kommen vielmehr §§ 1, 3 UWG zur Anwendung. Vielmehr ist das Umgehungsverbot nur anwendbar, wenn eine dem Haustürgeschäft vergleichbare Verkaufssituation objektiv besteht.

11.1.8.2 Verbraucherkreditgesetz

Das Verbraucherkreditgesetz (VerbrKrG) vom 17. Dezember 1990[49] gilt für:

- Kreditverträge, d.h. Darlehen, Zahlungsaufschübe und sonstige Finanzierungshilfen (§ 1 Abs. 2),
- mit natürlichen Personen, es sei denn, der Kredit ist nach dem Inhalt des Vertrages für ihre bereits ausgeübte gewerbliche oder selbstständige berufliche Tätigkeit bestimmt (Verbraucher im Sinne von § 1 Abs. 1),
- sofern der auszuzahlende Kredit oder der Barzahlungspreis 400,- DM übersteigt bzw. ein Zahlungsaufschub von mehr als drei Monaten eingeräumt wird (§ 3 Nr. 1 und 3).

Für das Internet kommen solche Geschäfte nur in zwei Formen in Betracht. Zum einen wäre es denkbar, Darlehensverträge via Electronic Mail abzuschließen. Dies ist nach derzeitigem Stand aber selten der Fall. Interessanter ist der Abschluss von Ratenzahlungsverträgen. In der Tat bieten elektronische Versandhäuser, etwa in Form einer Virtual Mall, auch Ratenzahlungskredite an. Würden sie sich dabei lediglich auf den Austausch von E-Mails verlassen, wären solche Vereinbarungen nichtig. Diese Geschäfte bedürfen der Schriftform, d.h. nach § 126 Abs. 1 BGB der eigenhändigen Unterschrift beider Parteien. Die elektronische Unterschrift genügt diesen Vorgaben – selbst nach Einhaltung der oben erwähnten Vorgaben für eine digitale Signatur – nicht. Von daher wäre der Versuch eines Abschlusses von Kreditverträgen bei Anwendung des VerbrKrG zum Scheitern verurteilt (§ 6 Abs. 1). Allerdings ist zu beachten, dass der Formmangel mit Übergabe der Ware bzw. Inanspruchnahme des Kredits geheilt ist (§ 6 Abs. 2 und 3). In diesen Fällen ermäßigt sich der vertraglich vereinbarte Zinssatz auf den gesetzlichen (§§ 6 Abs. 2 S. 2 und Abs. 3 S. 2).

Im Übrigen findet § 4 keine Anwendung, wenn es sich bei dem Internet-Angebot um

- die Lieferung einer Sache oder die Erbringung einer anderen Leistung geht,

---

[47] So in der Tendenz auch Waldenberger, BB 1996, 2365, 2367; deutlicher Köhler, NJW 1998, 185, 187.
[48] Waldenberger, BB 1996, 2365, 2367.
[49] BGBl. I, 2840.

- der Verbraucher sein Kaufangebot auf Grund eines „Verkaufsprospekts" abgibt,
- der Prospekt Bar- und Teilzahlungspreis, Betrag, Zahl und Fälligkeit der einzelnen Teilzahlungen sowie den effektiven Jahreszins enthält und
- der Verbraucher den Verkaufsprospekt eingehend zur Kenntnis nehmen konnte (§ 8 Abs. 1).

Fraglich ist hier vor allem, ob eine Homepage als „Verkaufsprospekt" im Sinne dieser Regelung angesehen werden kann. Für den Bildschirmtextbereich wurde eine solche Gleichstellung von elektronischen und Printmedien abgelehnt.[50] Andere betrachten beide Publikationsformen jedoch als gleichwertig.[51]

Wichtig ist auch das Widerrufsrecht des Verbrauchers. Nach § 7 Abs. 1 kann der Verbraucher seine Willenserklärung binnen einer Frist von einer Woche schriftlich widerrufen. Die Frist beginnt erst zu laufen, wenn der Verbraucher eine gesondert zu unterschreibende Belehrung über sein Widerrufsrecht bekommen hat. Auch hier taucht wieder das Erfordernis der Schriftform auf, die im elektronischen Kontext nicht einzuhalten ist. Daher bleibt dem Kunden die Möglichkeit des Widerrufs bis zu einem Jahr nach Abgabe seiner Willenserklärung (§ 7 Abs. 2 S. 3).

Bestimmte Vorschriften des Verbraucherkreditgesetzes gelten neben den Kreditverträgen auch für wiederkehrende Bezugsverpflichtungen (§ 2 Nr. 3), etwa bei Zeitschriftenabonnements oder im Rahmen einer Clubmitgliedschaft. Diese müssen ebenfalls schriftlich vereinbart werden; allerdings führt der Verstoß gegen diese Formvorschrift nicht zur Nichtigkeit. Wichtig ist aber das Widerrufsrecht (§ 7) sowie das Versandhandelsprivileg (§ 8).

11.1.8.3 Fernabsatzrichtlinie und Fernabsatzgesetz

Seit 1992 plant die Europäische Kommission eine Richtlinie über den Verbraucherschutz im Fernabsatz.[52] Nach ersten Entwürfen[53] wurde vom Rat ein Gemeinsamer Standpunkt am 29. Juni 1995 festgelegt.[54] Unter Beachtung von 31 Änderungswünschen, die das Europäische Parlament vorgebracht hat[55], konnte die

---

[50] Siehe zum AbzG Brinkmann, BB 1981, 1183, 1188; Micklitz, NJW 1982, 263, 267. Zum VerbrKrG MünchKomm/Ulmer, 3. Aufl. 1995, § 8 VerbrKrG Rdnr. 7.
[51] Soergel/Hönn, 12. Aufl. 1991, § 1a AbzG Rdnr. 58; Waldenberger, BB 1996, 2365, 2369 f.
[52] Vgl. einführend Theo Bodewig, Die neue europäische Richtlinie zum Fernabsatz, in: DZWiR 1997, 447 ff.; Christine Gößmann, Electronic Commerce. Die EU-Fernabsatzrichtlinie und ihre Auswirkungen auf den Handel über neue Medien, in: MMR 1998, 88 ff.; Ralph Kilches, Electronic-Commerce-Richtlinie, in: Medien und Recht 1/1999, 3 ff.; Herbert Kronke, Electronic Commerce und Europäisches Verbrauchervertrags-IPR. Zur Umsetzung der Fernabsatzrichtlinie, in: RIW 1996, 985 - 993; Michael Martinek, Verbraucherschutz im Fernabsatz - Lesehilfe mit Merkpunkten zur neuen EU-Richtlinie, in: NJW 1998, 207 ff.; Micklitz, Der Vorschlag für eine Richtlinie des Rates über den Verbraucherschutz im Fernabsatz, in: VuR 1993, 129; Norbert Reich, Die neue Richtlinie 97/7/EG über den Verbraucherschutz bei Vertragsabschlüssen im Fernabsatz, in: EuZW 1997, 581 ff.
[53] Abl. EG Nr. C 156 vom 23. Juni 1992, 14; Abl. EG Nr. C 308 vom 15. November 1993, 18.
[54] Abl. EG Nr. C 288 vom 30. Oktober 1995, 1 = EWS 1995, 411.
[55] Siehe hierzu EuZW 1996, 131.

Richtlinie am 20. Mai 1997 verabschiedet werden.[56] Das Bundesministerium der Justiz hat inzwischen auch einen Umsetzungsentwurf für das sog. Fernabsatzgesetz mit ausführlicher Begründung veröffentlicht.[57]

Diese Richtlinie soll beim Abschluss von Verträgen mit Verbrauchern zur Anwendung kommen, sofern dabei aufgrund von Kommunikationsmitteln eine gleichzeitige körperliche Anwesenheit der Vertragsparteien nicht erforderlich ist (Art. 2 Nr. 1 und 4). Nach Anhang I zählen zu den Kommunikationsmitteln Videotext (Mikrocomputer, Fernsehbildschirm) und elektronische Post.

Der Verbraucher ist unter Beachtung des Lauterkeitsrechts und der Schutzbestimmungen für Minderjährige zu informieren über

- Identität des Lieferers
- wesentliche Eigenschaften sowie Preis und Lieferkosten der Ware oder Dienstleistung
- Einzelheiten hinsichtlich der Zahlung (Art. 4).

Diese Informationen muss der Verbraucher bei Erfüllung des Vertrages auch schriftlich bekommen (Art. 5 Abs. 1). Eine Ausnahme gilt nur dann, wenn eine Dienstleistung unmittelbar und in einem Mal durch Fernkommunikationstechnik erbracht wird und der Verbraucher zumindest die geographische Anschrift des Lieferers erfährt (Art. 5 Abs. 2). Der Verbraucher kann in jedem Fall den Vertrag binnen sieben Tagen ohne Angabe von Gründen und ohne Strafzahlung widerrufen (Art. 6 Abs. 1 S. 1 und 2) und ist hierüber auch aufzuklären (Art. 4 Abs. 1 lit f). Die Frist beginnt erst mit Eingang der Waren beim Verbraucher, bei Dienstleistungen mit Vertragsschluss (Art. 6 Abs. 1 S. 3). Hält der Lieferer die Schriftform nicht ein, verlängert sich die Frist auf drei Monate (Art. 6 Abs. 1 S. 4).

Ursprünglich war auch vorgesehen, dass der Lieferer E-Mails – auch zu Werbezwecken – nur mit vorheriger Zustimmung des Verbrauchers verwenden dürfe (Art. 4 des Entwurfes vom November 1993). Diese Regelung ist jedoch entfallen. Lediglich die Nutzung von Telefax und Voice-Mail-Systemen ist noch von einer gesonderten Zustimmung abhängig (Art. 10 Abs. 1). Für E-Mails gilt nun die Widerspruchslösung (Art. 10 Abs. 2).

Entschärft wurden auch die Regelungen zur Nutzung von Kreditkarten. Ursprünglich war vorgesehen, dass der Verbraucher ein Recht zum Einspruch gegen die Gültigkeit eines Zahlungsvorgangs hat, sofern dieser auf der Übermittlung einer nicht elektronisch überprüften Kartennummer beruht (Art. 12). Diese Regelung ist – wohl aus bankpolitischen Gründen – ersatzlos gestrichen worden. Nach Art. 8 ist nunmehr zu gewährleisten, dass der Verbraucher im Falle betrügerischer Verwendung der Karte die Stornierung der Zahlung verlangen kann.

---

[56] Richtlinie 97/7/EG des Europäischen Parlaments und des Rates vom 20. Mai 1997 über den Verbraucherschutz bei Vertragsabschlüssen im Fernabsatz, ABl. Nr. L 144/19 vom 4. Juni 1997.

[57] Referentenentwurf vom 31. Mai 1999, abrufbar im Internet unter www.bmj.bund.de/ download/fernag.doc. Siehe hierzu auch Waldenberger, K & R 1999, 345.

11.1.8.4 Finanzdienstleistungsrichtlinie

Die Fernabsatzrichtlinie gilt nicht für Online-Banking. Dies ergibt sich aus Art. 3 Abs. 1 und Anhang II der Richtlinie, der Wertpapier- und Bankdienstleistungen vom Anwendungsbereich der Richtlinie ausnimmt. Der Richtlinie ist allerdings eine Protokollerklärung der Kommission beigefügt, in der sich die Kommission zu einer Prüfung darüber verpflichtet, „wie der Verbraucherschutz in die Finanzdienstleistungspolitik und in etwaige Rechtsvorschriften in diesem Bereich einbezogen werden kann". Diese Erklärung kann als Hinweis darauf gesehen werden, dass der Ausschluss von Bankdienstleistungen aus der Richtlinie bereits vor der Verabschiedung des endgültigen Textes Gegenstand kontroverser Diskussionen war. In der Tat fragt sich, warum ein Verbraucher bei diesen Dienstleistungen nicht den gleichen Schutz wie bei sonstigen Online-Angeboten bekommen sollte. Diese Bedenken gelten um so mehr, als die Einhaltung der Vorschriften den Kreditinstituten nicht sonderlich schwer gefallen wäre.

Die EU hat aus diesen Bedenken die notwendigen Konsequenzen gezogen. Sie plant inzwischen eine eigenständige Richtlinie über den Verbraucherschutz bei Finanzdienstleistungen im Internet; der jüngste Vorschlag datiert vom 23. Juli 1999.[58]

11.1.8.5 Anwendungsbereich und Informationsmodell

Als Fernabsatzvereinbarung gilt jeder Vertrag, für den das Anbieten, Aushandeln und das Abschließen mittels Fernkommunikationstechniken erfolgt[59]. Ist nur die Vertragsanbahnung über das Internet erfolgt, fällt der anschließend traditionell abgeschlossene Versicherungsvertrag nicht unter die geplante Richtlinie. Wesentliches Element der Richtlinie wird das Informationsmodell sein. Der Verbraucher soll etwa auf der Homepage eines Versicherers eine Vielzahl von Informationen über das Unternehmen und seine Produkte vorfinden (Art. 3). Nimmt man die geplante Electronic-Commerce-Richtlinie hinzu, kommt man auf eine Zahl von mehr als 50 Informationen, die als Zwangsangaben auf jeder WebSite zu finden sein müssen. Fraglich ist, ob dem Verbraucher wirklich mit der Fülle von Informationen gedient ist, ist doch auch eine Informationsüberflutung für den effektiven Schutz des Verbrauchers kontraproduktiv. Auch scheinen manche Informationspflichten falsch formuliert, etwa wenn von der Angabe „Dauer der Gültigkeit des Angebots oder des Preises" die Rede ist (Art. 3 Abs. 1 lit. e). Im Falle eines freibleibenden Angebotes oder einer unverbindlichen invitation ad offerendum sind solche Hinweispflichten sinnlos.

11.1.8.6 Der „dauerhafte Datenträger"

Probleme macht auch der Hinweis auf die „dauerhaften Datenträger". Ähnlich wie andere Richtlinien verlangt auch der Entwurf zur Finanzdienstleistungenrichtlinie,

---

[58] KOM (1999) 385 endg. Für die erste Fassung siehe den Vorschlag für eine Richtlinie für eine Richtlinie über den Fernabsatz von Finanzdienstleistungen an Verbraucher vom 14.10.1998, KOM (1998), 468 fin., Abl. C 385 vom 11. Dezember 1998, S. 10.

[59] Siehe Erwägungsgrund 12.

dass die Vertragsbedingungen und sonstige relevanten Informationen „auf einem dauerhaften Datenträger" (on a durable medium) an den Verbraucher übermittelt werden (Art. 3a Abs. 1 und 2). Fraglich ist, wie viel Dauerhaftigkeit von dem Datenträger verlangt werden kann. So bleibt unklar, ob zum Beispiel die Übermittlung via E-Mail ausreicht. Eine Bereitstellung der Informationen scheint nicht auszureichen, da der Entwurf ausdrücklich eine Zustellung bzw. Übermittlung an den Verbraucher verlangt. Fraglich ist dann aber, wie überhaupt noch Electronic Commerce im Versicherungsgeschäft denkbar sein soll. Das einzige Schlupfloch findet sich in Art. 3 Abs. 3, wonach die Parteien den zu benutzenden Datenträger einvernehmlich festlegen müssen. Diese Regelung klingt zwar danach, als sei die Frage des Datenträgers dispositiv. Diese Auslegung würde aber verkennen, dass Art. 3 Abs. 3 weiterhin voraussetzt, dass überhaupt ein dauerhafter Datenträger eingesetzt wird und nur die Wahl des konkreten (dauerhaften) Datenträgers den Parteien zur Disposition überlässt. Eine Lösung findet sich evtl. über den Vorschlag der Europäischen Kommission vom 26. Juli 1999 für eine Richtlinie über „Insurance intermediaries". Hiernach sollen die zu übermittelnden Verbraucherinformationen „in writing, including by electronic means, or other means, or any other manner appropriate to the means of communication" sein (Art. 8 Abs. 1). In einer kommissionsinternen Kommentierung hierzu heisst es, dass „information should be made in a written form, but E-Mail would also suffice". Dies deutet darauf hin, dass europäisch ein eigener Begriff der „Schrift"-form etabliert werden könnte. In der Tat ist es nicht zwingend, den Begriff des „writing" unbedingt mit dem Modell der Schriftform gleichzusetzen und dadurch in die Nähe des Papiers zu bringen. Vielmehr kann „writing" sich auch auf elektronisch geschriebene Buchstaben beziehen.

11.1.8.7 Widerrufsrecht

Nicht neu dürfte das in Art. 4 des Richtlinienentwurfs verankerte Widerrufsrecht des Kunden sein. Der Verbraucher kann jedes über das Internet abgeschlossene Finanzdienstleistungsgeschäft widerrufen; je nach nationaler Umsetzung steht ihm hierbei eine Frist von 14 - 30 Tagen ab Vertragsschluss bzw. Übergabe der notwendigen Informationen zur Verfügung. Im Bereich der Versicherungswirtschaft dürfte die Länge der Frist von der Höhe der Beiträge und der Laufzeit des Versicherungsvertrages abhängig sein. Bei unterschiedlichen Regelungen in einzelnen Mitgliedsstaaten soll der Sitz des Unternehmens entscheidend sein. Macht der Verbraucher von seinem Widerrufsrecht Gebrauch, kann der Anbieter den Preis der bis dahin tatsächlich erbrachten Finanzdienstleistungen ersetzt bekommen (Art. 4 Abs. 1), es sei denn, er ist nicht hinreichend über sein Widerrufsrecht informiert worden (Art. 4 Abs. 2). Diese Regelung entspricht den gesetzlichen Vorgaben etwa im Bereich der Versicherungswirtschaft. Problematisch ist allerdings die Formulierung „Widerrufsrecht", legt sie doch den (falschen) Eindruck nahe, es handele sich bei dem hier eingefügten Gestaltungsrecht nicht um ein Kündigungsrecht, sondern um ein Widerrufsrecht etwa im Sinne der Bestimmungen des Haustürwiderrufsrechts.

11.2 Resumee

Das Internet schafft – wider Erwarten – keine neuen Rechtsprobleme. Gerade die bisherigen Überlegungen zeigen, dass die Rechtsprobleme des Informationsrechts so neu nicht sind. Und doch tauchen gerade bei der juristischen Auseinandersetzung mit Sachverhalten, die einen Bezug zum Internet haben, eine Reihe von interessanten Topoi auf, die zwar schon früher latent vorhanden waren, erst jetzt aber ihre besondere Brisanz und Vielfältigkeit erweisen. Das Internet führt insbesondere zu einer Dematerialisierung, Deterritorialisierung und Extemporalisierung des Rechts, das damit seine aus dem 19. Jahrhundert ererbten Substrate (Sache, Raum, Zeit) verliert. An deren Stelle tritt der virtuelle „Raum" und die Entdeckung der Langsamkeit. Der Jurist ist aufgefordert, die neuen Instrumente eines virtuellen Handelsrechts zu entwickeln und zu implementieren. Hierzu bedarf es der langsamen, vorsichtigen Reflexion; denn Juristen sind niemals Pioniere, sondern Legastheniker des Fortschritts.

Glossar

@	„Klammeraffe", der wie das englische Wort „at" ausgesprochen wird. Symbol, das den Benutzernamen vom Domainnamen des Provider-Servers trennt.
Agent	Programm, das im Auftrag des Nutzers Suchprozesse im Internet durchführt.
ASAP	Abkürzung für „as soon as possible".
Attachement	Englisches Wort für Anlage.
Banner	Werbefläche im Internet. Es gibt statische Banner, die nicht animiert sind und animierte Banner im ⇨GIF-Format
Body	Englisches Wort für „Körper". Teil einer ⇨WebSite oder einer ⇨E-Mail, der den eigentlichen Inhalt einer Nachricht, im Gegensatz zu einem ⇨attachment, darstellt.
Bookmark	Englisches Wort für „Lesezeichen". Wichtiger Bestandteil eines ⇨Browsers, mit dem Internetadressen in einer Datei gespeichert und so immer wieder aufgerufen werden können. I.d.R. können die Bookmarks wie Ordner durch den ⇨Browser verwaltet werden.
Browser	Software zur Navigation und grafischen Darstellung von Dokumenten im WWW. Die bekanntesten Browser sind derzeit der Netscape Navigator von Netscape und der Internet Explorer von Microsoft.
Bug	Englisches Wort für „Wanze". Spitzname für einen Programmfehler. Zu Beginn des Computerzeitalters wurden noch große Computeranlagen verwendet, in denen Insekten zu Kurzschlüssen oder fehlerhaften Kontakten bei mechanischen Schaltungen führen konnten. Wenn ein Programm nun nicht mehr funktionierte, mussten diese Insekten gesucht werden („entwanzen" des Computers).

Button	Englisches Wort für „Knopf". Schaltfläche, oft Icon, die bei einen Mausklick Aktionen des jeweiligen Programms auslöst.
Cache	Zwischenspeicher auf der Festplatte eines Computers oder eines externen Rechners. Dient der schnelleren Übertragung, da bei einem Aufruf einer bestimmten Seite diese ggf. aus dem Cache geladen werden kann.
CERN	Europäisches Kernforschungszentrum in Genf, das 1991 die grundlegende Software für das ⇨WWW entwickelte.
Chat	Live-Online-Kommunikation zwischen mindestens zwei Teilnehmern.
Client	Programm, mit dem Informationen von einem Server abgerufen werden können. Ein Browser ist z.B. ein Client-Programm, das die ⇨WWW-Seiten eines Servers anzeigen kann.
.com	Kurzform für „commercial". Bestandteil der Internet-Adresse, die anzeigt, das man sich im „kommerziellen" Teil des Internets befindet.
Cookie	Browserspezifische digitale Kennung, die auf der Festplatte des Nutzers gespeichert wird. Cookies identifizieren die ⇨Browser, mit denen man im Internet auf die jeweiligen ⇨Sites zugreifen kann. Durch die Browser-Konfiguration kann der Nutzer über die Vergabe von Cookies selbst entscheiden.
Country Code	Teil einer Internetadresse, der zur Länderkennzeichnung dient, wie z.B. „de" für Deutschland.
Cybermoney	Auch digitales Geld genannt (⇨E-Cash). Virtuelles Zahlungsmittel, das über offene Netze wie das Internet geladen werden kann. Besonders häufige Verwendung findet Cybermoney in den USA. Es wurde erfunden, um die Sicherheit des Zahlungsverkehrs im Internet zu erhöhen, hat sich bisher aber noch nicht durchsetzen können.
Cyberspace	Oberbegriff für den virtuellen, vom Computer erzeugten Erlebnisraum.
DeNIC	Zuständig für die Vergabe von ⇨Domains mit der Endung .de. Internet-Adresse: http://www.denic.de.

Domain	Weltweit eindeutiger Name für eine einzelne ⇨WebSite.
Download	Englisches Wort für Herunterladen. Im Internet und bei Online-Diensten können Daten oft kostenlos auf die Festplatte des Rechners heruntergeladen werden.
E-Cash	Kurzform für „Electronic Cash ". Oberbegriff für den elektronischen Zahlungsverkehr im Internet oder in online-Diensten, vgl. auch ⇨Cybermoney.
EDI	Electronic Data Interchange. Sammelbezeichnung für den Datenaustausch in elektronischer Form.
EDIFACT	⇨EDI for Administration, Commerce and Transport. Datenaustauschstandard der Vereinten Nationen, der den digitalen, firmenübergreifenden Geschäftsverkehr international einheitlich organisiert.
Electronic Publishing	Elektronisch distribuierte Verlagsangebote auf CD-Rom, Disketten oder im Internet.
E-Mail	Kurzform für „Electronic Mail". Englisches Wort für „Elektronische Post". Per E-Mail lassen sich Nachrichten, aber auch Bild- und Textdateien sehr schnell übermitteln.
Extranet	Ein auf der Internettechnologie basierendes zwischenbetriebliches Netz mit Gateway zum Internet.
E-Zine	Kurzform für „Elektronische Magazine". E-Zines sind im Internet publizierte Magazine.
FAQ	Frequently Asked Questions. Englisches Wort für „häufig gestellte, typische Fragen". Ein ⇨Button für FAQ´s findet man auf vielen Homepages.
Filterprogramme	Software, mit deren Hilfe eine Selektion des aus dem Internet nutzbaren Informationsangebots erfolgen kann.
Firewall	Englisches Wort für „Feuerwand". Rechner, der eine elektronische Sicherheitsbarriere aufbaut, die verhindern soll, dass Unbefugte in das Netzwerk einer Unternehmung gelangen.
Flame	Englisches Wort für „Flamme". Bösartiger Kommentar zu den Äusserungen eines Teilnehmers einer Online-Diskussion.

Frame	Englisches Wort für „Rahmen". Ein von Netscape entwickelter Standard für Internet-Browser, um Seiten durch mehrere Rahmen strukturieren zu können.
Freeware	Software, die im Internet gratis vertrieben wird und auf den eigenen Rechner heruntergeladen werden kann.
FTP	File Transfer Protocol. FTP ist ein Standard, mit dem via Internet Dateien zwischen Rechnern ausgetauscht werden können.
GIF	Graphics Interchange Format. GIF ist ein stark komprimierendes Dateiformat für Bilder und Grafiken.
GOPHER	System, mit dem dem Nutzer Informationsangebote des Internets menüorientiert zur Verfügung gestellt werden.
Header	Englisches Wort für „Kopfteil". Anfangsteil einer ⇨WebSite oder einer ⇨E-Mail, der Informationen zu Absender, Empfänger oder auch zur Fehlerkontrolle enthält.
Homepage	Eingangsseite einer kompletten ⇨WebSite.
Host	Englisches Wort für Gastgeber. Ein Rechner, der Daten und Dienstleistungen zur Verfügung stellt.
Hot-Java	Hot-Java war der erste Java-fähige ⇨Browser.
HTML	Hypertext Markup Language. Die Sprache, in der die ⇨WWW-Seiten editiert werden. Prinzipiell handelt es sich bei HTML um ein Bündel von Formatierungsanweisungen. Diese Tags sind in die Webseiten eingebettet und formatieren den Text.
HTML-Editoren	Software-Programme zur Erstellung von ⇨HTML-Seiten.
HTTP	Hypertext Transfer Protocol. Das im Internet verwendete Übertragungsprotokoll. Mit den ersten vier Buchstaben jeder ⇨URL teilt der Client dem Server mit, dass für die Kommunikation zwischen den Rechnern HTTP als Protokoll genutzt wird. Die ⇨Browser decodieren damit HTML-Tags und „bauen" ⇨HTML-Dokumente auf.
Hyperlink	Hervorgehobene Text- oder Bildstelle auf einer ⇨WebSite, die beim Anklicken ein weiteres Dokument aufruft, oft einfach nur Link genannt.

Hypertext	Hypertextbasierte Darstellungen erlauben Mehrfachverknüpfungen von Informationen. Simples Beispiel für ein Hypertext-System sind die „Hilfe"-Programme bei Computeranwendungen. Es kann sowohl von einem Hilfe-Glossar als auch aus einer konkreten Anwendung heraus auf einen Textelement verzweigt werden.
Icon	Grafisches Symbol, das i.d.R. in Programmen dazu dient, mit der Maus angeklickt zu werden, um eine Funktion oder ein Programm zu aktivieren.
Information Broker	Ein Information Broker recherchiert als digitaler Pfadfinder im Internet und in Datenbanken. Der Auftraggeber des Information Brokers erspart sich dabei die Informationssuche und zahlt dem Information Broker für die erbrachte Dienstleistung Geld.
Intranet	Ein auf der Internettechnologie basierendes firmeninternes Netz mit Gateway zum Internet.
Internet-Café	Café, in welchem Computer mit Internetzugang zum Gebrauch der Cafébesucher gegen einen bestimmten Eintrittspreis bereitstehen.
IP-Adresse	Adresse eines einzelnen Computers im Internet. Die IP-Adresse besteht aus vier Zahlen von 0 bis 255. Zur einfacheren Benutzung sind den Internet-Adressen Domain-Namen zugeordnet.
Java	Amerikanischer Spitzname für Kaffee, zugleich Name der von der amerikanischen Firma Sun Microsystems entwickelten Programmiersprache, die die Gestaltung von animierten ⇨WebSites erlaubt - unabhängig vom Betriebssystem des jeweiligen Nutzers.
JPEG	Joint Photographic Expert Group. Standard für die Komprimierung und Kodierung von Einzelbildern bei Multimedia-Anwendungen. Bild-Dateien im JPEG-Format haben eine Kompressionsrate von bis zu 20:1.
Link	Stelle in einem Hypertext-Dokument, das mit einem Mausklick ein anderes Dokument aktiviert.
Mailbox	Englisches Wort für „Postfach". Wie beim traditionellen Postfach werden in der Mailbox Nachrichten zwischengelagert, die per ⇨E-Mail verschickt wurden.

Mailing-List	Eine definierte Liste von Empfängern, an die eine Nachricht per ⇨E-Mail übermittelt wird. Wird auch als Dienstleistung von ⇨Providern angeboten.
Mail-Server	Rechner eines Internet-Providers für den E-Mail-Verkehr.
Mall	Einkaufszentrum. Oberbegriff für virtuelle Einkaufszentren im Internet.
Meta-Suchmaschine	Suchmaschine, die Datenbanken mehrerer Suchmaschinen absucht.
Net	Kurzform für Internet oder auch für den gesamten Cyberspace.
Newsgroup	Virtuelle „Plauderrunde" im Usenet, bei denen sich Nutzer untereinander zu einem bestimmten Thema austauschen.
PING	Packet Internet Groper. Programm, mit dem festgestellt werden kann, ob eine Zieladresse existiert oder verbindungsbereit ist.
PoP	Point of Presence. Lokaler ⇨Provider bzw. lokaler Zugangsknoten eines überregionalen Providers.
POP3-Server	Post Office Protocol (Version 3)-Server. Programm, das die Postfächer organisiert, in denen man bei seinem Provider ⇨E-Mails empfängt.
Protokoll	System von Regeln, das die Datenübertragung steuert und so überhaupt erst ermöglicht. Das Internet basiert auf mehreren Protokollen (beispielsweise ⇨FTP, ⇨HTTP, ⇨TCP/IP).
Provider	Ein Provider ist jemand, der die Internetnutzung für Anwender durch eine entsprechende Informationssysteminfrastruktur zur Verfügung stellt.
Pull-Marketing	Gegensatz zu ⇨Push Marketing. Das Pull-Marketing basiert auf dem grundlegenden Gedanken, dass Nutzer des Internets großes Interesse an Interaktivität haben. Die Konsequenz für Contentanbieter besteht darin, dass es darauf ankommt, Internetnutzer immer wieder auf die entsprechenden ⇨WebSites zu ziehen und den Content permanent zu erneuern.

Push-Marketing	Gegensatz zu Pull-Marketing. Bei Push-Technologien werden Nachrichten und Infos dem Nutzer auf den Schirm geliefert. Aufgrund der Erfolge von Push-Firmen wie Pointcast und Marimba bieten auch Microsoft und Netscape entsprechende Push-Services an.
Robot	Programm, das für Suchmaschinen ⇨WebSites nach Schlagworten absucht. Suchkriterien bilden Tags im Dokumentenquelltext der WebSite. Siehe auch bei ⇨Spider.
Search Engine	Englische Wort für Suchmaschine. Programm, das einen Zugang zu Datenbanken vermittelt, auf denen Informationen über Dokumente im ⇨World Wide Web gespeichert werden. Wichtige Suchmaschinen sind u.a. Altavista, Lycos und Yahoo.
Server	Computer, der dem Client das angefragte Material liefert. Ein Web-Server bietet beispielsweise einem Web-Client die Möglichkeit, Informationen abzurufen.
Site	Bezeichnung für die WWW-Präsenz eines Anbieters, dazu gehören, ausgehend von der Homepage alle dahinter liegenden einzelnen ⇨Web-Seiten, Dokumente und ⇨Download-Bereiche.
Snail Mail	Schneckenpost. So bezeichnen E-Mail-Fans die herkömmliche Postzustellung.
Spider	Englisches Wort für Spinne. Programm, das für die Suchmaschinen WebSites nach Schlagworten absucht. Suchkriterien bilden Tags im Dokumentenquelltext der WebSite. Auch Crawler genannt.
Suchmaschine	Suchmaschinen analysieren die ⇨WebSites im Internet nach den vom Anwender eingegeben Suchbegriffen. Die Informationen werden aber nicht redaktionell aufbereitet.
Tag	Marke. Formatierungskommando einer ⇨HTML-Seite. Alle ⇨HTML-Tags werden durch die Klammern < und > umschlossen. Wenn man in der Menüleiste „Ansicht" den „Dokumentquelltext" anklickt, sieht man die Formatierung der betrachteten ⇨WebSite.
TCP/IP	Transmission Control Protocol/Internet Protocol, das den Datenaustausch zwischen Computern über das Internet standardisiert ermöglicht.

Telnet	Internet-Dienst, mit dem Nutzer ihren Computer mit anderen Computern im Internet verbinden können.
THX	„Thanks". Akronym: Vielen Dank.
Upload	Übertragen von Dateien vom eigenen Rechner auf andere Computer.
URL	Uniform Resource Locator. Adressformat für Dokumente im ⇨World Wide Web. Die ⇨URL definiert die Struktur der Adresselemente, die mit Backslashes voneinander getrennt werden.: Zunächst wird die Datentransfermethode benannt, wie „http:" oder „ftp:", Doppelbackslash, dann folgt die Server-Adresse wie z.B. www.horizont.net und evtl.eine Pfadangabe zu einem bestimmten Dokument der ⇨WebSite.
Virtual Reality	Eine im Computer erzeugte, künstliche Realität.
Visits	Kriterium zur Reichweiten-Analyse von Online-Angeboten. Ein Visit bezeichnet den Besuch oder die Nutzung eines WWW-Angebots und definiert damit den Werbeträgerkontakt.
Webcasting	Internet-Technologie, die dem Nutzer regelmäßig gewünschte Informationen auf den Rechner sendet, indem dieser sich die Software einer Webcasting-Firma auf den eigenen Computer lädt und aus dem Menü die für ihn interessanten Themengebiete auswählt.
WebSite	Kompletter Online-Auftritt eines Anbieters im ⇨WWW.
World Wide Web (WWW)	Multimedialer Teil des Internets, auch W3 genannt. Im WWW können Text-, Ton- und Bilddateien, die durch Links miteinander verknüpft sind, aufgerufen werden.

Autorenverzeichnis

Univ.-Prof. Dr. Dieter Ahlert
Westfälische Wilhelms-Universität Münster,
Lehrstuhl für Distribution und Handel,
Am Stadtgraben 13-15, D-48143 Münster,
Tel. ++49 (0)251 83 22808, Fax: ++49 (0)251 83 22032,
E-Mail: 02diah@wiwi.uni-muenster.de,
http://www.wiwi.uni-muenster.de/~02/

Univ.-Prof. Dr. Jörg Becker
Westfälische Wilhelms-Universität Münster,
Institut für Wirtschaftsinformatik,
Steinfurter Str. 109, D-48149 Münster,
Tel. ++49 (0)251 83 38 100, Fax: ++49 (0)251 83 3 81 09,
E-Mail: isjobe@wi.uni-muenster.de,
http://www.wi.uni-muenster.de/is/

Dipl.-Wirt.Inform. Lars H. Ehlers
Westfälische Wilhelms-Universität Münster,
Institut für Wirtschaftsinformatik,
Steinfurter Str. 109, D-48149 Münster,
Tel. ++49 (0)251 83 38 084, Fax: ++49 (0)251 83 2 80 84,
E-Mail: islaeh@wi.uni-muenster.de,
http://www.wi.uni-muenster.de/is/

Univ.-Prof. Dr. Thomas Hoeren
Westfälische Wilhelms-Universität Münster,
Institut für Informations-, Telekommunikations- und Medienrecht (ITM),
Bispinghof 24 / 25, D-48143 Münster,
Tel. ++49 (0)251 83 299 19, Fax: ++49 (0)251 83 2 11 77,
E-Mail: hoeren@uni-muenster.de,
http://www.uni-muenster.de/Jura.itm/

Univ.-Prof. Stefan Klein
Westfälische Wilhelms-Universität Münster,
Institut für Wirtschaftsinformatik,
Steinfurter Str. 107, D-48149 Münster,
Tel. ++49 (0)251 83-38110, Fax. ++49 (0)251 83-38119,
E-Mail: stefan.klein@uni-muenster.de,
http://www-wi.uni-muenster.de/wi/

Jan-Christoph Maiwaldt
Douglas Holding AG,
Bereich Controlling, Organisation und Informationstechnologien,
Kabeler Strasse 4, D-58099 Hagen,
Tel. ++49 (0)2331 69 02 81, Fax: ++49 (0)2331 69 06 85,
E-Mail: maiwaldt@douglas.de,
http://douglas-holding.de

Lovro Mandac
Kaufhof Warenhaus AG,
Leonhard-Tietz-Str. 1, D-50676 Köln,
Tel. ++49 (0)221 22 321 45, Fax: ++49 (0)221 22 321 74,
E-Mail: lovro.mandac@kaufhof.de,
http://www.kaufhof.de

Univ-Prof. Dr. Dr. h.c. mult. Heribert Meffert
Westfälische Wilhelms-Universität Münster,
Institut für Marketing,
Am Stadtgraben 13-15, D-48143 Münster,
Tel. ++49 (0)251 83 229 31, Fax: ++49 (0)251 83 283 56
E-Mail: meffert@uni-muenster.de,
http://www.wiwi.uni-muenster.de/marketing/

Ragnar Nilsson
bis 2000 Karstadt AG
Informationsmanagement
Seit 01.02.2000: Aventis Pharma AG
Theodor-Heuss-Allee 2, D-60486 Frankfurt
Tel. ++49 (0)69 30 530 460, Fax: ++49 (0)69 24 795 778,
E-Mail: ragnar.nilsson@aventis.com
http://www.aventis.com

Karsten Schneider
Intershop AG,
Leutragraben 2-4, D-07743 Jena,
Tel. ++49 (0)3641 89 40 , Fax: ++49 (0)3641 89 41 11,
E-Mail: k.schneider@intershop.de,
http://www.intershop.de

Dr. Gert Schnetkamp
OC&C Strategy Consultancy,
Zollhof 1, D-40219 Düsseldorf,
Tel.: ++49 (0)211 86 07 110, Fax: ++49 (0)211 86 07 119,
E-Mail: contact@occstrategy.de,
http://www.occstrategy.com

Printed in Germany
by Amazon Distribution
GmbH, Leipzig